TABLE
DES CONFERENCES
DU SECOND TOME.

COnference pour le Dimanche de la Septuagesime. De la Vocation. *Sur ces paroles*: Multi sunt vocati pauci vero electi. *Matt. 20.16.* page 1.

II. *Confer. pour le même jour.* De l'usage que nous devons faire des graces de Dieu. *Sur ces paroles*: Auferetur à vobis regnum Dei & dabitur &c. *Mat. 21. 43.* p. 21.

III. *Confer. tenuë le même jour.* De la vîtesse avec laquelle nous devons courir dans la voye du salut. *Sur ces paroles de la Regle de S. Benoist*: Currendum & agendum est modo, quod &c. *Prol. Reg.* p. 43.

IV. *Confer. pour le même jour.* De la vocation des élûs. *Sur ces paroles*: Multi sunt vocati &c. p. 68.

Confer. pour le Dim. de la Sexagesime. Comment il faut entendre la Parole

Tome II. ã ij

TABLE

de Dieu. *Sur ces paroles* : Exiit qui seminat seminare semen suum. *Luc.* 8. 5. p. 90.

II. *Confer. pour le même jour. Sur le même sujet.* p. 107.

Conference pour le Dimanche de la Quinquagesime: à la Profession d'un Religieux. De l'obeissance. Sur ces paroles de la Regle : Præparanda sunt corda & corpora nostra &c. *Prol. Reg.* p. 125.

II. *Conference tenuë le mesme jour, à l'Engagement d'un Frere Convers. Des vertus religieuses. Sur ces paroles* : Descendi de Cœlo non ut faciam voluntatem meam, sed &c. *Joan.* 6. 38. p. 139.

III. *Confer. tenuë le même jour, à la Profession d'un Religieux d'une autre Observance. Sur ces paroles de la Regle* : Ad illum per obedientiæ laborem rideas &c. *Prol. Reg.* p. 148.

IV. *Confer. tenuë le même jour, sur le même sujet. Sur ces paroles de la Regle* : Scientes se per hanc obedientiæ viam ituros ad Deum. *Reg. S. Benedicti, c.* 71. p. 175.

Conference pour le I. Dim. de Carême. Des Tentations. Sur ces paroles : Jesus ductus est in desertum à spiritu. *Mat.* 4. 1. p. 191.

II. *Confer. tenuë le même jour, auquel on*

CONFERENCES
OU
INSTRUCTIONS
SUR
LES EPITRES ET EVANGILES
DES DIMANCHES

ET PRINCIPALES FESTES DE L'ANNE'E.

Et sur les Vêtures & Professions Religieuses.

PAR LE R. DOM ARMAND JEAN
ANCIEN ABBE' DE LA TRAPPE.

TOME SECOND.

A PARIS,

Chez FLORENTIN & PIERRE DELAULNE,
ruë S. Jacques, à l'Empereur, & au Lion d'or.

M. DC. LXXXXVIII.

Avec Approbations & Privilege du Roy.

D. 4961.
  2.

14016.

DES CONFERENCES.

distribuë les Livres aux Religieux. De l'usage de la lecture des Livres Saints. *Sur ces paroles* : Hortamur vos ne in vacuum gratiam Dei recipiatis. *2. Cor. 6. 1.* p. 207.

III. *Confer. sur le même sujet.* p. 228.

Conférence pour le II. *Dimanche de Carême.* De l'obligation indispensable à tous les Chrêtiens d'être saints. *Sur ces paroles* : Hæc est voluntas Dei sanctificatio vestra. *1. Thess. 4. 3.* p. 243.

Confer. pour le III. *Dim. de Carême.* De l'union qui doit être entre les Religieux. *Sur ces paroles* : Omne Regnum in se ipsum divisum desolabitur. *Luc. 11. 17.* p. 260.

Confer. pour le IV. *Dim. de Carême.* Qu'il faut tout quitter pour suivre Jesus-Christ. *Sur ces paroles* : Abiit Jesus trans mare Galilææ. *Joan. 6. 1.* p. 278.

Confer. tenuë le *Dimanche de la Passion.* De la Parole de Dieu, & comment on la doit écouter. *Sur ces paroles* : Qui ex Deo est, verba Dei audit. *Joan. 8. 47.* p. 298.

Conference pour le *Dim. des Rameaux.* Du mépris du monde & de l'humiliation. *Sur ces paroles* : Hoc sentite in vobis quod & in Christo Jesu. *Philip. 2. 5.* p. 316.

TABLE DES CONFERENCES.

Conference pour le jour de Pâques. Sur ces paroles : Si confurrexiftis cum Chrifto, quæ furfum &c. *Coloff. 3. 1.* p. 327.

Cenfer. faite le I. Dim. d'aprés Pâques, à la Profeffion d'un Novice. Sur ces paroles : Ubi abundavit delictum, fuperabundavit gratia. *Rom. 5. 20.* p. 344.

Confer. pour le II. Dim. d'aprés Pâques. Quelles font les brebis fidelles & obeïffantes au bon Pafteur. *Sur ces paroles* : Ego fum Paftor bonus &c. *Joan. 10. 14.* p. 375.

Confr. pour le III. Dim. d'aprés Pâques. De l'Exemple & de l'édification. *Sur ces paroles* : Vos eftis fal terræ. *Mat. 5. 13.* p. 401.

Conference pour le IV. Dim. d'aprés Pâques. De la Preference. *Sur ces paroles de la Regle* : Non ab eo perfona in Monafterio difcernatur. *Reg. c. 2.* p. 416.

Les Approbations font au commencement du premier Tome.

CONFERENCE

CONFERENCE
POUR
LE DIMANCHE
DE LA SEPTUAGESIME.

Multi sunt vocati, pauci verò electi.
Matth. 20. 16.

Il y en a beaucoup d'appellez, mais peu d'élûs.

'Eglise, mes Freres, commence à nous disposer dés aujourd'hui à cette carriere sainte qui s'approche, & dans laquelle nous devons entrer dans quelques jours ; Je veux dire ce temps de penitence qui precede la Mort & la Resurrection de Jesus-Christ. L'Eglise a déja quitté ses

Tome II.   A

chants ordinaires de joie & d'allegresse, pour en prendre de lugubres; & elle a mis en leur place ces prieres, ces verfets qui fe chantent dans la folemnité des faints Mifteres, qui font des gemiffemens & des expreffions de fa penitence & de fa douleur ; & fi quelque chofe eft capable d'exciter en nous ces mêmes fentimens, c'eft la declaration que Jesus-Christ nous fait dans l'Evangile, lors qu'il dit qu'il y en a beaucoup d'appellez, mais peu d'élûs, *Multi vocati, pauci verò electi.* Car quel fujet n'avons nous point de craindre, que nous ne nous trouvions pas dans ce petit nombre ; mais qu'au contraire nous foyons emportez par la multitude de ceux, aufquels les portes du Roiaume feront fermées.

Dieu appelle en bien des manieres, mes Freres ; il appelle tous ceux qui naiffent & qui viennent dans le monde, puis qu'il n'y en a pas un feul qui ne foit deftiné pour l'aimer, & pour le fervir. Il appelle plus particulierement ceux aufquels la grace du Baptême eft conferée, puis qu'elle les rend fes enfans, & que ce titre

& cette qualité fait qu'ils ont part à son Roiaume. Il les appelle encore par la penitence, qui, à proprement parler, est un second Baptême établi de Jesus-Christ pour reparer les ruines du premier. Il appelle aussi lors qu'il engage dans la vie Religieuse : cependant la dureté du cœur humain est si grande, qu'au lieu de répondre à ses desseins, & de faire en sorte que sa vocation ait l'effet qu'elle doit avoir, on la neglige, on se conduit comme si on n'en avoit ni sentiment ni connoissance ; on prend des voyes toutes opposées à celles qu'on devroit suivre. Enfin il y a plus de personnes qu'on ne pense, en qui l'on remarque l'accomplissement de ces paroles, *Multi vocati, pauci vero electi*, puisque le nombre de ceux qui resistent à la vocation divine est presque infini.

C'est une verité qui a paru dans tous les âges differens du monde jusqu'à present, & qui se fera voir principalement dans les derniers siecles, dans ces temps où la tentation sera si grande & si generale, que la foi des élûs se trouvera ébranlée : *Ita ut in errorem inducantur, si fieri potest*, Matt. 24. 24.

etiam electi. A peine le monde fut-il sorti de la main de Dieu, que le peché s'en rendit le maître, & l'iniquité s'y répandit avec tant d'abondance, qu'en peu de temps il n'y eût presque personne qui conservât sa crainte, & qui ne foulât aux pieds ses loix & ses ordonnances les plus saintes, *Omnis caro corruperat viam suam super terram* ; Et c'est une chose incomprehensible que le mal fût devenu si general, qu'entre cette multitude innombrable de gens dont la terre étoit toute peuplée, il n'y eût que huit personnes qui furent dignes de trouver grace devant Dieu, d'être preservez du deluge, & d'avoir part à sa misericorde, *In qua pauci, id est octo animæ salvæ factæ sunt per aquam.* Le monde n'eut pas plûtôt ressenti ce grand effet de la colere de Dieu, qu'il retomba dans ses dereglemens ordinaires ; l'impieté se répandit autant que jamais, & l'on peut dire, que si Dieu ne se fût point souvenu du serment qu'il avoit fait, & de l'obligation qu'il s'étoit imposée de ne plus détruire son ouvrage, il l'auroit exterminé par un second déluge, comme il l'avoit fait par le premier.

Genes. 6. 12.

1. Petr. 3. 20.

Saint Paul nous confirme aujourd'hui, mes Freres, la verité de cette declaration, *Multi vocati, pauci vero electi*, par l'exemple du peuple de Dieu, & par le recit qu'il nous fait des graces qu'il en avoit reçûës, du peu de soin qu'il eut d'y répondre, & de la fin à laquelle se termina ce long voyage qu'il fit dans le desert. Tous (dit ce saint Apôtre,) passerent la mer rouge ; tous furent baptisez sous la conduite de Moïse dans la nuée & dans la mer ; tous mangerent d'une même viande spirituelle, & bûrent d'un même breuvage spirituel ; cependant quoique Dieu les eût tous délivrez de l'Egypte, & qu'il leur eût promis à tous cette terre si abondante & si delicieuse ; qu'il les eût comblez des marques de sa protection ; qu'il leur eût témoigné par des prodiges & par des signes éclattans, le soin qu'il prenoit de leur conduite, & qu'il n'eût rien oublié de tout ce qui pouvoit les engager à s'attacher à lui, à le suivre & à lui rendre l'obeïssance qui lui étoit dûë, la dureté de leur cœur fut si grande, qu'en toutes occasions ils s'éleverent contre lui, &

1. Corint. 10. 1. & 23. 4.

attaquerent sa divine Providence par des murmures injurieux ; Et Dieu ne pouvant s'empêcher de punir une ingratitude si criminelle, ils perirent presque tous malheureusement dans le desert : *Prostrati sunt in deserto.* De sorte que de six cens mille hommes tous capable de combattre, il n'y en eut que deux qui entrerent dans cette terre destinée à tout ce peuple, & qui joüirent du bonheur & de l'effet de ses promesses.

v. 5.

C'est la figure, comme dit le même Apôtre, de ce qui se passe dans le monde. C'est un évenement qui nous apprend qu'il n'y a rien de plus ordinaire que de trouver des ingrats parmi ceux que Dieu couvre de sa protection ; & qu'il n'y a rien que l'on voie davantage que des hommes qui resistent à ses desseins, qui s'opposent à ses volontez, & qui par le peu de soin qu'ils ont de s'y soûmettre, se privent pour jamais de l'effet d'une vocation si sainte. C'est ce qui a fait que JESUS-CHRIST dans la douleur qu'il a ressentie, en voyant l'égarement de ceux qui doivent écouter sa voix, & le suivre comme leur Pasteur, s'est écrié, que la porte de la vie est resserrée, que le chemin qui y mene est étroit, & qu'il y en a peu qui le trouvent : *Quam angusta porta & arcta via est qua ducit ad vitam, & pauci sunt qui inveniunt eam.* Matth 7. 14.

Veritablement, mes Freres, que voit-on davantage dans le monde, que des gens qui par l'exterieur de leur vie, les actions de Religion, & par toutes les circonstances de leur conduite, paroissent appellez de Dieu à une fin à laquelle ils n'arriveront jamais. Ils font des pas qui ne signifient rien autre chose, sinon que Dieu les a choisis, & les a marquez à un caractere qui fait voir qu'ils lui appartiennent ; mais comme le reste de leur vie n'a nul rapport à la grace que Dieu leur a faite, & qu'ils ne suivent ni les mouvemens, ni les impressions de son esprit ; cette grace leur est inutile, & elle ne produira point les veritables avantages qui ne sont que pour les ames fidelles. Ils marchent par la voie large & spacieuse, cette voie si fraiée, si battüe ; ce grand chemin par lequel les hommes vont en foule, & ils n'ont garde de rencontrer la vie à la fin de leur courfe, où felon la parole de JESUS-CHRIST, on ne peut arriver que par la voie étroite. Ainfi on ne voit que trop, (quand on s'attache à regarder la conduite des hommes,) la verité de fes paroles, *Multi vocati, pauci electi*, & la terre eft toute couverte, & remplie de ces miferables, qui par des déreglemens, des chûtes & des rechûtes continuelles, marquent que le moindre de leurs foins eft celui de fervir Dieu & de lui plaire, & qui s'appliquent, à proprement parler, ces paroles de l'Apôtre : *Non in pluribus eorum beneplacitum eft Deo.*

1. Cor.
10. 5.

Ce qui caufe ce malheur & ce qui le rend fi univerfel, c'eft qu'on n'obeit pas à la voix de Dieu. Il appelle veritablement, mais on ne fe met point en peine de le fuivre ; & le peu de fidelité qu'il rencontre dans ceux qu'il appelle, fait que la vocation leur nuit beaucoup plus qu'elle ne leur fert. Par exemple, mes Freres, JESUS-CHRIST vous donne cette inftruction comme une obligation fondamentale, & de laquelle dépend le falut de tous ceux qui efperent en lui : Celui qui cher-

chera à se sauver soi-même se perdra, & celui qui se sera perdu lui-même, se sauvera: *Quicumque quæsierit animam* Luc. 17. *suam salvam facere perdet illam ; & quicumque pediderit illam, vivificabit eam.* Se sauver soi-même, ou sauver son ame, ce qui est condamné par la parole de JESUS-CHRIST, c'est se flatter, c'est contenter ses inclinations, c'est donner à ses cupiditez ce qu'elles demandent, c'est suivre le mouvement de ses passions, c'est se laisser aller à ce qu'elles nous inspirent. JESUS-CHRIST le défend, & cette défense est un precepte d'une obligation si étroite, que nul ne sé dispensera de le pratiquer, qu'il n'éprouve la severité du jugement, qu'il declare qu'il rendra contre ceux qui manqueront de s'y soûmettre. Cet homme quel qu'il soit, qui contre l'ordre de Dieu caresse son ame, je veux dire qui lui accorde ce qu'il lui doit refuser, lui cause sa perte. Cette satisfaction d'un moment qu'il lui procure, lui produira un repentir & une affliction éternelle ; parce qu'il suit la voix de la chair & du sang, au lieu d'écouter celle de JESUS-CHRIST, qui lui dit & qui lui apprend que la chair & le sang ne posséderont point son Roiaume : *Caro & sanguis Regnum Dei possidere non possunt.* C'est un malade qui aiant besoin de rétablir ou de fortifier sa santé, au lieu d'user pour cela du regime que les Medecins lui ont prescrit, ne cherche qu'à contenter son appetit, à donner à ses sens tout ce qu'ils desirent ; qui mange indifferemment toutes sortes de viandes, pourvû qu'elles lui plaisent, & qu'elles soient à son goût ; Il les assaisonne à sa fantaisie, il les mange, tantôt chaudes, tantôt froides, le soir, le matin, peu ou beaucoup; se donnant ainsi pour sa propre satisfaction, tout ce qu'il se demande à lui-même, & la nature accablée par cette inégalité de conduite succombe ; & ainsi par des suites necessaires, quelques instans de plaisir lui donnent la mort.

Enfin, mes Freres, Dieu qui appelle les hommes à la gloire de l'éternité, les y appelle par des voies qu'il leur a determinées. Ces voies sont les retranchemens & les privations, & les hommes sans s'arrêter aux ordres de Dieu, se disent par

1. Cor. 15. 50.

une temerité, qui n'est pas comprehensible: *Venite & fruamur bonis quæ* Sap.2.6. *sunt*; Courage, assouvissons-nous de toutes les voluptez, & de tous les biens qui se presentent ; hâtons-nous d'user des creatures pendant que nous sommes jeunes, *Utamur creaturâ tanquam in juventute celeriter.*

Voila les discours que tiennent les gens du monde, ou plûtôt voila la maniere dont ils se conduisent. Vous en trouvez peu qui ne soient dans cette extravagance, & c'est ce qui fait que le nombre de ceux ausquels la vocation de Dieu est inutile, est presque infini : *Multi vocati, pauci vero electi.*

Ce malheur attaque les Cloîtres comme le monde, & ces gens qui ont embrassé la vie retirée, n'en sont gueres plus exempts que ceux qui vivent dans les engagemens, & dans la dissipation du siecle ; & pour vous faire toucher au doigt que je ne vous avance rien qui ne soit veritable, vous n'avez qu'à appliquer les Regles à la conduite, & à mettre les devoirs auprés des œuvres, & pour lors vous trouverez de si grandes distances entre ce qui se fait, & ce qui se devroit faire, que vous avoüerez qu'il n'y a rien de plus rare, que de trouver des personnes qui rendent à Dieu ce qu'ils lui doivent, & qui vivent d'une maniere digne de leur vocation. En un mot, la Regle de saint Benoît, qui est comme l'origine & la source de toutes celles qui se sont formées dans l'Occident, & qui par consequent renferme un nombre presque inombrable de Moines, de Religieux & de Solitaires, ordonne un silence exact, où est-ce que ce silence est observé ? Elle veut que l'on vive dans une separation du monde qui soit entiere, qu'on s'éloigne de ses sentimens, de ses loix, & de ses maximes, où en trouvera-t-on qui regardent cette separation comme une chose commandée, & qui manquent de conserver avec le monde tout ce qu'ils peuvent de relation, de commerce & d'intelligence ? Elle donne des loix d'une humilité exacte, & elle les établit, comme je vous l'ai dit bien de fois, mes Freres, comme des moyens pour tendre & pour s'élever à la perfection à laquelle Dieu nous destine ; & qui est celui qui pense à cette humilité, & à l'obligation dans laquelle il est de passer par les dégrez differens qu'elle prescrit ? On traite de rêveries & d'imaginations tout ce qu'elle nous apprend sur ce sujet ; & ces conduites, quoi qu'elles soient toutes saintes, quoi que ce soit Dieu qui les ait inspirées, quoi qu'elles aient leur fondement dans la vie de Jesus-Christ, & qu'elles ne soient rien qu'un retracement, & qu'une imitation de ce qu'il a pratiqué lui-même ; les hommes ne font point de scrupule de les regarder comme des extravagances, & ceux qui les pratiquent, comme des gens d'une simplicité puerile & grossiére, & qui ne convient plus à la dignité de nos temps; comme si Jesus-Christ n'étoit pas toûjours lui-même ; & que le S. Esprit n'eût pas dit : Il étoit hier, il est aujourd'hui, & il sera le même dans tous les siecles ; *Jesus-Christus heri & hodiè ipse, & in sæcula.* Hab.13.8.

Il en est de même des observances qui concernent les austeritez de la vie, des pratiques & des exercices de l'obeissance, de la douceur & de la charité ; & il n'est que trop évident, que cette Regle est violée presque dans tous ses points, & qu'ainsi ceux qui font appellez de Dieu pour la pratiquer, ne la pratiquant point, ne retireront aucun avantage de leur vocation, & feront de ceux qui font appellez, mais qui ne point élûs ; *Multi vocati, pauci vero electi.*

Il ne vous feroit pas d'une grande utilité, mes Freres, de vous découvrir le mal, si en même-temps on ne vous difoit quels font les moiens dont vous devez vous fervir pour le prévenir, & pour y apporter les remedes. Ces remedes, le Saint Esprit vous les donne, lors qu'il nous dit par la bouche de fon Apôtre, que si nous fommes morts avec JESUS-CHRIST nous vivons avec JESUS-CHRIST : *Si commortui fumus, & convivemus, si fustinebimus, & conregnabimus* : si nous souffrons avec lui nous regnerons avec lui. On dit d'un homme qu'il est mort aux choses pour lesquelles il n'a plus ni d'envie, ni d'inclination, ni de sentimens : Un homme est mort au plaisir & au monde, qui ne fe foucie ni du monde, ni du plaisir, & qui n'est touché ni de l'un ni de l'autre. Ainsi pour être mort avec JESUS-CHRIST, il faut être insensible & indifferent

1. Timot. 2. 11. 12.

pour tout ce que Jesus-Christ a méprisé, pour tout ce qu'il a haï; & comme il n'a connu ni cupidité ni convoitise, ni passion, ni inclination sensuelle, & qu'il se peut dire qu'il étoit comme mort à tous ces déreglemens; il faut pour être mort avec lui, que nous soyons dans des dispositions toutes semblables, & que nous nous trouvions dans tous ses mépris, toutes ses aversions, & toutes ses haines: & pour vous exempter de la peine d'entrer dans un grand détail sur cette matiere, je vous aurai tout dit, quand je vous aurai dit qu'il faut renoncer à vôtre volonté propre, comme il a renoncé à la sienne; & que de même qu'il est venu en ce monde pour faire la volonté de son Pere, il ne vous est pas permis, mes Freres, à vous qui en devez être des disciples & des imitateurs parfaits, de ne vous pas separer de la vôtre, pour embrasser la sienne, & pour vous y soûmettre. Et comme cette disposition est le fondement de vôtre état, & la baze de l'édifice que vous devez construire; c'est à quoi principalement Dieu vous destine & vous appelle, & pourvû que vous suiviez ses ordres en ce point, vôtre vocation sera effective, elle aura toute la benediction qu'elle doit avoir, vôtre élection sera confirmée, vôtre nom se trouvera écrit dans le Livre de vie, & n'en sera jamais effacé. Dieu qui ne manquera point de substituer sa volonté en la place de celle que vous lui avez sacrifiée, vous donnera tous les mouvemens ; il vous inspirera, il prendra soin de vous diriger, & il conduira, selon les termes de l'Ecriture, toutes vos démarches & tous vos pas dans la voie de la paix : & comme vous aurez bien voulu mourir avec lui, par ce renoncement que vous aurez fait à vous mêmes, vous ne devez point douter que vous n'aiez part à sa Resurrection & à sa vie:

2. Timot. *Si commortui sumus, & convivemus.*
2. 11. &
12.

Disons encore, mes Freres, que parce qu'il aura fallu soûtenir des combats, pour vous reduire dans cet état, & surmonter à l'exemple de JESUS-CHRIST, les tentations differentes qui vous auront été suscitées de la part des hommes, de la part des demons, & de la part de vos cupiditez, (ce qui vous est propre

propre à vous en qualité de pecheurs, & qui n'a pû être en Jesus-Christ, qui étoit le saint des saints) Dieu vous tiendra compte des victoires que vous aurez remportées ; & la récompense que vous recevrez de la main de ce Juge si équitable & si juste, ne sera pas moindre que la joüissance de son Roïaume ; *Si sustinebimus, &* v. 12 *conregnabimus.*

Le même Apôtre, mes Freres, nous apprend dans l'Epître, qui se lit aujourd'hui dans l'Eglise, la necessité du renoncement dont je vous parle, quand il nous dit : Que tous ceux qui combattent dans les jeux publics, s'abstiennent de tout ; c'est à dire, de tout excés & de tout dereglement, de toutes débauches, de toutes voluptez ; enfin de tout ce qui peut affoiblir leurs forces, diminuer leur vigueur, alterer leur santé & s'opposer à l'envie qu'ils ont de vaincre dans le combat ; & que s'ils se font une si grande violence, pour gagner une couronne qui ne sera que cendre & poussiere, deux jours aprés que leur tête en aura été couronnée, à plus forte raison ceux qui combattent pour obtenir des couronnes immortelles, qui conserveront une verdeur, & une beauté qui ne sera jamais flêtrie, doivent-ils se refuser tout ce qui peut les empêcher de meriter, & d'obtenir ce qu'ils pretendent, & se dépoüiller sans reserve (quelque difficulté qu'ils y trouvent, quelque attachement qu'ils y puissent avoir) de tout ce qui peut les priver de ce bonheur infini, auquel ils aspirent : *Omnis autem qui in agone contendit, ab omnibus se abstinet, & illi quidem ut corruptibilem coronam accipiant, nos autem incorruptam.*

<small>1. ad Cor. 9. 25.</small>

C'est de la sorte, mes Freres, que l'on répond aux desseins de Dieu ; c'est de la sorte que les vocations s'affermissent, & que les ames fidelles parviennent aux fins ausquelles il les a destinées. Et nous pouvons assûrer que c'est parce qu'on suit des voyes opposées, & que l'on ne fait pas ce qu'il faut faire pour se conformer à ses resolutions, que les vocations sont sans effet, & qu'il y en a si peu qui profitent de la volonté que Dieu a eûë de les rendre éternellement heureux. C'est ce qui est cause que dans cette multitude de personnes qui se retirent dans les Cloîtres, soit qu'elles y soient veritablement appellées, soit qu'elles le paroissent seulement par le nom, & par l'habit qu'elles portent, par les occupations dont elles sont chargées, par les exercices dont elles s'acquittent, & par les fonctions auxquelles elles s'emploient, il y en a si peu qui soient veritablement de l'etat, & de la profession dont elles ont l'exterieur, & qui soient aux yeux de Dieu ce qu'elles sont aux yeux des hommes. C'est ce qui prouve dans les Monasteres aussi bien que dans le monde, la verité de ces paroles, *Multi vocati, pauci vero electi*. Car en un mot, comment seroient-ils considerez de Dieu comme des Religieux & comme des Moines, puisqu'ils ne le sont pas en effet ? La Religion renferme ce renoncement dont je vous ai parlé, comme une disposition qui lui est essentielle, qui la forme, qui compose son état ; ils ne l'ont pas, & par consequent ils n'ont ni la réalité, ni la verité de la profession dont il ont l'apparence ; & quoi qu'ils fassent d'ailleurs, ils ne font autre chose que d'imposer aux hommes, & de se montrer ce qu'ils ne sont pas.

En voila assez, mes Freres, pour vous porter à être du petit nombre, *pauci electi*, à marcher par des voies asssûrées, & à vous tirer de toutes ces fausses maximes, qui ne sont propres qu'à vous tromper, & à vous séduire. Profitez des connoissances que Dieu vous donne, avancez à la faveur de la lumiere qui vous éclaire, & courrez avec tant de vitesse & de promptitude, que vous arriviez au port, avant que les tenebres vous surprennent : *Currite dùm lumen vitæ habetis, ne tenebræ vos comprehendant.*

<small>Prolog. Reg. Benéd.</small>

II. CONFERENCE
POUR
LE DIMANCHE
DE LA SEPTUAGESIME.

Auferetur à vobis Regnum Dei, & dabitur genti facienti fructus ejus. *Matth.* 21. 43.

Le Royaume de Dieu vous sera ôté, & on le donnera à ceux qui en feront un bon usage.

IL n'y a rien, mes Freres, que vous deviez apprehender davantage, que d'oublier les faveurs que vous avez reçûës de la bonté de Dieu, de manquer de lui donner des marques de vôtre reconnoissance, & de faire de ses graces tout l'usage qu'il veut que vous en fassiez; puisque l'on voit tous les jours qu'il les retire de ceux, ausquels il les avoit données, pour les donner à d'autres, selon cette ménace terrible, qu'il fait à son peuple, & qu'il accomplit à l'égard de ceux qui l'imitent dans son ingratitude : *Auferetur à vobis Regnum Dei, & dabitur genti facienti fructus ejus.*

Matt. 21. 43.

Si le Seigneur, comme dit saint Gregoire, demandera à tous les hommes, un compte exact de l'utilité qu'ils auront tiré des moindres talens, des moindres dispositions, & des moindres aptitudes qu'ils ont reçû de sa providence ; que n'exigera-t-il point de vous, mes Freres, pour tant de faveurs & de benedictions dont il vous a comblez, pour tant de moiens qu'il vous donne incessamment, pour vous avancer à grands pas dans ses voies, & vous élever à cette perfection, à laquelle il vous appelle ? Dieu agit à vôtre égard, mes Freres, je ne crains point de vous le dire, comme il a fait à l'égard des plus grands de ses serviteurs : Il vous a prevenu de graces & de benedictions toutes semblables, il vous parle sans cesse, il vous remet avec une assiduité continuelle vos obligations devant les yeux ; il semble qu'il n'ait point

Homil 9. in Evan.

d'autre obligation, que celle de vous éclairer, de vous soûtenir, & de vous instruire.

Prenez donc garde, mes Freres, de ménager tous ces dons, & tous ces avantages avec tant de fidelité, qu'il n'ait aucun sujet de se repentir de vous les avoir accordez avec tant de profusion & de largesse. Vous le sçavez, je vous l'ai dit bien de fois, Dieu est avare aprés avoir été prodigue : *Bonorum promptus auctor, sed importunus exactor.* Il resserre ses mains aprés les avoir ouvertes ; il se tait aprés avoir parlé, & il observe un silence d'autant plus rigoureux & plus profond, qu'il a parlé avec plus de force, & que sa voix à été moins écoutée ; *Jam tunc tacebat,* dit saint Augustin, *quia raucus erat, qui sine causa tantum clamaverat.*

Bern. Epist.104. n. 1.

Aug. in Ps. 68.

Dieu est semblable à ceux, qui aprés avoir inutilement poussé de grands cris, & fait des efforts pour se faire entendre, ne disent plus mot ; parce que l'experience leur a fait connoître, que toutes leurs peines sont inutiles. C'est ainsi que Jesus-Christ ferme pour jamais sa bouche sacrée, pour ceux qui n'ont point eû d'oreilles pour entendre sa parole, point de cœur pour comprendre ses veritez ; soit que son silence soit un effet de son indignation & de sa colere, & qu'il s'en serve pour punir leur ingratitude, ou bien qu'il les épargne par une disposition de misericorde, & qu'il ne veüille pas augmenter leurs maux, ni les accabler de la multitude, & du poids de ses graces.

Employez, mes Freres, tous vos soins & toute vôtre Religion, pour répondre à tant de marques que vous recevez de sa tendresse ; ne lui refusez pas cette pureté de cœur qu'il vous demande : *Sequimini sanctimoniam, sine qua nemo videbit Deum.* Je ne dis pas une pureté vulgaire, que l'on fait consister dans la privation des fautes grossieres ; mais une pureté digne de vôtre état, de sa majesté & du rang que vous tenez dans sa maison : *Secundum eum, qui vocavit vos, sanctum, & ipsi in omni conversatione sancti sitis :* Ce n'est pas seulement la pureté des sens, qui le contente ; ce n'est pas, dis-je, cette pureté, qui peut faire la vertu

&

& le merite des personnes qui vivent dans les engagemens du siecle; mais une pureté eminente & consommée, qui, pour parler comme les Saints, convient plûtôt aux Anges qu'aux hommes. Cette matiere est si importante & si decisive, que je ne me lasserai jamais de vous en parler; & vous ne sçauriez trop sçavoir ce que vous devez à Dieu, pour travailler incessamment à vous acquitter des obligations dont il vous a chargez; puisqu'il n'y a pas un seul homme qui se soit jamais perdu, ou qui se perde dans la suite, que par le peu de soin qu'il a eû de conformer sa conduite à ses desseins, & à ses volontez.

Si quelqu'un, par exemple, aprés avoir ouvert un rocher, & l'avoir creusé avec beaucoup de travail, dans l'esperance qu'il en sortiroit une eau pure, claire & rafraîchissante, n'y en trouvoit que de trouble & de bourbeuse, sans doute qu'il seroit fâché de s'être trompé; il regretteroit son temps, & regardant sa peine comme perduë, il perceroit la terre dans quelqu'autre lieu, pour y travailler avec plus de succez. Dieu en use de la même sorte, il s'applique à la sanctification des Solitaires par l'operation de son esprit, par les mouvemens de sa grace, par les inspirations secrettes, par les exhortations des Pasteurs, par l'exemple des Freres, par toutes les actions de la discipline, qui se rencontrent dans une Congregation reglée. Mais si au lieu de cette pureté, & de cette sainteté qu'il en attend, il n'y voit que des dispositions communes, defectueuses, & mêlées de desirs charnels, d'affections humaines & terrestres, il quitte les ames, & les abandonne à elles-mêmes; c'est à dire, à leur dureté & à leur ingratitude ; il en cherche de plus fidelles & de plus reconnoissantes, qui aient plus de zele & plus de soin de répondre à ses intentions, & de lui plaire: *Auferetur à vobis Regnum Dei, & dabitur genti facienti fructus ejus.*

Matt. 21. 43.

Si vous êtes en peine de sçavoir ce que c'est que cette pureté, dont je vous parle, je vous dirai en peu de mots, qu'elle ne dit pas moins qu'une exclusion de tout ce qui n'est point Dieu, qui ne vous est point utile pour vous approcher de lui, pour vous y unir, pour vous porter à cette perfection à laquelle il vous a destinez, & qui ne peut contribuer à vous rendre éternellement heureux.

Nulle creature quelle qu'elle soit, ne doit tenir aucune place dans vôtre cœur, si elle n'y est mise de sa main. Vous n'avez aucun droit de lui en donner, puisque vous y avez renoncé par vôtre profession, & par l'engagement que vous avez pris à son service : toute sa capacité lui appartient, vous n'en pouvez disposer dans la moindre circonstance, que vous ne lui fassiez injustice, que vous ne lui ôtiez ce qui est à lui, & qu'il ne juge vôtre action comme une entreprise, & une usurpation sacrilege.

Ainsi, mes Freres, l'objet principal de vôtre vigilance est le reglement de vôtre cœur ; gardez-en toutes les entrées avec tout le soin que vous pourrez, de peur que vos ennemis, qui sont incessamment appliquez à vous surprendre, ne s'y fassent des ouvertures : *Omni custodia serva cor tuum, quia ex ipso vita procedit* ; Craignez pour toutes vos paroles, vos actions, vos pen- Prov. 4. 23.

fées, vos defirs, fçchant que Dieu ne laiffe point fans punition ceux qui l'offenfent : *Verebar omnia opera mea fciens quod non parceres delinquenti.* Faites vous des barrieres fi ferrées, qu'il ne vous échape rien, dont ces ennemis puiffent fe fervir pour vous nuire, & pour vous entamer cette integrité, que vous devez conferver inviolable. Quel malheur, fi tous ces exercices de pieté, ces veilles, ces jeûnes, ces travaux, ces couches dures, ce filence, cette folitude, & toutes ces autres pratiques de penitence étoient rejettées comme un facrifice defectueux, & que l'impureté de vôtre cœur, fût caufe que cette Majefté fuprême, à laquelle vous voulez plaire, en fût offenfée?

Que faut il donc que nous faffions, me demanderez-vous ? le moien d'atteindre à ces perfections que vous nous propofez, qui a été le partage de fi peu de perfonnes ? Je ne dis pas que vous deviez y arriver, & qu'à moins que vous ne montiez fur le dernier degré de cette échelle fainte, toutes vos peines ne vous produiront ni utilité ni avantage : mais je dis que vous êtes obligez d'y tendre sans relâche, & par de continuels efforts; & que comme la mesure de la perfection à laquelle Jesus-Christ vous appelle, ne vous est pas connuë. Il faut que vous travailliez incessamment, & que vous ne manquiez ni par vos actions, ni par vos prieres, de vous attirer de la part de Dieu toute la protection dont vous avez besoin, pour ne pas demeurer dans le milieu de la carriere.

Ce n'est point assez pour meriter la récompense d'endosser la cuirasse, de prendre les armes, de se trouver dans le champ de bataille, ni même de combattre; mais il faut le faire avec tant de courage, de valeur & de succez, que l'on puisse dire avec l'Apôtre : *Bonum certamen certavi, cursum consummavi, &c.* J'ai bien combattu, j'ai achevé ma course, &c.

2. ad Tim. 4. 7.

Il faut que vous sçachiez, mes Freres, que la guerre que Jesus-Christ a declarée au demon, n'est point finie; il n'a pas encore entierement triomphé de l'enfer; cette gloire lui est reservée pour le temps, auquel l'usurpateur n'aura plus d'authorité, lorsque toute sa puissance sera reduite & assujettie à la sienne : *Cum diabolus, qui seducebat homines mittetur in stagnum ignis & sulphuris*; Mais en attendant ce moment où sa victoire doit être consommée, il a besoin de soldats qui servent à l'achevement de ce grand ouvrage. Ces soldats ce sont ses élûs, ce sont les Solitaires qui ont le bonheur & l'avantage d'être enrolez sous ses enseignes, & qui ont tout quitté pour le suivre, comme leur chef. Il vous a choisis, il vous a mis dans ce nombre, il a bien voulu se servir de vous pour cette glorieuse entreprise ; mais prenez garde de vous acquitter de cet emploi avec tout le zele & toute la fidelité que vous devez, si vous ne voulez qu'il vous chasse pour jamais de sa presence & de son service, & qu'il y en appelle d'autres, qui soient plus dignes que vous, des couronnes qui vous étoient preparées ; *Tene quod habes, ut nemo accipiat coronam tuam.*

Quelle seroit nôtre destinée, mes Freres, & quelle condition pouvoit être plus déplorable que la vôtre, si aprés que Dieu vous a traittez avec

Apoc. 20. v. 9.

Apoc. 3. 11.

tant de distinction & de différence, vous deveniez par vôtre ingratitude, l'objet de son indignation & de sa colere, lui qui mesure la rigueur & la severité de ses justices à la grandeur de ses misericordes : *Effundens* Eccl. 16. *iram secundum misericordiam suam?* 12 Vous donneriez sujet au demon de s'en élever contre Dieu-même, de porter son insolence jusqu'à Jesus-Christ, & de prendre avantage de ce qu'il lui auroit ôté des ames, qui lui sont consacrées, & qu'il lui auroit comme arraché ses épouses de son sein. Mais quel scandale pour les hommes ? les uns seroient dans l'effroi & dans la consternation, de voir ceux qu'ils estimoient superieurs à toutes les choses d'ici-bas, dont la vie & la conservation leur paroissoit toute celeste ; qui sembloient n'avoir rien d'humain que la forme & la figure, tomber comme des Cedres du sommet du Liban dans le fond des abîmes. Une avanture si triste leur feroit croire leur salut impossible, & ils ne manqueroient pas de dire dans leur découragement, & par un sentiment de desespoir : *Quis ergo poterit salvus esse.* Qui pour- Matt. 17. 25.

ra donc être sauvé ? Les autres se persuaderoient qu'il n'y a point de pieté veritable & sincere ; que la devotion n'est qu'une hypocrisie, qu'une apparence sans fond & sans realité, qu'une étude & qu'un art d'imposer aux simples, & de surprendre les foibles.

Voila les desordrés que les ingrats produisent dans l'Eglise de Jesus-Christ ; voila les maux qu'y causent les serviteurs infidelles, & en un mot, voila quelles sont les suites, & les consequences du dereglement des Moines, qui ne demeurent pas fermes & constans dans la verité de leur état, & qui au lieu de regarder Jesus-Christ comme leur maître, & de ne point connoître d'autre bonheur & d'autre gloire, que celle d'executer ses ordres, de s'attacher à ses instructions & à ses volontez, se lassent de l'écouter, soit que la paresse les domine, & se rende la maîtresse de leur cœur, ou bien que cedant aux mouvemens & à la violence de leurs cupiditez, ils quittent les veritables Regles pour en prendre de fausses & d'étrangeres.

Quand je pense, mes Freres, à ces païs où la pieté à été si florissante, ces païs consacrez par les travaux & par la penitence de ce nombre infini de Solitaires, qui se retirant du monde, avoient formé sur la terre un nouveau monde, ou plûtôt un nouveau Ciel, & qui paroissoient sous des Anges visibles & incarnez, comme des figures mortelles. Quand je pense à ces ames saintes, dont les hommes n'étoient pas dignes, qui s'étoient ensevelies toutes vivantes dans des tombeaux & dans des sepulchres, & qui étoient tellement mortes à toutes les choses perissables, qu'elles ne vivoient plus que de Dieu & pour Dieu, & dans une attente continuelle, de l'avenement de Jesus-Christ. Quand je me represente, dis-je, ces fleuves de benedictions, & ces torrens de graces que Dieu répandoit sur ces regions fortunées, cette sainteté qui étoit l'ornement & la conservation du monde, pendant que les Solitaires ont été tels qu'ils devoient être, qu'ils se sont tenus dans la dependance de Dieu ; qu'ils ont eû soin de rendre leur Religion proportionnée à ses desseins, & qu'ils étoient prêts de souffrir mille morts, plûtôt que de s'en separer.

Quand je rapelle dans ma memoire ces temps heureux, ces siecles d'or, où la Thebaïde, les deserts de Nitrie & de Sceté, de Syrie, de la Palestine, soûtenoient la gloire & la grandeur du nom de Jesus-Christ par cette multitude d'hommes divins, qui étoient tous possedez de son esprit, & tout remplis de son amour : & que d'un autre côté je jette les yeux sur ces mêmes païs, & que je les vois par un changement effroiable, dans une situation si contraire à ce premier état, je suis saisi d'étonnement & de crainte, & je m'écrie avec le Prophete ; *Quis novit potestatem iræ tuæ ?* Seigneur, qui est-ce qui peut comprendre jusqu'où va la grandeur de vôtre courroux ? Les demeures saintes sont devenuës les retraittes des bêtes farouches, disons plûtôt les retraittes des Demons, ou des hommes, qui en ont le caractere & la malignité : & non seulement il n'y reste plus aucunes traces de ce qu'ils ont été, mais Dieu s'en est retiré ; de-

Ps. 89. 13.

forte qu'on peut dire, qu'il les a effacez pour jamais & de son cœur, & de sa memoire.

Mais comment est-ce que ces peuples autrefois si favorisez de Dieu, me direz-vous, s'en sont attirez la haine & la malediction ? Est-ce que les hommes qui habitoient ces lieux saints, se sont jettez la tête la premiere dans le fond des precipices? non. Est-ce qu'ils ont tout d'un coup franchi la barriere ? non. Est-ce qu'ils ont d'abord violé les loix principales. Est-ce qu'ils ont fait ce qu'ils ont dit, comme ce peuple infidelle; imitons les Nations, & faisons des Dieux qui marchent devant nous ? Non, ils se sont tirez de l'ordre de Dieu, ils l'ont quitté par des desobeïssances insensibles, ils se sont lassez de cette exactitude avec laquelle ils le devoient servir, ils s'en sont éloignez par des dereglemens, dont ils ne vouloient point connoître les consequences : leur pieté s'est rallentie, leur zele s'est refroidi, leur ferveur, leur assiduité dans les prieres s'est diminuée peu à peu ; ils ont été moins ardens dans le chant des Pseaumes, moins appliquez aux travaux des mains, moins rigoureux dans leurs penitences. Au lieu de ces communications saintes qu'ils avoient ensemble, & qui leur donnoient une nouvelle vigueur dans le service de Jesus-Christ, ils en ont eû de curieuses & d'inutiles, qui les ont jettez dans la langueur & dans la dissipation ; ils ont couru de desert en desert, de montagne en montagne, de caverne en caverne, emportez par leurs inquietudes sous de faux pretextes de chercher de l'édification dans l'entretien de leurs Freres ; ils ont bâti, comme vous le lisez dans l'Histoire sainte, des cellules sur le bord des fleuves, contre les instructions & les avis des anciens ; ils y ont planté des arbres pour se deffendre des ardeurs du Soleil : Enfin ils ont quitté les voies de leur Peres, qui étoient étroites, & s'en sont fait de larges & de spatieuses ; ils ont oublié ce que leur profession demandoit d'eux, & Dieu n'y voyant plus cette sainteté, qui les devoit rendre dignes de l'alliance qu'ils avoient contractée avec lui, les a comme repudiez, & s'est separé d'eux par un divorce éternel ; il les a abandonnez à leurs cupiditez, à leurs passions, à leurs propres desseins, selon ces paroles du Prophete : *Dimisi eos secundum desideria cordis eorum* ; Au lieu que sa parole & sa loi devoient éclairer tous leurs pas, comme une lumiere immortelle, ils ont suivi leurs imaginations & les égàremens de leurs pensées, *Ibunt in adinventionibus suis*; le Soleils s'est caché, tout s'est trouvé dans les tenebres, & dans l'horreur de la nuit. L'integrité de la foi s'est corrompuë aussi bien que celle des mœurs ; l'impieté s'est répanduë, & a couvert cette terre de benediction, comme par un deluge universel, & elle est devenuë, comme nous le voions encore aujourd'hui, la proie & le partage des demons.

Ps. 80.13

Ibid.

Dieu a tenu une conduite toute pareille à l'égard du peuple Juif : il le choisit entre toutes les Nations de la terre, pour l'attacher particulierement à son service : il le conserva comme la prunelle de son œil, selon les paroles de l'Ecriture ; il le couvrit de sa protection, & fut à son égard comme une aigle qui

Deut. 32.9 10.

Ibid. 11.

attire à lui ses petits, & qui les cache sous l'ombre de ses ailes ; il en voulut être lui seul, le Roi, le maître, le pere, & le conducteur ; *Dominus solus dux ejus fuit* : Enfin aprés lui avoir donné mille & mille marques d'une bonté infinie, & l'avoir averti & pressé par ses Prophetes de rentrer dans ses voies, toutes les fois qu'il eut le malheur de s'en separer; son ingratitude le contraignit de le rejetter, & de le dissiper parmi les Nations, dont il l'avoit separé. Il le livra à toutes sortes de calamitez & de malheurs, selon les menaces, qu'il lui en avoit faites : *Cibabo populum istum absinthio, & potum dabo eis aquam fellis, & dispergam eos in gentibus* ; & ce peuple, qui étoit comme orné & enrichi de tant de témoignages de la distinction qu'il en avoit faite, & de la preference qu'il lui avoit donnée dans son cœur, est aujourd'hui frappé de sa malediction, & portera en tous les endroits du monde, le caractere de son endurcissement, & de sa reprobation, jusqu'à la fin des siecles, *Pervenit enim ira Dei super illos usque in finem*.

Ibid. 12.

Jerem. 9. 15. & 16.

1. ad Thessal. 2. 16.

Mais pourquoi, mes Freres, remonter dans des temps éloignez ? Pourquoi chercher dans les évenemens qui se sont passez dans les premiers âges du monde, ou dans les premiers siecles de l'Eglise, puisque nous avons dans les observances monastiques, tout ce qui est necessaire, pour nôtre instruction. L'état auquel elles se trouvent, nous en apprend assez, pour confirmer tout ce que nous avons eû dessein de vous dire : Vous n'avez qu'à mettre les enfans auprés des Peres, qu'à considerer ce que sont aujourd'hui ces observances, & ce qu'elles ont été ; ce qui s'y pratique presentement, & ce qui s'y pratiquoit autrefois. Les differences que vous y trouverez, vous surprendront, & vous aurez peine à croire que des hommes si differens dans leurs vies & dans leurs mœurs, puissent avoir une même Regle, un même Institut, une même profession : Et on dira la verité, quand on assûrera qu'on ne remarque presque plus rien des sentimens des maîtres, dans la plusparc des disciples. Les sources sont comme taries, ou au moins les canaux sont bouchez de telle sorte, que les eaux de la grace sont arrêtées; tout y est sec, tout y est aride; ce sont des terres abandonnées, sur lesquelles Dieu ne jette quasi plus de ces regards de benediction, dont il les a favorisés dans leur origine & dans leur naissance.

Appliquez-vous, mes Freres, ces exemples si formidables : Prevenez de telles disgraces, en marchant par des chemins tout contraires à ceux, par lesquels vous connoissez qu'ils se sont tirez de la dependance de Dieu : Dites-vous incessamment ces paroles : *Si in viridi ligno hæc faciunt, in arido quid fiet* ? Si Dieu s'est conduit avec une justice si severe & si rigoureuse envers des Solitaires, qui étoient comme des arbres verds, portant des fruits d'une penitence & d'une pieté si rare & si exemplaire, que ne fera-t-il point à nôtre égard, s'il arrive jamais que nous venions à perdre le ressentiment que nous devons avoir de ses graces, & si nous manquons d'en faire tout le profit & tout l'usage qu'il en attend? nous, dis-je, qui vivons dans la negligence, qui

Luc. 23. 31.

le servons avec tant de langueur, & qui avons des dispositions si disproportionnées à la grandeur de nos devoirs ?

L'unique moien que vous aiez de détourner de dessus vos têtes de si grands maux, c'est de demeurer fermes dans l'observation de vôtre Regle, de la regarder comme la loi de Dieu, de vous y attacher comme vous feriez à une planche, qui vous auroit été jettée dans le milieu d'un naufrage, & de vous persuader que vous ne pouvez vous en separer pour peu que ce soit, sans une perte toute certaine, selon la declaration que saint Benoît vous en a faite par ces paroles, *Ut si aliquando aliter fecerit ab eo se damnandum sciat, quem irridet.* Mais sur tout, mes Freres, qu'il ne vous vienne jamais dans l'esprit de distinguer entre precepte & precepte ; de dire, ceci est un petit mal, ce n'est qu'une faute legere. Sçachez qu'un petit mal quand il est voulu, & qu'on le fait avec deliberation, change bien-tôt de nature, qu'il devient grand & considerable. Gravez dans vos cœurs ces deux veri-

Reg. S. Bened. c. 58.

tez que le S. Esprit nous a apprises ; l'une, que celui qui ne se soucie pas de tomber dans de petites fautes, en commettra de grandes, *Qui spernit modica, paulatim decidet* ; Et l'autre, que celui qui sera exact dans les choses petites, obtiendra de Dieu la force & la vertu d'être fidelle dans les rencontres importantes ; *Qui fidelis est in minimo, & in majori fidelis est.* Ainsi le Roiaume ne vous sera point ôté, & Dieu ajoûtera de nouveaux biens, de nouvelles benedictions, & de nouvelles graces, à celles qu'il vous a déja communiquées.

Eccl. 19. 1.

Luc. 16. 10.

III. CONFERENCE
POUR
LE DIMANCHE
DE LA SEPTUAGESIME.

Currendum & agendum est modo, quod in perpetuum nobis expediat. *Prol. Reg. S. Bened.*

Il faut nous avancer avec vitesse, & faire dés ce moment, & sans différer ce qui peut nous rendre éternellement heureux.

ON vient de nous lire quelques paroles de la Regle, mes Freres, qui sont trop importantes & trop pleines d'instruction, pour les passer sous silence. Saint Benoît, comme vous venez de l'entendre, ne se contente pas que ces Disciples marchent dans la voie de leur salut ; ce n'est pas assez selon lui qu'ils s'y avan-

D ij

cent à grands pas ; mais si nous voulons suivre son avis, ou plûtôt faire ce qu'il vous ordonne, il faut y courir de tous nos efforts & avec toute la diligence possible, *Currendum & agendum est modo, quod in perpetuum expediat*: cette obligation si juste, & si sainte, est fondée sur quantité de raisons ; comme le temps me presse, je vous en rapporterai seulement quelques unes de celles, qui se presentent.

Je vous dirai donc, mes Freres, pour la premiere, que ceux qui font voiage dans des chariots, ou dans des carosses, par des lieux rudes, raboteux, pleins d'inegalitez, remplis de cailloux & de pierres, qui pour éviter les seccousses trop violentes, & aller plus à leur aise, voudroient marcher d'une maniere lente & moderée, se tromperoient dans leurs mesures ; tout ce qu'ils rencontreroient dans leur chemin les arrêteroit, ils conteroient jusqu'aux moindres pierres, les unes aprés les autres ; & outre qu'ils n'avanceroient point, l'ébranlement qu'ils ressentiroient par une marche si pesante, les accableroit de lassitude

& de fatigues ; mais si au contraire, ces chariots étoient traînez avec vitesse, ils ne toucheroient point la terre, pour ainsi dire, ils voleroient par dessus tous les empêchemens qu'ils trouveroient en leur chemin ; la course étant plus prompte & plus rapide, seroit aussi incomparablement plus legere, tous les obstacles s'abbaisseroient devant eux, & ces voiageurs feroient leur route, avec autant de facilité & de diligence que s'ils étoient dans une pleine campagne ; c'est ce que l'experience nous apprend tous les jours.

Ces voiageurs, dont je vous parle, sont la figure de ceux qui sont engagez dans une sainte carriere. Ce chariot, ce carosse, est l'état & la condition ; ces difficultez, ces obstacles, ces pierres, qui sont comme semées dans le chemin, sont les tentations differentes qui leur sont suscitées, ou par la cupidité qui ne veut point être reprimée, ou par le Demon qui envie leur bonheur, ce sont encore les actions de penitence, de regularité & de discipline, qui rencontrent toûjours des oppositions dans la nature, lorsqu'elle n'est pas parfaitement assujettie. Ce sont les jeûnes, les veilles, les travaux, les peines qui accompagnent l'obeissance, les mortifications du corps, celles de l'esprit, les foiblesses des Freres, la diversité des humeurs; enfin l'exercice des vertus religieuses, dont on ne s'acquitte pas sans combattre & sans se faire violence.

Ceux qui veulent marcher d'une maniere lente & moderée, sont précisément ceux, qui avant que d'entreprendre examinent, deliberent, hesitent, doutent; qui sondent le gué avant que de mettre le pied dans l'eau; c'est à dire, à qui tout fait peur, qui apprehendent tout. Les obstacles se multiplient devant eux, les jeûnes échauffent leur temperament, les veilles les desseichent, l'oraison les lasse, la diversité des choses qu'on leur commande les embarrasse, la mortification du corps les affoiblit, celle de l'esprit les gene; les chemins, selon la parole du sage sont toûjours pour eux, remplis d'épines & de ronces ; ils y voient toûjours de bêtes farouches:

Prov. 20. *Propter frigus piger arare noluit : di-*

cit piger leo est foris ; en un mot ils veulent & ne veulent pas, *Vult & non vult piger*, & pendant qu'ils ne vont qu'à pas comptez, leur molesse est reprouvée de Dieu, elle est condamnée des hommes, l'œuvre dont ils sont chargez demeure imparfaite, & ils se mettent dans une impuissance réelle de satisfaire à leurs obligations.

Pour ceux qui rejettent cette fausse sagesse, cette prudence de la chair, ou plûtôt cette lâcheté, cette negligence palliée, ils entrent avec confiance, avec une ardeur & une vivacité sainte dans la voie que Jesus-Christ leur a marquée ; ils ne trouvent point de difficultez qui qui les arrêtent ; tous les obstacles tombent à leurs yeux ; tout leur devient facile, les austeritez les plus penibles, n'ont rien que de doux pour eux, les tentations se dissipent, comme les vapeurs du matin ; ils avancent avec la legereté des cerfs, & on peut avec fondement leur appliquer ces paroles du Cantique ; il vient bondissant sur le sommet des montagnes, passant à travers des colines, semblabe au chevreüil

Cant.c.2. 9. & au faon d'une biche; *Venit saliens in montibus, transiliens colles, similis est dilectus meus caprea, hinnuloque cervorum;* & pour me servir de l'expression de saint Benoît, il court avec une joie inexplicable, dans la voie des commandemens du Seigneur: *Prol.Reg. inenarrabili dilectionis dulcedine curritur via mandatorum Dei.*

La seconde raison est, l'obligation que nous avons, mes Freres, d'imiter JESUS-CHRIST, & de le suivre: Le Pere Eternel nous a aimés jusqu'à cet excez de nous donner son fils, comme le chef & le guide qui devoit prendre soin de ses élûs, & les conduire dans ce Roiaume, qu'il leur a preparé avant la constitution des temps: *Joan. 3. 16. Sic Deus dilexit mundum ut filium suum unigenitum daret*: C'est ce qu'il nous a confirmé lui-même par sa propre bouche, lors qu'il nous a declaré *Joan. 14. 5.* qu'il étoit la voie, *ego sum via.* Ainsi comme il est établi par l'ordre de son Pere, pour marcher à nôtre tête, nous sommes aussi obligez de nous attacher à lui & de le suivre, & la possession de son Roiaume dépend uniquement de la fidelité que

que nous aurons à nous acquiter de ce devoir.

Si nous étions, mes Freres, dans une terre étrangere, dans un païs plein de pieges & de precipices, couppé & traversé par une infinité de chemins differens, & qu'il n'y en eût qu'un seul étroit, resserré & difficile à tenir, par lequel nous puissions éviter les dangers, dont nous serions environnez, & que la divine Providence nous eût fait rencontrer un guide qui aiant une connoissance parfaite des lieux, pût nous mener avec une seureté entiere, quels efforts ne ferions-nous point pour le suivre ? Nous nous attacherions à lui, nous le regarderions comme un Sauveur ; & la crainte du peril où nous serions exposez, en le perdant, ou d'un pas ou d'un moment, nous feroit trouver des forces necessaires pour ne le point quitter, & pour ne pas demeurer derriere, dans une circonstance & dans une conjoncture si importante.

Cette terre étrangere est le monde où nous vivons, qui ne peut être regardée, selon la parole du Prophete, que comme le lieu de nôtre exil &

Pf. 118.
54.
de nôtre pelerinage : *In loco peregrinationis mea*. Ces chemins, sont les mouvemens des passions, des cupiditez des affections terrestres ; les pieges & les precipices, sont les differentes occasions d'abandonner le bien, & de faire le mal ; les bêtes farouches, sont les Demons, qui nous portent au dereglement par des inductions & des suggestions continuelles ; ce chemin étroit, est la voie de la verité & de la justice, dont JESUS-CHRIST nous a parlé, lors qu'il s'est écrié : *Quam angusta porta & arcta via est quæ ducit ad vitam!* O que la porte est étroite, & que la voie qui conduit à la vie est resserrée ! Pour le guide c'est JESUS-CHRIST ; c'est lui que Dieu a chargé de nôtre conduite, qui doit nous couvrir de sa protection, nous éclairer de sa lumiere, & nous remettre enfin entre ses mains, comme un dépôt sacré, dont la garde & la conservation lui a été confiée. C'est le témoignage qu'il a rendu lui-même lors qu'il a dit à son Pere, qu'il avoit conservé ceux qu'il lui avoit donnez : *Quos dedisti mihi, custodivi*: Cependant ce guide, ce divin con-

Matth.7. 14.

Ioan.17. 12.

ducteur marche dans la voie que son Pere lui a marquée, avec une promptitude & une vitesse digne de la grandeur de son zele & de son obeissance; & le saint Esprit n'a pû nous en donner une plus grande idée, qu'en le comparant à un geant, qui ne marche pas, mais qui court, dans l'impatience qu'il a d'executer les ordres qui lui ont été prescrits: *Exultavit ut gigas ad currendam viam.* Ps. 18. 6.

Ainsi, mes Freres, si nous voulons profiter de l'avantage que Dieu nous offre, si nous voulons que les soins qu'il a pris pour nous rendre éternellement heureux, ne soient pas inutiles; en un mot, si nous voulons nous preserver de tous ces obstacles differens, qui nous ménacent, il faut se hâter, il faut courir comme celui qui nous precede, & qui court devant nous; & si nôtre foiblesse nous empêche de l'atteindre, il faut au moins en conserver la presence & la vûë, de peur que si elle venoit à nous échapper, nous ne nous trouvassions sans secours & sans assistance dans le milieu de cette multitude de pieges & de dangers, dont il n'y a que lui seul qui puisse nous garantir. Il faut donc pour nous attacher à ses traces, nous donner tout le mouvement & l'activité qui nous est necessaire. Il faut, dis-je, selon la parole de l'Apôtre, regler tous nos pas & toutes nos démarches sur les siennes : *Sicut ille ambulavit & ipse ambulare.*

<small>1. Ioan. 2. 16.</small>

Mais afin que vous soyez parfaitement instruits, de quelle sorte vous devez vous conduire dans cette course, sçachez, comme nous l'avons dit, que la fin que l'on s'y propose, est le Roiaume de JESUS-CHRIST, & que la seule voie par laquelle vous pouvez y arriver, est celle de vos actions, & de vos œuvres : C'est ce que saint Benoît nous marque précisément par ces paroles, *Nisi illuc bonis actibus currendo minimè pervenitur.* C'est donc par les exercices de la vie que vous avez embrassée, & dont JESUS-CHRIST vous a donné l'exemple, que vous devez courir. C'est par vos prieres, par le chant des Pseaumes, par vos veilles, par vos jeûnes, par vos travaux & par toutes les autres pratiques de discipline & de penitence, ausquelles

<small>Prol. Reg.</small>

vôtre regle vous oblige. Cependant, mes Freres, il ne faut pas s'imaginer que de s'acquitter simplement de ces devoirs, ce soit courir, & qu'il suffise pour se hâter, & pour suivre Jesus-Christ, de faire ces actions commandées, de quelque maniere qu'on les fasse. C'est le malheur des gens du monde, de faire consister leur pieté dans les œuvres exterieures ; ils croient qu'ils en font assez, quand ils agissent ; ils s'élevent du grand nombre de leurs actions, & se figurent que celui qui en fait davantage, est le plus saint ; quoi que la plus grande partie n'aiant ni l'ame ni l'esprit, soient incapables de leur donner la vie qu'elles n'ont pas.

Ce n'est donc point assez, mes Freres, pour courir dans la voie de Dieu, de s'acquitter simplement, & d'une maniere litteralle, des choses qui nous sont prescrittes ; mais sçachez que toutes ses actions ne vous serviront de rien, & qu'elles ne vous seront point utiles, qu'autant que vous y joindrez l'esprit & le sentiment : Car les mêmes actions selon la diversité des circonstances, peuvent être le salut des uns, & la condamnation des autres. C'est ce qui trompe la plus grande partie des hommes dans les Cloîtres comme dans le monde, lors qu'ils se persuadent faussement qu'ils travaillent pour l'éternité; quoi qu'ils ne sement que sur les rochers & sur la poussiere, ils se contentent de leurs œuvres, parce qu'elles ont une écorce de vertu; ils se croient saints, parce qu'ils font exterieurement ce que les Saints ont fait; mais ils ne voient pas qu'ils n'ont que les appacences; que les autres avoient la realité, & qu'ils étoient dans la verité, au lieu qu'eux ne sont que dans l'illusion & dans le mensonge.

Enfin, mes Freres, pour venir au détail, & vous dire précisément, quelque chose que vous puissiez vous appliquer; pensez qu'il est aisé de se mécompter dans un état qui n'est composé que d'actions saintes, comme dans un autre. Un Religieux, par exemple, chante les loüanges de Dieu & se sanctifie, parce qu'il le fait avec toute la pieté, & toute l'attention que demande cette action si sainte. C'est courir que d'agir de la sorte : Un autre au contraire se condamne dans la même action, parce qu'il ne parle à Dieu que du bord de ses levres, & qu'il est dans une dissipation volontaire, qui l'en sepáre, & qui le contraint de lui dire, ce qu'il dit autre fois à son peuple : *Populus hic labiis me honorat, cor autem eorum longè est à me.* Matt. 15. 8. Un Religieux prie, il obtient de Dieu ce qu'il lui demande pour son salut, parce que son oraison est pure, & accompagnée de ferveur & d'humilité : Celui-là court encore ; Un autre par la même action se nuit à soi-même, il offense la majesté de Dieu par sa lâcheté, par sa negligence ; il l'irrite, au lieu de s'en concilier la misericorde, selon cette parole du Saint Esprit, *Oratio ejus fit in peccatum* : Ps. 108. 6. Un Religieux travaille de ses mains, Dieu regarde ses peines & sa fatigue, des yeux de sa compassion, parce qu'il le fait par un esprit de penitence, & avec toute l'ardeur d'un homme qui agit par principe de foi. C'est courir, que d'en user de la sorte ; un autre se trouve dans le même exercice, mais avec langueur, avec

E iiij

paresse, & parce que la regularité & l'usage du Monastere l'y contraint. Cette disposition est plus digne de châtiment que de récompense, selon le sentiment du Prophete : *Maledictus qui facit opus Dei negligenter* : Un Religieux vit dans l'abstinence & dans les jeûnes, pour assujettir ses sens, pour reparer les déreglemens de sa vie passée, & prevenir ceux dans lesquels il pourroit tomber ; il court, & Dieu accepte cette mortification volontaire, comme un sacrifice de bonne odeur ; Un autre pratique la même penitence, parce qu'il y est contraint par les loix du Monastere, ausquelles il ne peut resister ; c'est une austerité forcée, qui ne trouve aucun agréement auprés de celui qui sonde les cœurs & les reins, & qui juge par les dispositions secrettes. L'un court & l'autre s'amuse, & ne fait que perdre son temps & sa peine.

Enfin, mes Freres, on ne sçauroit trop s'étonner de ce que sous un même état, sous un même Institut, sous les mêmes Regles, mais encore dans les mêmes actions, les uns courent & les autres s'arrêtent, les

Jerem. 48. 10.

uns s'attachent inseparablement à JESUS-CHRIST, & les autres l'abandonnent. Saint Paul va bien plus loin, quand il nous dit, que tous courrent dans la lice & dans la carriere, & cependant qu'il n'y en a qu'un seul qui remporte le prix, parce qu'ils ne courent pas tous d'une même ardeur & d'une même vitesse, *Omnes in stadio currunt, sed unus accipit bravium.* Inferez de tout cela, mes Freres, quelle obligation vous avez de courir, & avec quelle promptitude, quelle fidelité & quelle perseverance vous le devez faire, pour vous rendre dignes de la récompense que JESUS-CHRIST a promise à ceux qui auroient heureusement terminé leur course, *Sic currite ut comprehendatis.* 1. Cor. 9. 24. Ibid.

Le troisiéme motif, qui vous oblige de courir, mes Freres, est fondé sur la corruption qui est presque generale, sur cette contagion qui se trouve dans tous les lieux, dans tous les Etats, dans toutes les conditions, & même dans celles qui en devroient être les plus exemptes; n'y aiant point d'endroits, comme dit saint Augustin, où le Demon ne se rencontre par l'envie & par la malignité du quel ce mal se communique & se répand. Que peut-on donc faire de mieux, pour s'empêcher d'être frappé d'une plaie si universelle, que de courir dans la voie du salut par la fidelité de sa vie, par la sainteté de ses actions, de s'approcher de Jesus-Christ, afin de se mettre à couvert à l'ombre de ses ailes, en attendant ces temps bienheureux, ausquels il doit détruire le Roiaume du peché, & établir pour jamais celui de la justice.

Je ne puis passer sur ce sujet, ce que nous voions dans saint Bernard, lorsque parlant à ses Freres, il leur dit : Vous connoissez tous la voie que vous devez suivre, & de quelle maniere vous devez y marcher ; vous avez les mêmes connoissances, mais vos volontez ne sont pas les mêmes : Car il y en a qui ne marchent pas seulement dans les exercices de cette vie penitente, où ils sont engagez; mais qui y courent & qui y volent, en sorte que les veilles leur paroissent courtes, la nourriture agreable, les vêtemens commodes, les travaux non seulement legers, mais desirables. Il y en a au contraire qui par la dureté de leurs cœurs, par la resistance de leurs sentimens, ne sont entraînez que malgré eux dans ces pratiques, la crainte des peines éternelles n'étant pas même capable de les y porter.

Ne vous étonnez pas, mes Freres, quand je vous dis à quel point l'iniquité s'est répanduë ; on en voit les tristes effets de quelque côté qu'on se tourne, on les apperçoit dans le monde, on les remarque dans les solitudes ; & l'on peut dire qu'en quelque endroit que l'on jette les yeux, on n'y découvre rien davantage, que des marques affligeantes de la puissance que le Demon exerce sur les ames qu'il a renduës captives, & qui devroient être pour jamais affranchies de sa servitude. Je n'ai pas dessein de vous arrêter long-temps, sur la consideration d'un malheur si digne de compassion, mais seulement de rappeller dans vôtre memoire les qualitez & les conditions que Dieu demande dans ses Disciples ; c'est à dire dans les veritables Chrétiens, & d'en faire l'application aux hommes de nos jours, dans tous les états & dans toutes les professions.

Le Saint Esprit declare par la bouche du premier de ses Apôtres, qu'il veut que les Chrétiens aient un même cœur, un même sentiment, une bonté compatissante, une amitié de Freres; qu'ils soient misericordieux, humbles, modestes; qu'ils ne rendent point le mal pour le mal, l'injure pour l'injure; mais au contraire, qu'ils benissent ceux qui les maltraittent: *Omnes unanimes, compatientes, fraternitatis amatores, modesti, humiles, non reddentes malum pro malo, nec maledictum pro maledicto, sed è contrario benedicentes.* S'il faut que toutes ces conditions differentes se rencontrent dans un Chrétien, où en trouverez-vous? Où sont ces gens unis par la conformité de l'esprit & des cœurs? Où sont ces gens compatissans aux malheurs de leur prochain, qui regardent les autres hommes comme leurs Freres? Où découvrirez-vous les moindres traits de cette charité si commandée? Où en trouverez-vous sur qui vous puissiez asseoir ces termes de modestes, d'humbles? Qui sont ceux qui s'avisent qu'il y ait obligation de s'abstenir de faire du mal, à ceux

1. Pet. 3. 1.

qui leur en font, & de benir ceux qui les couvrent de maledictions & d'injures? Cependant le Christianisme n'est que cela précisément, *In Ibid. 9: hoc vocati estis*: C'est le même Apôtre qui le dit. C'est-là la destination d'un Chrétien, c'est le caractere qui le distingue de ceux qui ne le font pas. Quel rapport, mes Freres, entre ce que nous voions, & ce que nous devrions voir? Qu'est-ce qu'a de commun, cet attachement à ses propres interêts, cette envie maligne, cette inimitié implacable, cette detraction cruelle, ce faste, ce luxe, cette somptuosité demesurée, cet orgueil, cette enflure, cette ambition qui n'a point de limites, cette vengeance qui n'est jamais satisfaite, avec ces obligations saintes, dont nous venons de vous parler, qui forment l'état de tous ceux qui sont à Jesus-Christ, & qui se trouvent dignes de porter son nom? Enfin mettons les devoirs auprés des œuvres, & nous verrons entre les uns & les autres, des distances infinies.

Je m'assure, mes Freres, qu'il vous vient dans la pensée, que tous ces desordres ne se rencontrent point dans les Monasteres, comme dans le monde; j'en conviens, si vous les regardez du côté de la pauvreté, de l'humilité, de la simplicité, de la mortification, de la penitence, & des autres pratiques de pieté dans lesquelles on y devroit vivre. Mais il se peut dire à nôtre honte, & à nôtre confusion, que les passions n'y sont ni moins vives, ni moins violentes que dans le monde, depuis que le Demon a trouvé le secret d'en affoiblir la pieté, d'en troubler le bon ordre, d'en bannir la paix, & de les dépoüiller des biens & des richesses que Jesus-Christ y avoit renfermées. Vous me direz qu'il y en a qui sont exempts de ces maux; il est vrai, mais cependant il faut demeurer d'accord qu'ils se rencontrent en beaucoup, que le déreglement s'y est fait un passage, auquel ceux qui aiment la gloire de Jesus-Christ, & la beauté de sa maison, ne sçauroient penser sans douleur.

Saint Benoît, mes Freres, a donc grande raison, quand il nous exhorte à courir, *Currendum* : il excluld par là toute molesse, toute lâcheté, toute paresse dans la conduite de ses enfans & de ses disciples. Il leur ordonne de courir, c'est à dire, de se hâter, d'aller à Jesus-Christ par la perfection de leurs œuvres, par la pureté de leurs actions, par l'eminence de leurs vertus, par la sainteté de leur conduite, afin que leur vie étant plus conforme à ce divin modele, qu'il nous a proposé lui-même dans sa personne, selon ces paroles : *Exemplum dedi vobis* ; Ioan. 13. 15. ils se rendent dignes d'éviter tous ces maux qui les ménacent, en recevant de sa bonté une protection plus entiere & plus étenduë : *Ut digni habeamini fugere ista omnia quæ futura sunt.* Luc. 21. 36. Saint Benoît ne pouvoit pas nous parler d'une maniere plus pressante, qu'en nous disant : *Currendum & agendum modo quod in æternum expediat* : Il ne veut pas qu'on differe, il veut que l'on parte dans le moment même, toute à l'heure ; parce qu'on ne sçait pas si cette heure en aura une autre qui lui succede, ni si ce jour sera suivi d'un autre jour : car nous vivons dans une incertitude, qui ne nous permet pas de nous assûrer d'un seul instant.

Mais pourquoi remettre, mes Freres, ce moment que nous negligeons, & dont nous faisons si peu de cas, qui peut decider de nôtre éternité, & nous meriter une gloire immortelle ? Quelles raisons pouvons-nous avoir d'en differer l'usage dans un autre temps ? Est-ce que nous manquons de confiance en celui qui nous promet de nous en tenir compte ; pouvons-nous lui faire une plus grande injure ? Est-ce que la peine & le mouvement qu'il se faut donner, pour obeir à cet ordre si précis, nous coûte trop ; y a-t-il une paresse plus condamnable ? Est-ce que le bien qu'on nous propose, ne merite pas cet assujettissement si prompt qu'on nous demande ; y eut-il jamais une impieté pareille, à celle de le croire ? Pensez, mes Freres, qu'il n'y a rien de plus injuste que de vouloir qu'une bagatelle (car ce ne peut-être que cela qui nous retient,) un faux plaisir, une satisfaction vaine, un amusement, une occupation frivole, ait tant de pouvoir sur nos cœurs, qu'elle fasse que nous refusions de partir, & de mettre la main à la plus importante de toutes

toutes les œuvres, au moment que JESUS-CHRIST nous l'ordonne. Pensez s'il est possible qu'un homme qui a de la foi & de la Religion, puisse dire de propos deliberé : je ferai dans un autre temps ce que JESUS-CHRIST me commande de faire aujourd'hui. Qui lui a donné parole, que cet avenir dont il se flatte, & qu'il attend, arrivera : *Qui* *ignoratis quid erit in crastino, quæ est enim vita nostra vapor est ad modicum parens* : lui qui ignore, comme nous venons de le dire, s'il y aura pour lui un lendemain ?

Jac. 4.14: 15.

Enfin, mes Freres, toutes les raisons nous pressent de nous hâter, la diligence a des avantages infinis, & les moindres retardemens peuvent former dans nôtre route, des obstacles insurmontables. C'est aux gens du monde, qui ne connoissent de biens que ceux qu'ils ont devant les yeux ; qui renferment toutes leurs esperances dans les choses presentes ; qui preferent ce qui flatte les sens, ce qui contente la cupidité, ce qui satisfait les inclinations de la nature, à des utilitez spirituelles & invisibles ; qui se lient, & s'attachent par des filets d'arraignées comme par des chaînes de fer : C'est à eux, dis-je, qui sont des aveugles, & qui vivent dans des tenebres épaisses, à porter ce jugement si plein d'injustice & d'iniquité sur des choses dont ils ne connoissent ni l'excellence ni la valeur.

Mais pour vous que Dieu a pourvû de benedictions particulieres, (je parle dans vôtre personne à tous ceux qui vivent dans des Observances exactes,) qu'il nourrit du pain de ses Anges, je veux dire de sa parole, comme de sa chair, qu'il éclaire incessamment de ses lumieres, qu'il traite non pas comme ses serviteurs, mais comme ses amis, ou plûtôt comme ses enfans, en vous faisant part des veritez qu'il a puisées dans le sein de son Pere : *Jam non dicam vos servos, sed amicos meos, quia omnia quæ audivi à Patre meo nota feci vobis*, vous devez agir par des principes plus nobles & plus élevez, & discerner les dons de Dieu par l'esprit de Dieu même ; en sorte que vous preservant de toute seduction, de toute erreur, & de tout mensonge, vous reconnoissiez qu'il n'y a

Joan. 15. 15.

qu'un seul & même bonheur pour ceux qui esperent, comme pour ceux qui joüissent, qui est d'adorer la volonté de Dieu & de s'y soumettre; C'est ce qui fait le repos des Anges dans le Ciel, & ce qui fait la paix des hommes sur la terre.

Courez-donc, mes Freres, puisque Dieu vous l'ordonne, par la bouche de celui qui a sa mission, pour vous declarer ses volontez : Courez, puisqu'il vous a appellez à un état, qui vous obligeant de tendre incessamment à la perfection, ne souffre ni mediocrité, ni langueur, ni molesse, ni negligence : Courez, de peur que la nuit ne vous surprenne, avant que vous aiez fourni vôtre carriere : Courez enfin, avec tant de vitesse, de legereté & de perseverance, que vous receviez la couronne que Dieu ne refusera jamais aux ames obeïssantes & fidelles.

IV. CONFERENCE
POUR
LE DIMANCHE
DE LA SEPTUAGESIME.

Multi sunt vocati, pauci vero electi.
Matth. 20. 16.

Il y en a beaucoup d'appellez, mais peu d'élûs.

QUOIQUE mes incommoditez me preſſent plus qu'à l'ordinaire, & que je ſois moins en état de vous parler que de coûtume, il faut neantmoins que je paſſe par-deſſus les raiſons qui pourroient m'en empêcher; & je vous avouë, mes Freres, que je m'y ſens pouſſé par ces grandes veritez que l'Egliſe nous propoſe aujourd'hui dans les ſaintes Ecritures. Les inſtructions que le fils de Dieu, noûs donne ou par ſa propre bouche, ou par celle de ſes

Apôtres, sont trop importantes pour nous taire, & pour nous dispenser de vous dire, les reflexions que nous y avons faites. Comme il n'a pas parlé par hazard, & que toutes ses paroles sont des effets du dessein qu'il a d'éclairer nos esprits & d'échauffer nos cœurs, le moien de ne pas suivre ses mouvemens, & de ne s'y pas laisser conduire, & particulierement aiant autant d'attachement que j'en dois avoir à vôtre sanctification ?

Quelles paroles, mes Freres, *Multi sunt vocati, pauci vero electi*; il y a beaucoup d'appellez, mais peu d'élûs! Il n'en faut pas davantage pour faire trembler toute la terre, & pour remplir de crainte & de fraieur tous ceux qui écouteront cette declaration avec l'attention qu'elle merite. JESUS-CHRIST nous declare en termes formels, que quelque grand que soit le concours de ceux qui sont appellez à son service, le nombre de ceux qui sont élûs pour son Roiaume est tres-petit. Nous avons le bonheur d'être entre les premiers, puisqu'outre la vocation au Baptême, qui nous a rendus les enfans de Dieu,

Mtth.20. 16.

nous lui sommes encore attachez par celle de la Religion, & par la consecration de nos vœux. Mais nous ignorons si nous avons place entre les autres; & quand nous considerons que cette troupe de Saints est si petite, qu'il y a, si peu de personnes qui y sont admises, quel sujet n'avons-nous pas d'apprehender pendant nôtre vie, de ne nous pas trouver dignes au moment de la mort, d'entrer dans cette societé bien-heureuse?

Jesus-Christ qui a voulu que nous fussions persuadez d'une verité si importante, & qu'elle fit en nous de profondes impressions, nous l'a exprimé en bien des lieux & en bien des manieres differentes; tantôt il s'écrie: Que la porte est étroite, que le chemin qui conduit à la vie est resserré, & qu'il y en a peu qui le trouvent! *Quam angusta porta, & arcta via est, quæ ducit ad vitam, & pauci sunt, qui inveniunt eam!* tantôt il dit, efforcez-vous d'entrer par la porte étroite, car plusieurs cherchent à y entrer qui ne le pourront: *Contendite intrare per angustam portam, quia multi dico vobis*

Matt. 7. 14.

Luc. 13. 24.

quærent intrare & non poterunt: tantôt il dit, que le monde, c'est à dire, cette foule d'hommes innombrables qui vivent selon ses loix & ses maximes, n'est point capable de recevoir son esprit, lequel neantmoins est le seul principe de nôtre salut: *Spiritum veritatis quem mundus non potest accipere:* tantôt il dit, que le monde tout entier est dans l'iniquité; *Mundus totus in maligno positus est*; tantôt il dit, que tous courrent dans la lice, mais qu'un seul remporte le prix de la victoire: *Ii qui in stadio currunt, omnes quidem currunt, sed unus accipit bravium.* Mais ce qui est de remarquable, c'est que cette verité, ou plûtôt cette menace, va s'accomplissant tous les jours, & que les hommes au lieu de profiter de ces experiences, d'en devenir meilleurs, & de vivre de maniere qu'ils puissent avoir place dans le petit troupeau que JESUS-CHRIST conserve, & regarde avec les yeux d'un Pasteur tendre & charitable: *Nolite timere pusillus grex*; chacun travaille de son mieux à s'en fermer les portes, & on se laisse entraîner par le torrent, on suit la multitude,

Ioan. 14. 17.

1. *Ioan.* 5. 19.

1. *Cor.* 9. 24.

Luc. 12. 32.

comme si elle étoit un garand legitime & que l'on fut en assûrance, parce qu'on a plusieurs complices du mal que l'on commet : Enfin on s'éloigne sans crainte, & sans scrupules des preceptes de JESUS-CHRIST & des voies resserrées, pour en prendre de larges & de spatieuses.

S'il n'y avoit que ceux qui vivent dans les commerces & dans les affaires du siecle, qui vécussent dans cet égarement, l'on en seroit moins surpris ; mais ce qui est tout à fait déplorable, c'est de voir que ceux qui habitent les solitudes & les Monasteres, ces lieux destinez de Dieu, pour être uniquement les demeures des Saints, dans lesquelles l'iniquité ne devroit trouver ni d'ouverture ni d'entrée, sont malheureusement tombez & tombent tous les jours, pour la plus grande partie, dans les mêmes déreglemens ; en sorte qu'on peut voir, en les considerant, l'accomplissement de ces paroles, *Multi vocati, pauci verò electi*. Que saint Basile a raison, quand il dit, que tous ceux qui se renferment dans les Cloîtres, ne s'ouvrent pas pour cela les portes du Ciel ; que plusieurs

embrassent

embrassent cette vie sainte ; mais que tres-peu en subissent le joug: Car continue-t-il, le Roiaume du Ciel souffre violence, selon les paroles de l'Ecriture. Et ajoûtons, mes Freres, qu'il n'y a personne qui veüille se la faire, & que nous n'avons pas moins d'application, tous tant que nous sommes, à nous rendre la vie douce, agreable, aisée, & à semer de fleurs, pour ainsi dire, le chemin par lequel nous marchons, que si nous n'avions pas promis à Dieu, de marcher au travers des épines & des ronces, ou que nous eussions oublié que nôtre état nous oblige d'haïr nôtre propre vie; que nôtre voie est celle de la Croix, & que c'est celle que JESUS-CHRIST nous a donnée pour nôtre partage.

Matth. ii.

Vous desirez sans doute, mes Freres, qu'après vous avoir parlé des maux, je vous parle des remedes, & que je vous dise ce qu'il faut que vous fassiez, ou pour les guerir, ou pour empêcher qu'ils ne vous arrivent. C'est à dire, en un mot, quelle conduite vous devez prendre, pour ne vous pas trouver dans le rang de ceux dont la vocation sera stérile, & qui ne tireront ni fruit ni utilité, ni avantage du bonheur qu'ils ont eû d'avoir été appellez & mis au nombre des enfans, *Multi sunt vocati, pauci vero electi* ; Le Saint Esprit vous l'apprend, mes Freres, quand il dit par son Apôtre : *Quapropter, Fratres, magis satagite ut per bona opera, certam vestram vocationem & electionem faciatis.* Faites & agissez de sorte, mes Freres, que vous affermissiez vôtre vocation, & que vous la rendiez effective par vos bonnes œuvres. Mais, me direz vous, toutes nos œuvres sont saintes ; elles sont toutes prescrites par la Regle que Dieu nous a donnée, nos veilles, nos jeûnes, nos travaux, nôtre silence, nos prieres, nos couches dures, sont des ordonnances que nous avons reçûes de sa main, comme vous nous l'avez appris bien des fois, ainsi qu'avons-nous tant à craindre pour nôtre vocation ?

Je vous réponds à cela, mes Freres, que c'est par l'esprit, que vous devez juger de vos œuvres, & par la disposition interieure & secrette, dans laquelle vous les faites ; elles sont bonnes si elles sont animées, elles seront fecondes, si elles partent d'une foi vive, d'une pieté sincere : mais si ces conditions qui leur sont essentielles, leur manquent, ce sont des actions mortes & infructueuses, desquelles vous n'avez rien à esperer ; elles sont destituées de ce qui peut leur donner de la valeur : ainsi elles n'ont rien qui merite qu'elles soient considerées de celui, qui penetrant le fond de toutes choses, les voit comme elles sont en effet, & non pas comme elles nous paroissent.

Y a-t-il rien de plus grand que de chasser le Demon des corps de ceux qui en sont possedez, que de prophetiser, & de faire des prodiges au nom de JESUS-CHRIST : *Domine, Domine, nonne in nomine tuo prophetavimus, & in nomine tuo dæmonia ejecimus, & in nomine tuo virtutes multas fecimus?* y a-t-il rien qui soit plus digne de récompense : Cependant ceux qui ont joüi de tous ces avantages, & qui ont été favorisez de toutes ces graces exterieures, n'ont reçû pour tout salaire, de ces actions si éclatantes, & si heureuses en apparence, que ces paroles ter-

Matt. 7. 22.

G ij

ribles : *Numquam novi vos, discedite à me qui operamini iniquitatem.* Je ne vous connois point, fuiez de devant moi, ouvriers d'iniquitez. Quel mécompte, mes Freres ! Ils attendent des couronnes, ils ne voient que des châtimens, ils se preparent à recevoir des récompenses qu'ils s'imaginent avoir meritées, par leurs travaux ; & ces mêmes travaux tournent à leur honte & à leur condamnation.

Si nous cherchons la cause du jugement que Jesus-Christ prononce contre ces hommes, qui avoient fait en son nom tant de miracles & de signes extraordinaires, nous trouverons que parmi ces actions si grandes & si excellentes, qui leur acqueroient tant de reputation devant le monde, leur conduite n'étoit pas conforme aux volontez de Dieu, & qu'ils ne rendoient pas à ses ordres la soumission qui leur étoit dûë : Car Jesus-Christ ne se sert de cet exemple, qu'aprés nous avoir dit, qu'il n'y a que ceux qui font la volonté de son Pere, qui seront reçûs dans son Roiaume : *Non omnis qui dicit mihi : Domine, Domine, intrabit in Regnum Cælorum, sed qui facit voluntatem Patris mei*; nous apprenant par-là, qu'il arrive que l'on fait des actions de vertu & de pieté, sans en avoir ni le fond, ni la verité, ni le merite; & que Dieu souffre souvent que des hommes qu'il ne connoît point; c'est à dire, qui ne sont point à lui, s'ingerent & agissent comme ceux, qui seroient veritablement attachez à son service.

Ainsi ne doutez point qu'il n'y en ait, & plût à Dieu, mes Freres, que le nombre n'en fût pas si grand, qui diront à Dieu : Seigneur, nous avons porté l'habit de la penitence, nous en avons fait les vœux, nous avons pratiqué des jeûnes, des veilles, des travaux, des couches dures; nous avons été revêtus d'un cilice, nous avons chanté vos loüanges, les jours & les nuits, qui cependant ne seront pas traittez plus favorablement que ceux dont JESUS-CHRIST nous propose l'exemple; pourquoi ? parce qu'ils auront suivi leurs volontez, au lieu d'embrasser celles de Dieu, & de s'y soumettre, comme à la seule regle de leur conduite. Vous faites, (il est vrai,) des actions commandées ; mais les faites-vous en la maniere qu'elles vous ont été prescrites ? Car vous sçavez que Dieu qui ordonne le fond des œuvres, en determine aussi les conditions & les circonstances & particulierement de celles qui regardent uniquement sa gloire & son service.

Je vous demande donc à vous, & à tous ceux qui sont dans l'engagement où vous étes ; si vous accompagnez toutes ces actions, des quelles vous pretendez faire dépendre le bonheur de vôtre éternité, d'une charité sincere : Si vous aimez, & si vous avez autant en vûe les interêts de Dieu, que vous y étes obligez : si vôtre conduite a cette pureté, cette chasteté interieure, ce zele, cette ardeur, que Dieu ne sçauroit ne pas desirer des ames qui lui sont consacrées, & qu'elles ne peuvent lui refuser sans la plus noire de toutes les ingratitudes. Je vous demande si vos Freres ont dans vôtre charité la place qu'ils doivent y avoir ; si quand vous chantez les loüanges de Dieu, vôtre cœur est de concert avec vôtre bouche ; si ces dissipations qui n'arrivent que trop souvent, ne sont pas plûtôt les effets de vôtre infidelité que de la fragilité humaine : Enfin, je vous demande, si cet édifice que vous voulez construire est fondé sur la solidité de la pierre, j'entends sur une humilité, telle que vôtre Regle vous apprend que vous la devez avoir ; Ce sont là des points, dont l'observation vous est tellement commandée, que vous ne pouvez vous en départir; que vous ne manquiez à l'obeïssance que vous devez à Dieu & aux promesses que vous lui avez faites, & par consequent que vous ne soiez de ceux, qui seront exclus de son Roiaume pour jamais, puisque selon la parole de JESUS-CHRIST, l'entrée n'en sera ouverte qu'à ceux qui obeiront à la volonté de son Pere : *Qui facit voluntatem Patris mei qui* Ibid. *in Cœlis est, ipse intrabit in Regnum Cœlorum* : Tout cela vous montre deux choses, mes Freres ; l'une, qu'il n'est que trop vrai que le nombre des élûs est petit, en comparaison de ceux qui n'en sont pas ; l'autre, quelles sont les actions par lesquelles vous pouvez assûrer vôtre vocation : *Sa-* 2. Petr. 1. *tagite ut per bona opera, certam ves-* 10. *tram vocationem & electionem faciatis.*

La premiere eſt toute évidente, car ſi ceux-là ſeulement peuvent être mis entre les élûs de Dieu, comme on n'en peut douter, qui ſe conduiſent par ſon eſprit, & qui en ſuivent les impreſſions & les mouvemens; & que le propre de cet Eſprit ſaint, ſoit de produire par tout où il eſt, ces diſpoſitions differentes, que nous venons de vous expoſer; n'eſt-il pas plus clair que le jour, que ceux en qui elles ne ſe rencontrent pas, n'ont point cet eſprit ſanctificateur, & qu'ainſi ils ne ſont pas dans la ſocieté des élûs: Et comme la multitude de ceux en qui on ne remarque rien de ces diſpoſitions, eſt preſque infinie, nous pouvons aſſûrer que le nombre des élûs eſt encore plus petit que l'on ne penſe; & que c'eſt avec beaucoup de raiſon que JESUS-CHRIST s'eſt écrié, comme nous l'avons déja dit, *Quam anguſta porta & arcta via eſt quæ ducit ad vitam.* Que la porte de la vie eſt petite ! que le chemin qui y mene eſt étroit ! Que ſi on me conteſte que la multitude des reprouvez, ſoit auſſi grande que je la figure; je ne veux rien pour la juſtification de ce que j'a-

Matth. 7. 14.

vance, sinon que l'on jette les yeux sur ce qui se passe dans le monde ; que l'on examine à quoi les hommes s'appliquent, quelles sont leurs occupations & leurs affaires ; on verra que bien loin que Dieu en soit & le principe & la fin, comme il le doit être ; qu'on agisse pour lui & pour l'amour qu'on lui porte, chacun au contraire ne se remüe que pour ses propres interêts, *Omnes enim quæ sua sunt quærunt, non quæ Jesu Christi* : Les richesses, les plaisirs, les établissemens, la gloire, sont les veritables ressorts qui donnent le mouvement à cette grande machine, j'entends le monde. Que l'on se represente tout ce que l'on sçait qui se pratique dans tous les états & dans toutes les conditions, (je n'en excepte pas la nôtre,) & je le dis dans l'amertume de mon cœur ; on ne verra presque par tout que des gens qui cherchent, & qui s'empressent pour contenter leurs passions, au lieu de les combattre.

Mais quand il n'y auroit point en eux d'autres deffauts, que celui qui se rencontre dans le fondement de l'édifice, ne peut-on point assûrer

Ad Phil. II. 2.

qu'il n'est point de Dieu, & qu'il ne peut subsister. L'humilité est ce fondement, non seulement pour les Moines, mais pour tous ceux qui sont Chrétiens, & qui font profession d'être disciples de Jesus-Christ : Et où est-ce qu'on apperçoit cette humilité dans leur conduite ? Où est-ce qu'on la remarque ? L'orgüeil a pris sa place, & il y est par tout ; pour elle, elle ne paroît en aucun lieu ; & à la reserve d'une petite partie de gens, qui jugent des choses dans la simplicité, & dans la sincerité de la foi, il n'y a personne qui ne regarde cette humilité toute precieuse, & toute necessaire qu'elle est, comme un caractere honteux, & comme une note d'infamie. Ainsi à moins que Dieu, par un miracle qu'on ne doit pas esperer, ne change l'ordre du monde ; cette parole s'accomplira jusqu'à la fin des siecles,

Matt. 20. 16. *Multi sunt vocati, pauci vero electi.*

La seconde chose ne vous est pas moins connüe, je parle des œuvres par lesquelles vous devez assûrer vôtre vocation : *Satagite ut per bona*
1. Petr. 1. 10. *opera certam vestram vocationem & electionem faciatis* : Ces œuvres sont

précisément celles dont nous avons dit, que le deffaut rendoit toute nôtre vie inutile ; & sans lesquelles vous travaillez en vain, sans agréement du côté de Dieu, & par conséquent sans merite & sans récompense. Voulez-vous affermir vôtre vocation ; voulez-vous que ce ne soit pas sans succez, & sans effet que Dieu vous ait appellé, & que vôtre nom ait été écrit parmi le nom de ses enfans & de ses serviteurs ? Faites dans sa presence tout ce que vous faites ; croiez d'une foi vive, qu'il vous regarde dans tous les momens, *Æstimet se homo de Cœlis à Deo semper respici omni hora*, qu'il n'y en a pas un seul dans lequel il ne juge quelqu'une de vos actions : c'est le moien de les faire toutes avec des circonstances & des dispositions dignes de vôtre état, & de vos desseins ; c'est le moien de vivifier toute vôtre conduite, de donner à vôtre esperance, la fermeté qui lui est necessaire, d'enflammer vôtre charité, d'embrazer vôtre amour : en sorte que devenant le principe & la source de tous vos exercices, & de tous vos travaux, il n'y en ait point qui n'aille droit

Reg. S. Bened. c. 7.

à Dieu, & qui ne contribue à vôtre sanctification. Ce sera par là que vous obeïrez à ce precepte de Jesus-Christ : *Operamini cibum, non qui perit, sed qui permanet in vitam æternam:* Toutes vos œuvres seront immortelles, elles auront une durée stable & constante : c'est une nourriture qui ne connoît ni corruption, ni déperissement : c'est cette viande de laquelle Jesus-Christ se servoit, lors qu'il a dit, *Meus cibus est ut faciam voluntatem ejus qui misit me, ut perficiam opus ejus* ; qui contient en soi le germe de l'immortalité, & qui le communique à ceux qui suivent la volonté de Jesus-Christ & qui l'embrassent. Voila, mes Freres, comme quoi vous affermirez vôtre vocation, & comme quoi, malgré tous les obstacles, & toutes les oppositions qui se pourront rencontrer dans vôtre route, vous serez de ce troupeau choisi, & vous vous ouvrirez la porte de cette bergerie sacrée, dont Jesus-Christ est le seul veritable Pasteur, pour être à jamais sous sa main, & sous sa conduite.

Que ceux-là sont à plaindre, mes

Joan. 6. 27.

Joan. 4. 34.

Freres, qui au lieu de marcher à la lumiere de ces veritez adorables, vivent dans les tenebres ; qui s'étant fait de longues habitudes d'ignorer tout ce qu'ils devroient connoître, passent leurs jours dans une transgression grossiere de tous leurs devoirs, sans défiance & sans scrupule, & qui se sont tellement accoutumez à des usages & à des pratiques contraires, qu'il ne leur vient pas une reflexion, qui trouble cette paix fausse dont ils joüissent. Quelle sera leur surprise dans cet instant effroyable, auquel Dieu tirera le voile de dessus leurs yeux, & leur fera voir malgré eux ce qu'ils n'ont pas voulu sçavoir : Ce nombre infini de prevarications, d'infidelitez, de negligences, d'immortifications, d'actions de libertinage & de licence, d'orgueil, de mépris des choses saintes ? Je m'en tiens là, pour ne pas faire voir l'extremité de leurs desordres.

Je ne sçaurois mieux figurer l'état de ces miserables, qu'en les comparant à des hommes, qui se trouvant dans un lieu d'une obscurité profonde, & qui ne distinguant rien à cause des tenebres, s'asseoient sans le sçavoir sur un monceau de serpens & de couleuvres endormies (comme il s'en trouve assez souvent dans ces meules de foin, que l'on reserve sur le bord des rivieres.) Ces hommes sont en repos, & n'ont ni soupçon, ni crainte de l'état, ni du danger où ils sont: La molesse du lieu dans lequel ils se reposent, leur est commode; ils y sont à leur aise, mais s'il arrive que dans le milieu du jour, où le Soleil est le plus chaud & le plus éclatant, sa clarté & sa chaleur se faisant sentir tout d'un coup, reveillent ces couleuvres & les excite; pour lors elles se levent contre eux, & toutes irritées, elles les piquent, elles les mordent, elles les épovantent par leurs sifflemens, & leur font toute à la fois mille blessures mortelles. De quelle horreur ces hommes ne sont ils point frappez? De quelle frayeur ne sont ils point saisis à la vûë d'un tel spectacle, & d'une telle avanture, lorsque selon toutes les apparences, ils voient leur perte assûrée, & connoissent le malheur où ils sont, sans le pouvoir éviter?

C'est ce qui se passera dans ce Religieux, lorsque toutes ces infidelitez que sa cupidité lui a cachée, tous ces violemens des Regles saintes, dont il n'a fait aucun cas, tous ces déreglemens, dans lesquels il a mis toute la douceur de sa vie, venant à lui paroître ce qu'ils sont en effet, se souleveront contre lui à l'heure de sa mort, & déchireront d'une maniere cruelle le fond de son cœur, comme des viperes impitoiables. Il connoîtra dans ce moment son illusion, mais ce sera sans utilité & sans fruit. Son repentir sera sterile, & ne lui produira qu'une amertume, qui sera dans toute l'éternité la peine de son peché : ses regrets ne lui serviront plus de rien : le temps de la misericorde est passé, & il n'y a plus pour lui que des jours d'indignation, de rigueur & de colere. Qu'il aura sujet de s'écrier dans le moment de son desespoir : *Ergo erravimus à via veritatis, & justitia lumen non luxit nobis & sol intelligentiæ non est ortus nobis.* Je me suis égaré, j'ai quitté les voies de la verité, la lumiere de la justice ne m'a point éclairé, & le

Sap. 5. 6.

soleil de l'intelligence ne s'est point levé sur moi. Tout ce que j'ai ménagé pour mon repos & pour ma consolation s'est évanoüi, il ne m'en demeure qu'un souvenir triste & funes-

Ibid. 9. te : *Transierunt illa omnia tanquam umbra*, tout cela n'a eû pour moi que la durée d'une ombre & d'une vapeur : Je n'ai pendant toute ma vie fait aucune action, ni donné aucune marque d'une pieté solide, ou d'une vertu sincere, & je me vois pour jamais enseveli dans mon ini-

Ibid. 13. quité : *Virtutis quidem nullum signum valuimus ostendere, in malignitate autem nostra consumpti sumus.*

Je vous ai tracé ce tableau, mes Freres, afin que sa difformité vous fasse horreur, qu'elle vous épouvante, & vous porte à vous acquitter de vos devoirs, & à répondre aux desseins de JESUS-CHRIST avec tant d'esprit, de fidelité & de Religion ; que vous puissiez vous trouver un jour avec ces ames appellées, élûës & fidelles tout ensemble, & entendre de sa bouche divine, ces paroles d'une consolation infinie : Venez les bien aimez

de

POUR LE DIM. DE LA SEPTUAGESIME. 89
de mon Pere, entrez en possession, & joüissez du Roiaume qui vous a été préparé, avant la creation des siecles: *Venite benedicti Patris mei, possedite paratum vobis Regnum à constitutione mundi.* Matth. 25. 34.

CONFERENCE
POUR
LE DIMANCHE
DE LA SEXAGESIME.

Exiit qui seminat seminare semen suum. *Luc* 8. *v.* 5. 6. 7.

Le laboureur est sorti pour semer.

JE faisois ce matin reflexion sur l'Evangile de ce jour, mes Freres; je considerois combien il est difficile de plaire à Dieu, & qu'il y a peu de personnes qui fassent de ses graces, le cas, & l'usage qu'on en doit faire. C'est ce que JESUS-CHRIST nous apprend dans la parabole que l'Eglise nous propose aujourd'hui, lors qu'il dit dans saint Luc, que celui qui seme jetta une partie de son grain le long du chemin, & que les oiseaux y étant venus le mangerent; qu'une autre partie tomba dans les lieux pierreux, où n'y aiant pas beaucoup de terre, ce grain se leva ; mais se dessecha tout aussi-tôt, parce qu'il n'y avoit point de fond, & que le soleil le brûla par sa chaleur ; qu'une autre tomba sur des épines, lesquelles venant à croître l'étoufferent ; qu'une autre enfin tomba dans une bonne terre, & porta du fruit : quelques grains rendant cent pour un, d'autres soixante, & d'autres trente : *Exiit qui seminat seminare semen suum, & dum seminat aliud cecidit secus viam, & corculcatum est, & venerunt volucres Cœli & comederunt illud, &c.* Lu. 8. 6 & 7.

Pour nous rendre propre cette instruction, mes Freres, & nous en faire une application qui nous soit utile : Je vous dirai, que ce laboureur ou cet homme qui seme, est un Superieur, qui annonce la parole de Dieu, exprimée par cette semence, & que le cœur de ceux ausquels il parle, est le lieu dans lequel il la répand, & que selon leurs differentes dispositions, il seme, ou le long des chemins, ou sur les cailloux, ou sur les épines, ou dans

H ij

une terre fertile & abondante.

Le Superieur qui vous explique vos devoirs, & qui fait ce qu'il peut pour vous porter à pratiquer ce qu'il vous enseigne, seme le long du chemin; lorsque les Religieux auxquels il parle, l'écoutent sans être touchez de ce qu'il dit; lorsque sa parole ne leur fait aucune impression, & que leurs sens & leurs esprits, étant comme dans un assoupissement veritable, à peine le son de sa voix frappe leurs oreilles, la paresse les domine & les enchaîne, & le dégoût qu'ils ont pour ce qui regarde leur salut, fait qu'ils n'ont ni attention, ni sensibilité pour les veritez qu'il leur annonce; elles les lassent, elles les fatiguent: L'instruction n'est pas plûtôt donnée qu'on l'oublie, & elle disparoît, comme cette semence que les oiseaux enlevent au moment qu'elle est tombée dans le chemin. C'est un malheur qui n'est que trop commun, il y a peu de Superieurs qui se donnent la peine de parler, & d'instruire; mais il y a encore moins d'inferieurs, qui ne soient pas rebutez de la parole de leurs Superieurs,

& qui ne difent pas dans une difpofition mortelle, *Anima noftra jam* Num. 11. *naufeat fuper cibo ifto leviffimo* ; cette 7. nourriture nous dégoûte & nous eft infupportable.

Le Superieur feme fur les pierres, *Aliud autem cecidit fupra petram & natum aruit quia non habebat humorem* ; Lors qu'à la verité fes inftructions font reçûës, qu'elles font quelque forte d'effet, qu'elles produifent quelques commencemens de defirs & de volontez, qui cependant n'ont point de fuites, parce que le cœur eft dur, & que n'aiant point de fond, c'eft à dire de pieté, il faut que ce qui s'y eft formé déperiffe, & que fes refolutions naiffantes, ne trouvant rien qui puiffe les conferver, fe diffipent. Ce cœur eft une terre brûlante par les raions du foleil ; c'eft à dire, par l'ardeur des paffions, tout y meurt, & on perd tout le temps, toute l'application & toute la peine qu'on y donne. C'eft une experience que l'on fait tous les jours dans les Congregations qui ne font pas tout à fait déreglez. Les Moines qui ont quelque principe de Religion, ne peuvent pas difconvenir, que ce qu'on leur dit ne soit utile ; ils l'approuvent, au moins en apparence, il en naît ce que l'on peut regarder comme cette verdure, que l'on voit lever dans les terres pierreuses, lors qu'elles sont ensemencez ; c'est à dire, certains commencemens de bien, & de certains mouvemens ; mais parce qu'il n'y a rien de solide, qu'il n'y a point de fondement, cette vertu qui n'est qu'exterieure disparoît aussi-tôt ; ces intentions & ces sentimens s'évanoüissent, & ce champ, comme s'il avoit été entierement abandonné, se retrouve dans sa sterilité accoûtumée.

Le Superieur seme parmi les ronces & les épines : *Et aliud cecidit inter spinas & simul exorta spina suffocaverunt illud.* Lorsque ses Freres écoutent ses exhortations, qu'ils agissent, qu'ils font même quelques œuvres, qui marquent que sa vigilance n'est pas tout à fait inutile ; lorsqu'ils s'acquittent de quelque partie de leurs devoirs, & des exercices exterieurs de leurs professions. Mais cependant les inquietudes, les inutilitez, les pensées vaines, l'occupation des choses qui ne peuvent les avancer dans la perfection de leur état, la dissipation, la privation de cette charité, qui doit les établir dans une union & dans une intelligence parfaite, le deffaut de la soûmission, du respect, & de la confiance qu'ils doivent avoir dans celui qui les conduit, les chagrins, les dégoûts, les murmures, les langueurs & quantité d'autres vices semblables, s'emparent de leurs cœurs, ravagent cette pieté qui ne fait que paroître, & détruisent tout ce qui avoit pû donner quelque apparence d'une moisson heureuse. Toutes ces vertus qui se montroient, au lieu de croître & de se fortifier, s'arrêtent, & sont étouffées, sous ce grand nombre de déreglemens, & d'habitudes contraires : Ainsi ces ames ne rapportent rien, ce sont des terres ingrates, qui ne causent que du chagrin, à celui qui les a cultivez.

Voila trois dispositions ou trois états qui ne se rencontrent que trop aujourd'hui dans l'Ordre Monastique, sans parler de ces Moines qui n'en ont que le nom, & qui vivent sans regle, sans conducteur & sans guide ; Et il n'y a rien que l'on voie davantage dans les Cloîtres, que des Religieux qui n'ont point d'oreilles pour entendre les veritez qu'on leur préche, qui demeurent durs, secs & impenetrables, quelque soin que l'on ait de les avertir & de les instruire : On en voit d'autres qui semblent écouter, & même qui le veulent, comme nous l'avons dit ; mais leurs volontez sont infructueuses, ils sont sans fond, sans pieté, ils ne profitent de rien ; ce que la parole semble produire en eux se dissipe, & ce bien qui n'est qu'apparent, se montre & s'évanoüit dans l'instant même. Il y en a d'autres qui entendent, qui reçoivent, & qui produisent ; mais qui perdent malheureusement ce qui s'étoit déja formé dans leurs cœurs ; & qui au lieu de travailler à les garentir de ce qui peut être capable de leur nuire, en negligent la conservation; ils se laissent aller indifferemment à ce que leurs cupiditez leur demandent : Ils cherchent à les satisfaire, au lieu de les considerer comme des ennemis domestiques ; ils se livrent à elles, ils souffrent qu'elles les dominent

minent, oubliant qu'ils ne sont Moines, & qu'ils ne sont engagez au service de Jesus-Christ, que pour avoir incessamment les armes à la main, afin de les combattre, de les assujettir & de les détruire.

Ne vous imaginez pas, mes Freres, que j'exagere, & que je fasse ici une declamation, je vous dis des veritez constantes ; ce sont là les origines & les sources des desordres qui regnent, & qui se font remarquer dans la plus grande partie des Communautez regulieres. Ce relâchement, cette conduite si peu disciplinée, cette dissipation effroyable qu'on y apperçoit aujourd'hui, ne s'y est introduite, que par le mépris que l'on a fait des instructions saintes, selon lesquelles on devoit regler tout l'état de sa vie. On ne voit presque par tout que des chemins battus, & rebattus, par la multitude des vices & des passions, des terres pierreuses ; c'est à dire, des ames sans humilité, sans pieté, sans charité & sans vertu : Enfin des épines & des ronces, c'est à dire, des mouvemens irreguliers, des soins, des inquietudes, des agitations qui font la ruine

& la destruction de ce repos sacré, & de cette paix sainte, sans laquelle on ne peut ni servir Dieu ni lui plaire. Ceux qui sont ensevelis dans ce malheur, se peuvent rencontrer en toutes sortes de lieux ; & prenez garde, mes Freres, de profiter de leurs desordres, & de n'en pas augmenter le nombre.

La quatriéme maniere d'ensemencer son champ, c'est lors que le Superieur addresse sa parole à des ames qui ont toutes les dispositions necessaires pour en profiter, qui sont conduites par l'esprit de Dieu, qui considerent JESUS-CHRIST dans la personne de celui qui leur parle, & qui étant persuadez de cette verité, *Qui vos audit me audit, & qui vos spernit me spernit*, reçoivent ce qui sort de sa bouche, comme s'il sortoit de la bouche de celui dont il leur tient la place : *Et aliud cecidit in terram bonam & ortum fructum fecit centuplum* ; C'est ce qui arrive dans une Communauté sainte, lorsque les Freres n'aiant rien plus à cœur, que de s'avancer dans la perfection à laquelle ils sçavent que Dieu les destine ; ils prennent & reçoivent avec

Luc. 10. 16.

Luc. 8. 8.

avidité, tous les moiens que la divine Providence leur fournit, & ramaſſent pour ainſi dire, juſqu'aux moindres morceaux, juſqu'aux miettes qui tombent de la main de ceux qui ſont établis pour leur rompre ce pain de benediction, dont ils doivent ſe nourrir. Dieu prend plaiſir à inſtruire, à éclairer & à répandre dans ceux qui font un ſaint uſage des enſeignemens qu'on leur donne en ſon nom, & de ſa part, *docibiles* Ioan. 6. *Dei* ; & il ne manque jamais, ſelon 45. ſa parole, de remplir ſes Diſciples quand ils ſont alterez de la connoiſſance de ſa loi & de ſa juſtice : *Di-* Pſ. 80. 11. *lata os tuum, & implebo illud.*

Les dons de Dieu ſont d'un prix & d'une valeur infinie, l'on en eſt indigne dés-là, qu'on ne les deſire pas avec ardeur, & qu'on ne veut pas s'écrier avec le Prophete : Vos ordonnances & vos volontez, Seigneur, me tiennent lieu de toutes les richeſſes du monde : *In via teſti-* Pſ. 118, *moniorum tuorum delectatus ſum ſicut* 14. *in omnibus divitiis.* C'eſt ce qu'un Solitaire doit dire inceſſamment, & de tout le ſentiment de ſon cœur ; lui qui par une preference que l'on ne

I ij

sçauroit assez ni estimer, ni reconnoître, a reçû de la bonté de Dieu, la grace de renoncer à toutes les choses d'ici-bas, pour s'attacher uniquement à celles du Ciel ; & qui a droit de dire par la sainteté de sa profession, & par la destination que Dieu a faite de sa personne : *Regnum meum non est de hoc mundo* ; Je n'ai pas de moindres pretentions que de regner éternellement avec le Roi du Ciel. C'est pour lors qu'un Moine, qu'un Religieux est un champ fertile, une terre abondante, qui rapporte à foison, qui contente le laboureur, qui comble ses desirs, & remplit les esperances qu'il en avoit conçûës.

Joan. 18. 36.

Vous me demanderez sans doute, mes Freres, ce qu'il faut faire, pour n'être ni ce chemin, ni cette terre pierreuse, ni ce champ qui se couvre d'épines & de ronces, & pour ne se pas trouver dans cette disposition malheureuse, qui fait que la semence divine de la parole, étant toûjours sterile, condamne ceux ausquels elle est prêchée, au lieu de les sanctifier : *Sermo quem locutus sum, ille judicabit eum in novissimo die.* Je

Joan. 12. 48.

vous répons que ceux qui veulent prévenir un inconvenient si funeste, doivent remüer le fond de leur cœur, par une contrition vive, par une humilité sincere, par un profond mépris d'eux-mêmes, par le sentiment de leurs infidelitez. Il faut qu'ils brisent, & qu'ils fendent cette terre, par le fer de la componction, qu'ils la tournent & la retournent par les actions d'une pieté animée, d'une esperance ferme, d'une charité ardente, par l'exercice de toutes les vertus de Religion, de penitence & de discipline, par lesquelles leurs ames peuvent être purifiées ; afin d'en separer tout ce qui en fait l'aridité & la secheresse. Il faut après tout cela, mes Freres, l'arroser de l'eau de vos larmes ; il faut arracher les mauvaises herbes qui y naissent, retrancher les ronces & les épines, par des travaux & des applications continuelles ; & par dessus tout s'addresser à Dieu par des prieres instantes, afin qu'il vous regarde dans sa compassion, & qu'il verse du haut du Ciel ces pluyes & ces rosées celestes, qui seules peuvent donner la fecondité, & sans lesquelles toutes vos peines, & vos diligences seroient inutiles: car comme vous sçavez, ce n'est ni celui qui plante, ni celui qui seme, ni celui qui arrose, mais Dieu seul qui fait la fertilité des campagnes: *Neque qui plantat est aliquid, neque qui rigat, sed qui incrementum dat Deus.*

1. Cor. 3. 7.

Ce sera, mes Freres, par cette conduite, que nous ferons cesser, & que nous bannirons de nos cœurs cette aridité mortelle, que nous en amollirons la dureté, & que la parole de JESUS-CHRIST y jettant des racines profondes, y produira des moissons abondantes. Ce sont des changemens dignes de sa misericorde, il les opere avec plaisir dans tous ceux qui les esperent, & qui joignent la fidelité de leurs actions, à leurs esperances: Car c'est lui, selon la parole du Prophete, qui fait sortir des fleurs du haut des montagnes, qui change les deserts en des etangs, & qui fait courir les ruisseaux dans les solitudes incultes & sauvages: *Aperiam in supinis collibus flumina, & in medio camporum fontes, ponam desertum in stagna aquarum & terram inviam in rivos aqua-*

Isa. 41. 18.

rum : Ce font des prodiges, ce font des œuvres extraordinaires, mais qui doivent nous confoler, dans la vûë & dans le fentiment que nous avons de nos miferes. Car y a-t-il une confolation pareille, à celle d'être affûré de trouver dans la bonté & dans la puiffance de Dieu, ce que nous ne pouvons attendre de nôtre foibleffe ? Et d'autant plus que fans recourir aux hiftoires des premiers temps, nous avons eû devant nos yeux l'accompliffement de ces promeffes ; nous avons eû, dis-je, des évenemens femblables à ceux qui fe font paffez dans les âges fuperieurs, & nous avons été les témoins des merveilles que Dieu a operées dans quelques-uns de nos Freres, lefquels par des changemens que l'on ne peut confiderer que comme des miracles, font revenus à Dieu des extremitez du monde, & ont paffé de l'abîme de l'iniquité, dans une pratique exacte des vertus les plus chrêtiennes, les plus Religieufes, & les plus faintes.

Ce Frere Palemon qui avoit vécu dans la profeffion des armes, & dans tous les déreglemens qui l'accompagnent, se presenta dans ce Monastere, il baissa la tête pour recevoir le joug de Jesus-Christ; & depuis le moment qu'il fut revêtu de l'habit de cette milice sacrée jusqu'à celui de sa mort, il n'a cessé de donner des marques si sensibles, & si surprenantes de la place que Jesus-Christ tenoit dans son cœur, qu'on ne lui a jamais vû dire une parole, ni faire une action qu'on ait pû reprendre, & qui n'ait été selon ses loix & ses volontez. Vous sçavez, mes Freres, quelle a été sa charité, son obeissance, sa perseverance dans les travaux les plus penibles & les plus rudes, par dessus tout son humilité : cette humilité qui coûte tant à ceux qui ont de la qualité & de la naissance. A qui est-ce qu'il ne s'est point soûmis ? A qui est-ce qu'il n'a pas deferé ? Auquel de ses Freres ne s'est-il pas estimé inferieur ? A-t-on jamais apperçû ni fierté dans ses regards, ni arrogance dans ses actions, ni présomption dans ses paroles, ni indocilité dans aucun endroit de sa conduite ? Mais au contraire, n'a-t-il pas paru comme un agneau parmi ses Freres ; & quittant cet air rude & hautain, auquel sont accoûtumez les gens qui ont été nourris dans la guerre, il se peut dire, selon les termes du Prophete, qu'il a été comme un lion, qui oubliant sa ferocité naturelle, s'apprivoise, vit avec les animaux domestiques, & mange la paille dans les étables de son maître : *Et leo quasi bos comedet paleas.* Isa. 11.7:

Ce sont des exemples que je ne puis m'empêcher de vous remettre devant les yeux, lorsque j'en ai l'occasion, les choses presentes étant beaucoup plus capables de toucher que celles qui sont éloignées ; & il n'y en a pas un seul d'entre vous qui n'ait droit, & qui ne puisse esperer de la misericorde de Dieu une protection égale, pourvû qu'il lui garde une égale fidelité. Ce sont-là de ces fruits qui naissent dans les terres quand elles sont cultivées : Vos ames ne manqueront pas de les produire, si vous avez soin de les tenir toûjours prêtes pour recevoir dans une preparation sainte, toutes les graces interieures & exterieures, qu'il répand inceffamment fur elles, & vous deviendrez comme ces jardins delicieux, qui étant rafraîchis par des arrofemens continuels, ne perdent jamais ni leur verdure ni leur beauté, ni leur abondance : *Et eris quafi hortus irriguus, & ficut fons aquarum cujus non deficient aquæ.*

II. CONFERENCE
POUR
LE DIMANCHE
DE LA SEXAGESIME.

Exiit qui seminat, seminare. Matt. 13. 3.

Le laboureur est allé pour ensemencer son champ.

IL m'est venu deux reflexions bien differentes, mes Freres, sur l'Evangile d'aujourd'hui : *Ecce exiit qui* Matt. 13: *seminat seminare, & dum seminat* 34. *quadam ceciderunt secus viam, &c.* L'une m'a porté à plaindre le malheur des gens du monde, qui se mettent dans une impossibilité volontaire de faire leur salut, & l'autre à adorer la bonté de Dieu, qui donne à ceux qu'il en retire des moiens innombrables, pour acquerir ces biens infinis, dont les autres se privent par un égarement qu'on ne sçauroit assez déplorer.

Car à qui est-ce qu'on peut plus justement appliquer ces paroles ; *Dum seminat quædam ceciderunt secus viam & venerunt volucres Cœli & comederunt ea*, qu'aux personnes qui vivent dans le siecle, qui sont à l'égard de la parole de Dieu, comme les chemins dans lesquels le laboureur jette son grain, qui à peine a-t-il touché la terre, qu'il est mangé par les oiseaux ; puis qu'ils l'écoutent comme s'ils ne l'écoutoient point, qu'ils ont des oreilles, dont ils ne font aucun usage, & que l'insensibilité de leur cœur est si grande, que cette parole toute puissante qu'elle est, se fait entendre sans faire sur eux le moindre effet ni la moindre impression. La parole frappe veritablement leurs sens exterieurs, mais leurs ames qui sont toutes fermées & toutes endurcies la rejettent, sans qu'elle puisse les penetrer

Il y en a d'autres qui reçoivent la parole, & en qui même elle fait quelque effet ; *Alia autem ceciderunt in petrosa*; Et comme ils n'avoient ni foi, ni vertu, ni pieté ; qu'ils avoient au contraire la dureté des rochers & des pierres, ce que cette semence divine avoit pû produire, s'est bien-tôt desseché, & a été reduit en cendre & en poussiere: *Continuo exorta sunt, quia non habebant altitudinem terræ, sole autem orto æstuaverunt*: Elle n'a point trouvé de fonds; elle n'a pû pousser ses racines; de sorte que toutce qu'elle a pû produire s'est consumé, comme le grain qui tombe dans une terre brulante. v. 5. 6.

Il y en a d'autres sur lesquels la parole du Roiaume, *Verbum Regni*, semble être un peu plus heureuse; mais quoique d'abord elle entre davantage elle n'a ni plus de suite, ni plus d'utilité; *Alia autem ceciderunt in spinas, & creverunt spinæ & suffocaverunt ea*: Ce sont ceux qui la reçoivent, mais sans avantage & sans benediction; parce que l'amour des plaisirs & des richesses, les inquietudes & les soins des choses d'ici bas, l'étouffent & l'empêchent de produire : Ainsi & les uns & les autres au lieu de trouver la vie dans la parole, y rencontent la mort ; & par une opposition qu'ils ont aux desseins de Dieu qui ne se peut comprendre, ce qui devroit faire leur beatitude, est la cause de leur perte & de leur con- v. 19. v. 7.

damnation. Dieu parle pour les sauver, mais l'abus qu'ils font de sa parole, les tue : Il semble que cette voix qui devroit être toute leur consolation, ne se fait entendre que pour les rendre éternellement malheureux ; & il se peut dire, que quoi que l'aveuglement, dans lequel ils étoient, eût été pour eux un sujet de damnation, neantmoins il leur auroit été plus avantageux de n'avoir jamais oüi nommer le nom de la verité, que d'en avoir oüi parler & de l'avoir méprisée, parce qu'ils en auroient été moins coupables; car comme nous vous avons dit bien des fois, la parole de Jesus-Christ est comme sa chair, il faut qu'elle fasse & qu'elle augmente la condamnation de ceux dont elle n'operera point le salut.

Jugez donc, mes Freres, si je n'ai pas raison de vous dire ; que les gens qui sont dans le monde, sont à plaindre : Car qu'y a-t-il de plus déplorable, que de voir cette multitude innombrable d'insensez, tourner contr'eux-mêmes, les armes qu'ils ont reçûës de la main de Dieu pour leur propre deffense, & qui au lieu de se servir de cette parole plus tranchante qu'une épée qui coupe des deux côtez pour exterminer leurs ennemis, qui sont leurs convoitises, & leurs passions, s'en servent pour en accroître l'authorité & en fortifier la puissance ; car qu'est-ce autre chose de traiter avec mépris cette parole divine, sinon augmenter ses déreglemens & multiplier ses iniquitez. Si on me dit que je me trompe, il m'est aisé de répondre qu'il faut ou que Dieu n'ait point parlé à ces gens qui marchent dans les voies du siecles, & qu'il soit demeuré à leur égard dans un rigoureux silence, ou bien qu'ils aient méprisé sa parole, aprés l'avoir entenduë, de dire qu'il ne leur a point parlé : Quelle apparence ? Ne sçait-on pas que Dieu parle en plusieurs manieres, ou par la parole écrite, ou par la parole annoncée, ou par sa loi, ou par la connoissance de son existence gravée dans le cœur de tous les hommes ? Que seroit devenuë cette bonté infinie, cette providence & cette charité de Pere, qui le porte à penser & à s'appliquer à leur salut ? Et comment cela conviendroit-il avec ces paroles ; je vous ai appellé & vous m'avez rejetté: *Vocavi & renuiſtis* : J'ai étendu mes bras pendant tout le jour à ce peuple qui n'a eû pour moi que des contradictions & des repugnances : *Tota die expandi manus meas ad populum non credentem & contradicentem* : J'ai été pendant quarante années avec cette nation ; je me suis plaint en moi-même de leur égarement, & ils n'ont jamais voulu connoître mes voies : *Quadraginta annis offenſus fui generationi illi & dixi ſemper hi errant corde, & iſti non cognoverunt vias meas*: Enfin il est évident par mille endroits de l'Ecriture que Dieu leur a parlé; mais il ne l'est pas moins que sa parole n'a fait aucune impreſſion sur leurs cœurs, & qu'ils n'ont eû pour elle que de l'éloignement & du mépris, puis qu'on n'en voit ni traits ni vestiges dans toute leur conduite; & qu'au contraire on n'y remarque que des transgreſſions de ses loix les plus saintes, & des violemens tous publics de ses conſeils & de ses préceptes.

Il est donc constant que Dieu a parlé à cet avare, mais cet avare a preferé les richesses de la terre à celles du Ciel; Il est constant qu'il a parlé à cet impudique, mais il a fait plus de cas de ses voluptez brutales que des felicitez qu'il lui a promises; il a parlé à ce superbe, mais il a plus estimé une gloire passagere, parce qu'elle étoit presente, qu'une gloire immortelle, qui lui paroissoit plus éloignée : Il a parlé à cet homme colere & vindicatif, mais il a preferé cette fausse satisfaction qu'il a trouvée dans la vengeance, à tous les avantages que Dieu promet à ceux qui pardonnent les injures : En un mot, Dieu ne manque point de parler & d'avertir des devoirs, de dire aux hommes ce qu'il veut qu'ils fassent pour lui plaire; mais il faut confesser que malgré tous ses soins, toutes ses diligences, & toutes les marques qu'il leur donne de son amour, la dureté de leurs cœurs est impenetrable.

S'il y a tant de sujet de s'affliger de l'état où nous voions les gens du monde, & de pleurer sur leurs malheurs, nous en avons aussi beaucoup d'être remplis de joie, quand nous jettons les yeux sur la disposition dans laquelle se trouvent ceux qui n'en font plus : Car si la semence Divine est jettée le long des chemins, sur la pierre, & parmi les épines; c'est à dire, si la dureté des gens du monde, leur peu de foi, l'attachement qu'ils ont aux choses d'ici-bas, la rend infructueuse ; nous sçavons pour nôtre consolation qu'il y a une terre dans laquelle elle tombe, que l'Ecriture appelle une bonne terre : *Terram bonam* : & qui se trouvant dans toutes les preparations necessaires, produit & rapporte en abondance. Cette terre est une congregation sainte, une assemblée d'hommes que Dieu s'est destinée, de qui il prend un soin tout particulier, & qu'il comble de toutes les graces dont ils peuvent avoir besoin, pour rendre leur vie conforme à toutes ses volontez : Et afin que vous ne croyiez pas, mes Freres, que nous debitions en cela nos imaginations, je vais vous faire voir que l'idée que je me suis faite en cela est juste & precise, & qu'il n'y a rien qui exprime, ni qui figure davantage ce que Dieu a fait, pour former & pour conduire cette societé d'ames Reli-

Matt. 13. v. 8.

gieuses, que ce que fait un laboureur qui veut rendre sa terre fertile & abondante.

Premierement un laboureur commence par entourer de hayes & de fossez le champ qu'il veut cultiver, pour le garantir du dommage que les hommes y feroient s'ils avoient la liberté d'y passer; Dieu de méme separe ces hommes sur lesquels il a pris ses desseins, en les renfermant pour leur propre sûreté dans la solitude des Monasteres. Ce laboureur defriche, arrache les ronces, les épines & les halliers : Dieu fait une chose toute semblable par l'inspiration qu'il donne à ces ames retirées, de renoncer à tous les plaisirs, tous les soins, toutes les richesses, tous les biens, toutes les inquietudes du monde.

Ce laboureur laboure sa terre, c'est ce que Dieu fait par les exercices de pieté, par les jeûnes, par les veilles, par les travaux corporels, & par toutes les autres actions de discipline qui sont établies dans une Communauté reglée. Ce laboureur jette son grain, Dieu répand la semence de sa parole par des inspirations secrettes, ou par la bouche de ceux qui tiennent sa place & qui agiſſent en ſon nom. Ce laboureur veille pour empécher que les oiſeaux ne mangent le grain qu'il a ſemé dans la terre; & les Superieurs ſont par l'ordre de Dieu inceſſamment appliquez à détourner & à prevenir tout ce qui pourroit nuire à ceux, dont la conduite leur a été confiée. Ce laboureur ſarcle & nettoye ſon champ de toutes les mauvaiſes herbes qui viennent & qui pouſſent en abondance dans les terres les plus graſſes; de même ceux qui conduiſent, ſont uniquement appliquez en qualité de miniſtres de JESUS-CHRIST à retrancher tout ce qui peut naître de deſirs, de ſentimens, de penſées, de tentations; enfin à purifier les ames de tout ce qui ſe peut former en elles, qui ne ſeroit pas digne de l'état auquel elles ſont appellées.

Voila de grands rapports & de grandes reſſemblances, mais ce ne ſeroit point aſſez, ſi l'on n'alloit plus loin; Car comme cette terre à laquelle le laboureur a donné ſon ſoin, ſon temps, ſon travail, ſa peine, lui rend le centuple; c'eſt à dire, tout le plus qu'elle lui peut produire; *Alia*

*Matt.*13. 8.

autem ceciderunt in terram bonam & dabant fructum, aliud centesimum ; Il faut aussi, mes Freres, que nos ames, qui sont, selon la parole du S. Esprit ; *agricultura Dei* ; le champ que Dieu cultive ; aprés avoir été favorisées de tant de graces, comblées de tant de benedictions ; aprés avoir reçu de Dieu tant de dons, de secours, & de moyens differens, lui rendent une moisson abondante ; & que comme il n'a rien épargné pour les rendre fertiles, elles doivent aussi répondre à ses desseins, & satisfaire à son attente. Il ne faut pas faire comme ceux, qui pour peu qu'ils fassent, s'imaginent qu'ils font assez ; car on ne fait rien, à proprement parler, si on ne travaille à faire ce qu'il veut que l'on fasse. Il a ses mesures, il les faut remplir : Il destine à des degrez de perfection ausquels il faut tendre ; & celui qui faute de vouloir s'élever, & faire pour cela toutes les diligences necessaires, demeure en arriere, doit croire qu'il sera regardé comme un homme qui resiste à ses ordres & qui méprise ses volontez. Il faut les suivre & s'y soumettre pour entrer dans son Royaume ; & les portes n'en sont ou-

1. Cor. 3.

vertes qu'à ceux qui obeiſſent. Or, mes Freres, ſes volontez vous ſont connuës, par les ſoins qu'il a pris de vous donner tout ce qui vous étoit neceſſaire, pour vous porter dans un état parfait, & ainſi vous ne pouvez ignorer ce qu'il exige de vôtre gratitude, & de vôtre reconnoiſſance. Saint Gregoire dit qu'on connoît les intentions de Dieu par ſes largeſſes, & par ſes liberalitez; & qu'on ne ſçauroit douter qu'il ne demande beaucoup, quand ſes communications ſont abondantes, *cum enim augentur dona, rationes etiam creſcunt donorum.*

Un grand Prince s'en va dans un Pays étranger; il laiſſe à des Intendans le maniment de toutes ſes affaires, il revient aprés pluſieurs années, dans l'eſperance de trouver ſes coffres remplis d'or, d'argent & de toutes ſortes de richeſſes; mais ſi au lieu de rencontrer les choſes en l'état auquel elles doivent être, il ne rencontre entre les mains de ſes miniſtres, que ce qui pourroit convenir à la fortune d'un particulier, & d'un homme mediocre; peut-il manquer de ſe plaindre de leur fidelité, de leur affection, de leur zele? Ne doutez point qu'il ne s'en plaigne, & qu'il ne regarde tout ce qu'il ne trouve point dans ses coffres, comme s'ils le lui avoient ravi, & qu'ils l'eussent tourné à leur propre interêt. C'est de cette maniere que Jesus-Christ en usera à l'égard de ceux qui n'auront pas fait un veritable usage de ses graces, & qui auront malheureusement negligé de se rendre dignes de la grandeur de sa charité, de ses profusions & de ses desseins. Et le même saint Gregoire dit, qu'un homme qui doit beaucoup, & qui rend peu, ne fait rien qui contente celui auquel il est redevable. Et nous pouvons dire qu'on a sujet de se plaindre de lui, qu'on a droit sur sa liberté & sur sa personne, jusqu'à ce qu'il ait entierement satisfait, & qu'il ait acquité toute sa dette.

C'est ce que nous sommes, mes Freres, à l'égard de Dieu, lorsque nos œuvres ne se rapportent point à ses dons, & qu'il n'y a point de proportion entre nôtre reconnoissance & ses misericordes. C'est un dereglement contre lequel il s'est expliqué d'une maniere si rigoureuse; tantôt par ses Prophétes; tantôt par ses Apôtres,

que je ne sçay comment les hommes ne sont point dans une crainte continuelle de tomber dans ce malheur, & de ne pas marcher par les voyes qu'il leur a prescrites. Aprés avoir témoi-
Isai. c. 5.
v. 5. 6.
gné dans Isaie le deplaisir qu'il a de ce que la vigne qu'il avoit cultivée avec tant de soin n'a pas répondu à ses esperances ; J'arracheray, dit-il, les hayes ; je détruirai les murs qui l'environnent ; je la laisserai exposée à tous les ravages, que les passans lui pourront faire : *auferam sepem ejus, &*
Ibid.
erit in direptionem ; diruam maceriam ejus, & erit in conculcationem ; elle sera arrachée, elle sera foulée aux pieds, & je l'abandonnerai de telle sorte qu'elle aura la secheresse & la sterilité d'un desert ; *ponam eam desertam* ; les ronces & les épines la couvriront, & ma colere ira jusqu'à ce point, que j'empêcherai que Ciel ne répande sur elle ses pluyes & ses rosées, *ascendent vepres & spina, & nubibus mandabo, ne pluant super eam imbrem.*

Voila, mes Freres, en peu de mots de quelle sorte Dieu traite ces ames méconnoissantes, qui se mesurent dans le service qu'elles lui doivent, qui

qui avec des restrictions & des chicanes indignes de ceux qui ont de la creance & de la foy, craignent d'en trop faire; & qui s'imaginent pour peu qu'ils fassent, que Dieu doit être content, & qu'ils vont au delà de leurs devoirs, comme s'ils ne sçavoient pas (ce qui est une verité qui ne doit être ignorée de personne) que la pieté & la religion de tout un monde ensemble, n'approche pas de la valeur d'une seule goute de son sang; & que la moindre de ses souffrances ne seroit pas suffisamment payée, quand tout ce qu'il y a d'hommes sur la terre s'offriroient en sacrifice pour la reconnoître. C'est ce qu'a remarqué S. Jean Climaque ce grand Solitaire & ce grand Docteur tout ensemble, lorsqu'il a dit: Quand nous aurions donné dix mille vies pour JESUS-CHRIST, nous n'aurions pas encore satisfait à ce que nous lui devons, parce qu'il y a une difference infinie entre le sang d'un Dieu & le sang de ses serviteurs lors qu'on en juge selon la dignité & non selon la substance.

Les hommes peuvent-ils aprés cela user de reserve, & de ménagement

& apprehender de s'engager au delà de leurs obligations & de leurs forces? Et y a-t-il rien qui puisse attirer davantage dessus leur tête cette colere de Dieu, que nous pouvons nommer implacable, puisqu'elle fait qu'il ferme ses mains, & qu'il referme son sein pour toûjours: *Nubibus mandabo ne pluant super eam imbrem;* en sorte qu'il n'y a plus de graces ni à esperer, ni à prétendre pour ces ames ingrates, mais une suite de ressentimens & d'indignations, qui ne finira jamais.

Que les Moines pensent donc plus qu'ils ne font, à ce qu'ils doivent à Dieu; qu'ils rappellent en leur memoire, & qu'ils se remettent devant les yeux, toutes les marques qu'ils ont reçûës de sa bonté, toutes ces faveurs, cette distinction, cette vocation sainte accompagnée de tous les moiens dont ils peuvent avoir besoin, pour en soûtenir la dignité & qu'au lieu de languir dans une bassesse honteuse, & dans une degradation indigne de l'honneur qu'ils ont d'être consacrez au service de Jesus-Christ; ils travaillent à s'élever à cette pureté

& à cette perfection à laquelle il les appelle; en sorte qu'ils témoignent par la sainteté de leur conduite, qu'ils ressentent ce que ce Dieu d'une bonté infinie a fait pour eux.

C'est ce que vous ferez, mes Freres, si vous employez tous vos efforts, pour vivre selon toutes ces veritez qui vous sont si prescrites, si vous excitez vôtre foi, vôtre Religion, vôtre zele, & que vous vous mettiez en peine de faire profiter dans vôtre cœur, cette semence divine que Jesus-Christ y a jettée; je veux dire toutes ces instructions qui vous ont esté données, par une disposition particuliere de sa providence, dans un temps ou la plusspart des hommes sont dans l'ignorance & dans les tenebres: si vous imitez ceux dont parle Jesus-Christ, qui recevant sa parole dans un cœur rempli, non pas d'une bonté ordinaire & commune, mais d'une bonté parfaite; *Corde bono & optimo*, la retiennent & la conservent dans le repos, dans la patience & dans la paix; & qui l'échauffent par le feu de leur charité jusqu'à ce qu'elle produise ce fruit

Luc. 8. v. 15.

L ij

de vie, dans le tems determiné par sa prescience éternelle ; ce sont des biens & des avantages que l'on trouve dans les Monasteres, & dont on ne joüit point dans l'iniquité & dans la corruption du monde.

CONFERENCE POUR LE DIMANCHE DE LA QUINQUAGESIME A LA PROFSSION D'UN RELIGIEUX.

Præparanda funt corda & corpora noftra, fanctæ præceptorum obedientiæ militatura. *Prolog. Reg.*

Il faut préparer nos cœurs & nos corps pour combattre avec les armes d'une obeiffance fainte.

MOn Frere, faint Benoît m'ordonne de parler à ceux qui veullent faire profeffion de fa Regle, & embraffer fon Inftitut, de leurs obligations, & leur faire connoître quelle eft l'importance de l'engagement qu'ils veulent prendre, de crainte que n'aiant pas fur un état fi faint, les veritables lumieres, ils ne tombent dans le relâchement & dans une vie qui ne réponde pas à la grandeur de leurs devoirs. Pour m'acquiter en cela du mien, je ne vous dirai que peu de paroles, car quand je voudrois vous en dire beaucoup, mon incommodité presente me mettroit dans l'impuissance de le faire. Ces paroles, mon Frere, suffiront pour vôtre instruction; si vous entrez pleinement dans le sens qu'elles contiennent, & que vous preniez l'esprit de celui qui les a dites: Ce sont celles que S. Benoît adresse dans le Prologue de sa Regle à tous ceux qui veulent être du nombre de ses disciples, *Præpa-*

S. Bened. Prolog.

paranda sunt corda & corpora nostra sancta præceptorum obedientia militatura Il faut, dit-il, préparer nos cœurs & nos corps, pour combattre avec les armes d'une obeissance sainte: Voila, mon Frere, en peu de mots à quoi vous vous engagez, & ce que l'action que vous allez faire, exige de vous; Je ne doute point que vous ne trouviez que vôtre entreprise est grande, & que vous ne disiez dans le fond de vôtre cœur ces paroles du Prophéte *latum mandatum tuum nimis*, Seigneur, que vos commande-

Psal.118. v. 56.

mens ont d'étenduë! Il est vrai qu'ils vont loin, mais il est vrai aussi que si l'obligation que vous contractez étoit moindre, elle vous seroit inutile, & vous ne trouveriez point dans la condition que vous avez choisie, le bonheur & le repos que vous y cherchez. Car que vous serviroit de donner à Dieu la moitié de vous-méme, de lui donner vôtre corps, & de lui refuser vôtre cœur? Que vous serviroit, dis-je, que vos mains fussent soûmises, pendant que vôtre volonté seroit revoltée? Il faut que la dépendance soit parfaite, & que l'homme tout entier obeïsse, où elle sera infructueuse. Et afin que vous en soiez persuadé, je vous diray, mon Frere:

Premierement que le plus grand reproche que Dieu ait fait à son peuple, est fondé sur ce que son culte n'étoit qu'apparent, & que son obéïssance n'étoit qu'exterieure, que tous les actes de sa Religion n'avoient point de fond; que toute leur conduite n'étoit que litteralle, & que l'esprit n'y avoit point de part, c'est à dire qu'ils le servoient par necessité & par contrainte, & non point par volonté & par amour. Ainsi toute leur vie au lieu de lui plaire, ne faisoit que l'irriter; au lieu de s'attirer sa misericorde par tous leurs sacrifices, ils ne faisoient qu'exciter sa colere, & il ne se pouvoit pas faire qu'il aimât ceux qui ne le vouloient pas aimer. *Populus iste ore suo & labiis suis glorificat me cor autem ejus longe est à me.* C'est l'état auquel se trouvent tous ceux qui se contentent dans les Monasteres de rendre une obeissance exterieure; qui ne joignent point le cœur aux actions, & aux pratiques sensibles; leurs œuvres au lieu d'être agreables à Dieu, offensent sa Majesté, & il ne peut être à leur égard, que ce qu'il étoit pour son peuple, lors qu'il luy declare qu'il rejette ses offrandes, & qu'elles sont indignes de lui être presentées, *ne offeratis ultra sacrificium frustra.*

<small>If. 29. 18</small>

<small>If. 1. v. 13.</small>

Secondement, ce que vous donne la profession religieuse pour vous rendre heureux & pour le temps & pour l'éternité, ce sont les moyens de détruire ce qui peut empécher ce bonheur qu'elle vous promet. Or comme vôtre volonté propre est le grand obstacle, elle vous oblige à une obeissance qui la soumette, qui en arrête les mouvemens, & si vous n'entrez dans cette disposition qu'elle vous offre, si vous ne la considerez comme quelque chose d'essentiel & de fondamental à vôtre état, il ne vous sera plus d'aucun secours, vous demeurerez dans toutes vos passions accoûtumées, elles vous domineront & vous en serez l'esclave comme auparavant.

Troisiémement toute vôtre vie ne sera qu'une fiction, vous imposerez au monde, on vous croira ce que vous n'êtes point; vous serez aux yeux des hommes ce que vous ne serez point aux yeux de Dieu; on jugera de vous par les apparences, on vous donnera des vertus, & cependant vous aurez les vices qui leur seront contraires, & vous joindrez à tous vos autres maux celui de l'hypocrisie, qui en sera le comble & la consommation. On vous commandera par exemple un travail, vous irez, & vôtre cœur n'ira point; on dira cet homme est obeïssant, & cependant vôtre cœur sera ou dans la contradiction ou dans le murmure; on vous verra agir dans les travaux avec force & avec vivacité, & on dira ce Religieux est fervent, cependant vous n'agirez que par humeur, par fantaisie, & vous n'aurez rien moins que cette ferveur sainte & religieuse que l'on vous attribuera; Enfin vous porterez le nom & l'habit d'un homme qui vit dans l'obeïssance, vous en aurez même la gloire & l'honneur devant ceux qui jugent par la surface, mais Dieu de qui les jugemens sont profonds ne verra rien en vous qui ne soit digne de châtiment.

Quatriémement, le Religieux qui conserve sa volonté ne sçauroit s'accommoder des personnes qui ont autorité sur lui, qui ont inspection sur sa conduite; les difficultez naissent sous ses pas, on ne lui ordonne jamais rien qui lui plaise, ni qui lui convienne, il marche incessamment au travers des épines & des ronces, il est toûjours dans l'opposition & dans le murmure, la paix fuit de devant lui, il est dans une guerre qui ne finit point, & il n'est pas plus d'accord avec soi-même qu'avec les autres; Ainsi il perd tout le fruit de sa retraite, & ses cupiditez sont les maîtresses dans le Monastere, comme elles l'étoient dans le monde.

Quoique cette obligation soit d'une si grande importance, il n'y a rien de plus ordinaire que de s'en separer, & on ne voit rien davantage dans les cloîtres, que des hommes qui au lieu de vivre dans ce renoncement si prescrit & si necessaire, se conduisent par eux-mêmes, qui ne gardent de dépendance qu'autant qu'elle ne leur est point à charge, & qui ne font point de scrupule de se tirer en ce point de la main de Dieu, de lui manquer de fidelité, & de violer la sainteté de leurs promesses, & veritablement, mon Frere, à moins que de veiller incessamment sur soi-même, il est mal-aisé de se garantir de ce desordre.

Vous devez sçavoir qu'on y tombe en deux manieres, ou par les actions qui regardent le corps ou par celles qui regardent l'esprit. Les premieres sont sensibles, & on ne peut pas les commettre sans qu'on les remarque ; par exemple, je sçai que je me suis engagé au service de Jesus-Christ, que je lui ai consacré mon corps, & que je lui ai promis de l'imiter dans sa passion & dans ses souffrances, neanmoins j'évite la peine, je me fâche quand il s'en rencontre ; si la nourriture qu'on me donne ne me plaît pas, je murmure; si on m'applique à une occupation qui me déplaise, j'en témoigne mon chagrin. Ce sont des fautes grossieres, qu'on ne peut ni ignorer ni excuser, & si l'on est assez malheureux pour y tomber, comme le mal est connu, on doit & on peut y remedier par la pénitence.

Il n'en est pas de même des égaremens de l'esprit, ils sont plus dangereux & plus délicats tout ensemble, & il est plus mal-aisé de les apperçevoir, je ne parle point des murmures, des revoltes, ni des rebellions interieures qu'on ne sçauroit ne pas connoître par les agitations & les mouvemens qu'elles produisent, mais je parle d'une desobeissance plus adroite plus imperceptible. Souvent un Religieux au lieu de suivre à l'aveugle, & d'accomplir avec simplicité les ordres de son Superieur, le presse de les changer, & obtient de lui par ses importunitez & ses instances, des travaux, des occupations, des exercices, des lectures qui lui plaisent.

Un autre l'engage par ses artifices, par ses adresses, par ses affectations à lui accorder, ce qu'il ne veut pas lui demander, & se conduit de maniere qu'il fait que son Superieur le previent, & qu'il va au devant de ce qu'il desire. L'un & l'autre s'imaginent qu'ils font la volonté de leur Superieur, & que son consentement les met à couvert; ils se trompent, ils se flattent, c'est à proprement parler le Superieur qui obeit, & son acquiescement ne fait que leur cacher le dereglement de leur cœur, mais il ne sert de rien pour leur justification.

Un autre connoît les intentions de son Superieur, ses inclinations, sa volonté, ce qu'il approuve, ce qu'il condamne; cependant au lieu d'en suivre les lumieres dans les rencontres, il suit ses propres pensées, & croit qu'il ne fait rien contre l'obeissance parce que son Superieur ne lui a pas fait ou une défense ou un commandement en forme; mais il se mécompte, & on ne dira rien qui ne soit vrai, quand on assurera, que les uns & les autres sont esclaves de leurs volontez, qu'ils sont dans les liens de leur amour propre, qu'ils sont dans une disposition toute contraire à celle que la regle leur prescrit par ces paroles, *præparanda sunt corda*, En un mot ils *S. Ben.* sont bien éloignez d'être de ces hom- *in Prol.*

mes de benediction dont parle le Prophete, quand il dit, *præparationem cordis eorum audivit auris tua*, Vous avez écouté, Seigneur, la préparation de leurs cœurs, puisqu'ils n'ont rien moins que cette préparation qui leur est si necessaire, cette simplicité qui leur est si expressément commandée, & qu'on peut avec justice les mettre au nombre de ceux dont il est dit, *corrupti sunt & abominabiles facti sunt in studiis suis*, ils se sont corrompus & sont devenus abominables aux yeux de Dieu par l'attachement qu'ils ont eu à leurs volontez.

Ce qui arrive de ce desordre, mon Frere, c'est qu'un Religieux qui a fait vœu d'une obeissance parfaite, sortant de l'engagement qu'il a pris, & perdant toute memoire de ses promesses, se met dans un état que Dieu ne peut voir qu'avec indignation, il se retire de Dieu, Dieu se retire de lui, le démon qui apperçoit cette infidelité & ce divorce, attaque cette ame malheureuse, il la tente, il redouble tentations sur tentations, il lui tend des pieges de toutes parts, & Dieu lui refusant la protection dont elle s'est renduë indigne, elle ne manque point de tomber dans l'abîme qu'il lui a creusé, quelquefois il la laisse dans son égarement; il se contente de voir quelle nourit & fortifie son independance, qu'elle est dans la main de son propre conseil, au lieu de se laisser mener par la main d'un autre, comme elle y est obligée; il lui suffit qu'elle continuë de se croire, & de travailler à sa perte, sans qu'elle ait ni connoissance ni sentiment de son malheur: Enfin elle se trouve au jugement de Dieu toute defigurée, toute vuide & toute destituée de ces biens & de ces avantages, qui sont des fruits qui ne peuvent naître que de la simplicité, de la docilité & de l'obeissance, & comme presque toûjours le mal est sans remede, elle portera à jamais la peine de son infidelité.

Cela vous fait voir, mes Freres, qu'il n'y a rien que vous deviez plus apprehender que d'agir de vous même, & de vous conduire par vôtre propre esprit. Je vous parle à tous en general, & toutes les fois qu'un de nos Freres fait profession, vous la devéz faire avec lui & vous appliquer toutes les instructions qu'on lui donne, & souvent elles ne vous sont ni moins utiles ni moins necessaires qu'à celui auquel on adresse la parole ; & je vous avouë que je crains qu'au lieu d'y faire l'attention que l'on doit, on ne les neglige & on ne les considere que comme des choses dites au hazard, au lieu de les regarder comme des effets d'une conduite de Dieu toute particuliere sur vos personnes, & comme une marque de sa vigilance & de sa bonté, car si selon sa parole, un oiseau, une feüille d'un arbre, un cheveu ne tombe pas de nos têtes que par son ordre ; à plus forte raison la parole d'un Superieur qui a son autorité, & qui vous parle en son nom, ne peut point n'être pas reglée par sa providence. C'est lui qui met dans sa bouche les veritez qu'il vous annonce, c'est lui qui inspire son cœur, & qui donne le mouvement à sa langue, ainsi vous devez être persuadez qu'il ne vous dit rien dont vous ne lui rendiez un jour un compte tres-exact, & que les mêmes paroles qui n'auront pas produit en vous l'effet qu'il en attendoit, qui est de vous donner la vie, vous donneront la mort & seront cause de vôtre condamnation

damnation, *sermo quem locutus sum* Joan. 12.
ille judicabit eum in novissimo die. v. 48.

Vous voiez, mon Frere, que ce n'est pas sans raison, que saint Benoît nous ordonne de préparer nos cœurs & nos corps pour les soumettre à Jesus-Christ sous le joug de l'obeissance, *præparanda sunt corda* S. Ben. *& corpora nostra, sancta præceptorum* Prol. reg *obedientia militatura*, puisque l'obeissance toute seule peut détruire ou au moins enchaîner vôtre volonté propre, elle qui a une malignité infinie, & qui est l'unique cause de tous nos maux ; c'est pourquoi si vous vous trouvez dans une resolution constante, de vous consacrer à Jesus-Christ dans cette integrité que je vous ai representée, *adhuc & animam,* Luc. 14. de lui sacrifier vôtre ame, c'est à dire 26. cet attachement à l'esprit, auquel on ne veut point mourir, vous ne devez point douter qu'il ne reçoive le sacrifice que vous lui offrez, comme il fit autrefois celui du premier de tous les justes, & que la simplicité avec laquelle vous paroissez aujourd'hui à ses yeux, n'attire une abondance de grace sur vôtre action & sur vôtre personne ; & vous pourrez dire ces paroles d'Isaïe, *induit me vestimentis salutis*, que Dieu en vous revêtant de l'habit de la Religion, ou plûtôt en changeant celui que vous portez depuis si long-temps, en celui que vous allez prendre, vous couvre & vous enrichit d'un vétement de salut, c'est à dire qu'il vous engage dans une profession sainte, où vous trouverez tous les moiens & les secours dont vous pourrez avoir besoin pour vous y employer avec succez. Et crôyez, mon Frere, je vous le repete encore, que toute la suite de vôtre consecration dependra uniquement de la fidelité avec laquelle vous observerez ce precepte, *præparanda sunt corda*, car JESUS-CHRIST qui est veritable dans ses promesses n'a jamais manqué de faire revivre dans l'éternité, ceux qui dans le temps ont haï leur ame pour l'amour de lui, qui lui ont donné la mort, & qui lui en font un sacrifice volontaire.

II. CONFERENCE
POUR
LE DIMANCHE
DE LA QUINQUAGESIME
A L'ENGAGEMENT
D'UN FRERE CONVERS.

Descendi de cælo, non ut faciam voluntatem meam, sed voluntatem ejus qui misit me patris. *Joan. 6. 38.*

Je suis descendu du Ciel, non pour faire ma volonté, mais pour faire la volonté de celui qui m'a envoié.

VOus demandez, mon Frere, à vous engager à ce que la vie Monastique à de plus grand, de plus important & de plus penible, je veux dire à l'obeissance. Car c'est précisément ce que vous allez promettre, dans le vœu que vous êtes prêt de prononcer, c'est, dis-je, ce que la Religion contient de plus grand, puisque c'est en cela que toute sa perfection consiste, & que tout ce qu'elle contient, se renferme dans le fond & dans la pratique de cette vertu. Il est certain que l'obeissance est tellement essentielle à la vie religieuse, qu'être Religieux, & être un parfait obéissant, ce n'est qu'une même chose ; elle n'a rien de plus important puisque sans l'obéissance, toutes ses actions, tous ses exercices, toutes ses occupations, tous ses emplois n'ont au jugement de Dieu ni merite ni valeur, elle n'a rien de plus difficile, puisque l'obéissance ne dit pas moins qu'une abnegation totale, un parfait detachement de soi-même, une mort, & une destruction veritable de son propre esprit, ce qui est de toutes les choses du monde la plus difficile, & à quoi l'homme qui est naturellement orgueilleux & plein de lui-même, a plus de peine à se determiner & à se resoudre.

Je vous dirai, mon Frere, en moins de discours qu'il me sera possible parce que l'heure me presse, & que je n'ai pas le temps de m'étendre, que comme pour acheter les choses qui sont necessaires à la vie, on donne de l'argent qui a cours parmi les hommes, on acquiert auſſi par les actes & les exercices de pieté, la perfection de l'état auquel Dieu vous appelle. C'eſt par la qu'on s'éleve à cette pureté de cœur à laquelle un ſolitaire doit tendre, & qui eſt l'effet de ſa conduite, & comme il ne ſuffit pas que la monnoie ſoit d'un métail neceſſaire & legitime, mais qu'il faut qu'elle ait l'empreinte & la marque du Prince, il faut auſſi que ces actions dont je vous parle ſoient comme frappées au coin qui leur eſt propre, qu'elles aient un caractere particulier; Or ce caractere n'eſt rien que l'obeïſſance, c'eſt celui auquel JESUS-CHRIST a marqué toute ſa vie, comme il le témoigne lui-même, lorſqu'il dit: Je ſuis venu non pas pour faire ma volonté, mais pour faire celle de mon pere: La monnoie pourroit être d'argent & même d'or, qu'on ne laiſſeroit pas de la rejetter comme une monnoie fauſſe, & ſi elle ne portoit l'image qu'elle doit avoir; de même toutes les actions que peut faire celui qui eſt engagé par les vœux au ſervice de JESUS-CHRIST ne ſçauroient lui être utiles ſans l'obéiſſance, elle ne feront point reçues, quelque sainteté qu'elles puissent avoir ; & non seulement elles ne lui produiront aucun avantage, mais même elles lui attireront des châtimens & des peines rigoureuses, parce que sa condition l'obligeant à vivre en toutes choses, dans une dépendance entiere ; il fait contre son devoir dés qu'il agit par lui-même. C'est une bonne chose de jeûner, de prier, de veiller, de travailler, mais si je le fais sans obéissance, par mon choix & par ma volonté propre, tout cela ne servira qu'à me rendre digne de haine, au lieu de me meriter des recompenses & des couronnes.

Un Religieux par exemple, prie quand on veut qu'il travaille, il jeûne quand on veut qu'il mange, son jeûne sera puni comme un transgression, & sa priere lui sera imputée à peché, *oratio ejus fiet in peccatum*, & en un mot tout ce qu'il fera sans obéissance, pour satisfaire son humeur & sa fantaisie, ou sa pieté, si vous voulez, ne sera regardé de Dieu que comme un espece de larcin, & de sacrilege, car ce qu'il fait en se conduisant lui-même, n'est autre chose

Pf. 108.
v. 7.

que de reprendre sa volonté, s'en servir à son usage, aprés l'avoir offerte à Dieu, comme une victime, & l'avoir consacrée à son service.

Ce n'est pas assez, mon Frere, que vous sçachiez qu'il faut obéir, mais il faut vous apprendre avec quelles circonstances il le faut faire, afin que vôtre obéissance soit reçûe de J. C. comme un sacrifice de bonne odeur. Entre un grand nombre de qualitez differentes, qui doivent se rencontrer dans l'action d'un veritable obéissant, il y en a quatre principales sans lesquelles il est impossible qu'elle lui plaise : Il faut qu'elle soit prompte, cordiale, fervente & qu'elle persevere. Elle doit être prompte sans quoi il ne se peut que Dieu ne la rejette, parce que le défaut de promptitude ne peut venir que de deux causes ; ou de l'attachement que nous avons à nôtre propre raison, qui nous porte à examiner l'ordre qu'on nous donne, avant que de nous y soumettre, ou de nôtre paresse, qui nous retient & qui nous lie, de sorte que quand on nous commande quelque chose, il semble qu'on nous éveille d'un profond sommeil : Or comment se peut-il faire qu'une action qui a de si mauvais commencemens, puisse avoir une suite plus heureuse? Et que celui par l'ordre duquel on l'a fait, n'ait pas plus sujet de s'en plaindre, & de s'en fâcher, que d'en être content? Y a-t-il rien de plus injuste, que celui, qui doit tant à Dieu, pardessus le reste des hommes qu'il a prevenus de tant de marques d'une bonté extraordinaire, retarde & differe lors qu'il est question d'executer ses ordres? Je dis, ses ordres parce que comme remarque S. Bernard, soit que Dieu commande par lui-même, ou par la bouche de ses Ministres, ce sont toûjours ses volontez qui sont declarées, & nôtre Regle est si précise sur ce sujet, qu'elle n'a pû s'exprimer d'une maniere plus claire, qu'en ces termes, *mox ut aliquid imperatum à majore fuerit, ac si divinitus imperetur, moram pati nesciunt in faciendo*; S. Benoît ne s'est expliqué de la sorte que pour nous apprendre qu'il ne doit point y avoir de distance, entre la parole de celui qui commande, & l'action de celui qui obéit.

Il faut que l'obéissance soit cordialle, parce que ceux qui sont au nombre

De præcep. & dispens. c. 9.

bre des enfans, & qui font appellez plus particulierement à l'heritage du pere, tels que font les Religieux & les Moines, ne doivent pas se conduire comme des serviteurs & des esclaves, qui n'agissent que parce qu'ils y sont forcez, & par le motif de la crainte. Dieu veut, mon Frere, que nous le servions d'une maniere plus noble & plus élevée, il n'a que faire de nos pénitences, de nos macerations & de nos travaux, ce n'est que le cœur qu'il demande, donnez lui tout, & ne lui donnez pas le cœur, vous ne lui donnez rien. *Deus cor* *quærit, cor inspicit, intus testis est, judex, approbator, adjutor, coronator.* August. in Ps. 34

Il faut en troisiéme lieu que l'obéissance soit fervente, car sans cela, le moyen que ce Religieux fasse connoître par toutes ses actions, comme il y est obligé, son ardeur dans le service de JESUS-CHRIST? Comment remarquera-t-on dans sa conduite, qu'il n'agit que par l'amour qu'il lui porte, & dans le dessein de lui plaire, si son obéissance est destituée de ferveur & de zele; si elle est molle & languissante? Et quel rapport y aura t-il entre la majefté du maître qui eft infinie, & la difpofition du ferviteur?

Il faut enfin que l'obéiffance foit perfeverante, parce que c'eft elle qui doit confommer vôtre facrifice, & qui doit lui donner fa perfection. C'eft elle, dis-je, qui doit couronner vôtre ouvrage; la recompenfe, comme vous fçavez n'eft promife, qu'à celui qui aura combattu, & perfeveré jufqu'à la fin. Ce n'eft point au ferviteur à dire à fon maître: Il y a tant de temps que je vous fers, je vous fervis hier, je vous fervirai encore aujourd'hui, mais pour davantage je ne le puis: il faut qu'il pouffe fes fervices jufques à la fin de de fa vie, s'il veut que fa fidelité foit reconnüe; & dés le moment qu'il refufe de fervir, il efface tous fes fervices paffez, du cœur & de la memoire de fon maître. Dieu nous juge comme il nous rencontre, & s'il nous trouve las de le fervir, il nous traitte comme des gens dégoûtez de fon fervice. Quelle difpofition pour celui qui eft prêt, à ce qu'il s'imagine, de recevoir fa retribution & fon falaire? & com-

Matt. 24 13.

bien y en a-t-il, auſquels il dira quelque jour ces paroles terribles, *Tolle quod tuum eſt*, retirez-vous, emportez avec vous ce qui vous appartient, c'eſt à dire, vôtre lâcheté & vôtre ingratitude. C'eſt le partage de ceux qui ſe perſuadent qu'ils en ont trop fait, lorſque Dieu qui juge autrement qu'eux, prononce que leurs œuvres ne ſont pas pleines, & qu'ils n'en ont pas aſſez pour qu'elles ſoient dignes d'être reçûës. Matt. 20 14.

En voila trop, mon Frere, pour vous faire connoître l'obligation que vous avez d'obéir le reſte de vos jours, & la maniere en laquelle vous devez vous en acquiter. Demandez à JESUS-CHRIST qui eſt le modéle ſi achevé de tous ceux qui ſont engagez dans la carriere de l'obéïſſance, qu'il vous regarde en pitié, qu'il ſoûtienne vôtre foibleſſe, & qu'il vous donne les graces, ſans leſquelles toutes vos reſolutions ſeroient vaines & ſteriles, & vous vous trouveriez dans l'impuiſſance de ſatisfaire à vos promeſſes.

III. CONFERENCE
POUR
LE DIMANCHE
DE LA QUINQUAGESIME
A LA PROFESSION D'UN RELIGIEUX
QUI ESTOIT VENU
D'UNE AUTRE OBSERVANCE.

Ad illum per obedientiæ laborem redeas, à quo per inobedientiæ desidiam recesseras. *S. Bened. in Prolog. sup. Reg.*

Revenez par le travail de l'obéïssance, à celui de qui vous vous étiez éloigné par la desobéïssance.

Vous nous demandez, mon Frere, étant prosterné à nos pieds selon l'usage de nôtre Ordre, la misericorde de Dieu & la nôtre, *misericordiam Dei & vestram*; Et à cela je vous répons que la plus grande misericorde que Dieu vous puisse faire, est de vous donner les moyens & les facilitez necessaires, dans le nouvel engagement que vous prenez pour travailler avec succés à l'ouvrage de vôtre salut. Je ne vous representerai pas les avantages qui sont renfermés dans l'état que vous avés choisi; vous les connoissés déja par les experiences que vous en avez faites, & vous sçavés sans doute quel fruit on peut retirer de cette solitude profonde où nous vivons, de ce silence, de ces jeûnes, de ces veilles, de ces travaux, de ces mortifications, de cet assujettissement, & de toutes les autres regularités dans lesquelles nous passons nos jours; je me contenterai seulement de vous dire quelque chose de l'obéissance qui est essentielle à la Profession Monastique, & sans laquelle il n'y peut avoir de veritables Religieux, parce qu'elle est ignorée, & que peu de personnes en connoissent la vérité & l'étenduë.

L'obéissance donc, mon Frere, est une obligation generale pour toutes les observances Religieuses, elle en est le fondement & l'essence. Les hommes ne s'engagent à JESUS-

Christ par les vœux, qu'afin de s'unir ou de se réünir à lui d'une maniere si étroite, & par des liens si serrés, qu'ils ne puissent ni s'en détacher, ni le perdre; Or comme ils ne s'en sont séparés que par la desobéissance, il faut qu'ils reviennent à lui par une disposition toute opposée, qui est l'obéissance. C'est ce que vous avés lû dans le Prologue de vôtre Regle en ces termes, *ut ad illum per obedientia laborem redeas, à quo per inobedientia desidiam recesseras*; ainsi Dieu en établissant l'ordre Monastique dans son Eglise, n'a pas eu d'autre dessein que d'établir des écoles Saintes où l'on apprît à obéir.

Je vous dirai donc, mon Frere, quel doit être l'objet de l'obéissance que vous allés promettre en presence de Dieu & de ses Saints; quelle est son étenduë & avec quelles circonstances vous devez vous en acquiter, quand vous l'aurés promise. L'obéissance se porte à quatre objets differens. Dieu est le premier, vôtre Regle le second, vôtre Superieur vient ensuite, & enfin vos Freres.

Vous obéirez à Dieu, mon Frere, si vous suivés les desseins qu'il a sur vous, si vous faites que sa vocation ait tout l'effet qu'elle doit avoir, si vous suivés les mouvemens de son esprit, & que vous receviés dans une soumission toute entiere, les impressions de sa grace. Or cette volonté, ce dessein, cette vocation ne vous peut être mieux déclarée que par ces paroles qu'il dit autrefois au premier de tous les Patriarches ; *Egredere de* *Genef.* 12 *terra tua, & de cognatione tua & de* 1. *domo Patris tui* ; sortez de vôtre païs, c'est à dire, comme l'explique le saint Abbé Paphnuce, dans les Conferences de Cassien, quittés tous les biens de ce monde, tous ses plaisirs, ses honneurs, ses affaires, & ses occupations; sortés du milieu de vos parens ; c'est à dire, renoncés à vos inclinations vitieuses, à vôtre amour propre, à vos fantaisies, à vos passions, à vos humeurs, à toutes ces attaches differentes qui vous sont passées en nature, par les habitudes que vous en avés contractées. Sortés de la maison de vôtre pere ; c'est à dire, rejettés toutes les affections des choses visibles terrestres & perissables, pour ne vous occuper desormais, que de celles qui sont éternelles, invisibles,

& qui ne connoiſſent aucun changement; & ſoyés perſuadé que le dégagement dans lequel Dieu vous oblige de vivre, n'eſt pas moindre que cette deſapropriation de vous même, ſi entiere & ſi generale.

Vous quittés un état dans lequel vous le ſerviés d'une maniere commune, & vôtre tranſlation ſeroit temeraire, ſi vous n'ajoûtiés de nouvelles obligations à vos premiers devoirs. Dieu veut que l'union que vous aurés deſormais avec lui ſoit parfaite, ſoit intime, que vôtre cœur ſoit à lui ſans reſtriction & ſans reſerve, & ſi vous voulez que je vous en diſe tout ce que j'en penſe, le pas que vous faites, ne vous engage pas à moins, qu'à étudier, je ne dis pas ſes volontés abſoluës, je ne dis pas ſes ordres, mais toutes ſes penſées & ſes inclinations, pour les embraſſer comme des loix & des regles conſtantes; & en un mot ce n'eſt point aſſés pour vous, comme dit S. Bernard de ſervir Dieu, il vous faut des diſpoſitions plus excellentes & plus élevées, vous devez vous attacher à Dieu: *Aliorum eſt Deo ſervire, veſtrum adhærere*; Car pourquoi changer, mon

Ad Frat. de monte Dei. c. 2.

Frere, si vous n'avés pas envie d'être meilleur, plus parfait & plus saint que vous n'êtiés.

Vous obéirés à vôtre regle, mon Frere, si vous vous rendez fidéle à tout ce qu'elle vous prescrit, sans vous dispenser des choses qu'elle renferme, soit par distinction, soit par negligence. Vous devés la considerer comme une declaration des volontés de Dieu, comme vôtre Loi, comme vôtre Evangile. Dieu a écrit de son doigt l'Evangile à tous les Chrétiens, mais il y en a entre eux qu'il cherit plus tendrement, qu'il destine à un état plus éminent, & à une perfection plus élevée ; il les sépare des autres, il les appelle à une vie plus retirée & plus sainte ; il leur donne une regle & une forme de vie, qui est comme un abregé & un précis de ce qu'il a de plus pur & de plus excellent dans l'Evangile. Quelle reconnoissance n'êtes vous point obligé de lui rendre, pour cette application particuliere qu'il a sur vous, pour cette vocation si speciale & si privilegiée, par laquelle il vous distingue du commun des hommes ? C'est ainsi qu'il sépara son peuple autrefois du milieu des Nations, afin de se l'attacher par un culte tout saint, & tout religieux, & d'en recevoir des adorations & des hommages, qui fussent dignes de lui, *separavi vos à cæteris populis, ut essetis mei*.

Levit. 20 26.

Dieu est semblable à un grand Prince qui commandant à des Nations presques infinies, & voulant leur donner des marques d'une bonté & d'une magnificence royale leur proposeroit de grands biens & de grandes recompenses, & leur prescriroit de certains devoirs, de certains services, certaines loix pour l'accomplissement desquelles ils se rendroient dignes des promesses qu'il leur auroit faites, & qui par préference choisiroit parmi cette multitude, quelques gens qu'il cheriroit plus que les autres, qu'il établiroit dans les premieres places de sa maison prés de sa personne, & ausquels il donneroit sa familiarité, & tout ensemble des facilités, des regles, des conduites particulieres, par le moyen desquelles ils acquereroient cette recompense promise avec plus de certitude ; sans doute que ces hommes si cheris & si favorisés de ce Prince, seroient touchés d'un respect, & d'une reconnoissance profonde, & emploiroient toute leur fidelité & tous leurs soins pour executer jusqu'aux moindres des choses, qu'il leur auroit prescrites, & il n'y en auroit une seule qu'ils voulussent regarder autrement que comme une loi indispensable.

Voila, mon Frere, ce qu'il faut que vous soyés à l'égard de vôtre regle, & de tout ce qu'elle contient. Dieu vous l'a donnée par le ministere d'un grand Saint, ce n'est point son propre esprit, c'est celui de Dieu qui la dictée ; & vous contractés dés le moment que vous l'aurés professée, l'obligation de l'observer, avec une exactitude & une religion constante ; ce n'est point à vous à discerner, ni à dire : Ce point est utile, cet autre ne l'est pas, celui-ci est necessaire, celui-la ne sert de rien; *In omnibus omnes magistram sequantur regulam, neque ab ea temere devietur à quoquam.* Ce sont les paroles de saint Benoît : Tous sont obligés de la pratiquer & de la suivre, & nul ne peut s'en dispenser, à moins qu'il n'ait pour cela une raison juste & legitime.

Reg. S. Ben. c. 3.

Vous obéirez à vôtre Superieur, si

vous êtes perſuadé que c'eſt à JESUS-CHRIST même que vous obéiſſés en ſa perſonne, qu'il vous tient ſa place, qu'il vous conduit en ſon nom, & qu'il a ſon authorité, ſa miſſion, ſa charité, & ſes lumieres, ſans craindre que vous vous trompiés en ſuivant ſes ordres, & ſans dire en vous même, qu'étant homme il ſe peut mécompter, parce que ſi cette raiſon meritoit d'être écoutée, il faudroit diſcuter tous les commandemens des Superieurs, & il n'y auroit jamais d'obéiſſance ni ſimple, ni veritable. Et ſçachez, mon Frere, qu'il y a cette difference entre vous & lui, qu'il eſt vrai qu'il ſe peut tromper, mais que Dieu qui l'a mis en ſa place, & qui ſe ſert de ſa main pour gouverner ſa bergerie, & conduire ſon troupeau, lui donne les lumieres & les connoiſſances dont il a beſoin, pour s'acquiter de la charge qu'il lui a commiſe : Mais pour vous & pour tous ceux qui vous reſſemblent, Dieu ne vous donne que la ſoumiſſion & la docilité, qui vous eſt neceſſaire, pour vous laiſſer conduire. Ne croyez donc rien, ni de bon, ni de mauvais, que ſelon ſon diſcernement; que ſon ſentiment ſoit la regle & la mesure du vôtre, & croyez qu'en usant de la sorte, ce sera lui & non pas vous qui rendrez compte à Dieu de vôtre conduite; heureux celui-là, mon Frere, qui a trouvé le secret de s'établir dans une sureté si grande & si parfaite, qu'il ne soit pas même chargé de son propre salut. Je suppose en tout cela que vôtre Superieur n'exige rien de vous qui soit évidemment contre la Loi de Dieu; car en ce cas là l obéïssance que vous devés à Dieu, vous empêche de rendre à vôtre Superieur, celle qu'il vous demande; & c'est ce que nous apprend S. Bernard, quand il dit qu'il faut croire comme Dieu même le Superieur qui nous tient sa place, dans les choses qui ne sont pas évidemment contraires à la volonté de Dieu. *Illum quem pro Deo habemus, tanquam Deum, in his quæ non sunt apertè contra Deum credere debemus.* Ber. de præcepto & dispens. c. 9.

Vous obéïrez à vos freres, si vous êtes autant convaincu que vous devés l'être, que c'est la voye la plus droite & la plus certaine, que vous puissiés prendre, pour aller à Dieu, & S. Benoist ne craint point de nous dire, en nous parlant de cette obéïssance, que c'est le veritable chemin, par lequel nous pouvons y arriver, *Scientes se per hanc obedientiæ viam ituros ad Deum.* Et si quelque chose est capable de vous rendre cette obligation facile & agreable, c'est de regarder vos Freres, comme des gens qui portent sur le front un caractere de benediction. Ils appartiennent à JESUS-CHRIST par une consecration toute particuliere, ils sont uniquement destinez à son culte & à son service ; ce sont des vases précieux dans sa maison. Vous reconnoissés par tout dans leurs personnes, les marques de cette élection éternelle qui doit les rendre à jamais heureux : Vous avés les mêmes vûës, les mêmes prétentions, les mêmes desirs, les mêmes volontés, les mêmes exercices, & vous êtes tellement un par les liens & les engagemens qui vous unissent, qu'il se peut dire qu'il se voit en vous l'accomplissement de ces paroles de JESUS-CHRIST, *sint unum sicut & nos unum sumus.* Je vous demande ce qui pourroit rendre une telle obéissance onereuse ? Joignez à cela, mon Frere, que lorsque cette déference si sainte & si cordiale ne se rencontre

Reg. S. Bened: t. 71.

Ioan. 17. 22.

pas dans les Monasteres, & que les Freres manquent à se considerer, comme s'ils étoient les Superieurs les uns des autres, les contradictions y regnent, on n'y voit qu'oppositions, que troubles, que discordes; Jesus-Christ qui est le Dieu de la paix, & qui n'habite que parmi ceux chés qui elle est établie, ne s'y rencontre point, il s'en retire. L'ennemi de la paix qui ne manque point de prendre sa place, y jette le desordre & la confusion, & ces lieux uniquement destinés pour être le Royaume de Jesus-Christ, deviennent par un changement déplorable, la Sinagogue de Sathan; Faites tous vos efforts, pour éviter un écüeil si dangereux, suivant en toutes choses les volontés de vos Freres plûtôt que les vôtres; Faites, non point ce qui vous est commode & avantageux, mais ce qui leur est utile & ce qu'ils desirent, *nullus quod sibi utile judicat sequatur sed quod magis alii.* Imités Jesus-Christ qui déclare qu'il est venu non point pour exiger des services, mais pour en rendre, *Filius hominis non venit ministrari sed ministrare.*

Regul. S. Bened. c. 72.

Matth. 20. 28.

Mes Freres, c'est à vous tous que

j'adresse ma parole, & d'autant plus qu'il n'y a point d'obligation, point de verité, ni moins connuë, ni moins pratiquée que celle que je vous annonce; Car pour vous le dire sans déguisement, les Cloîtres pour la pluspart sont remplis de volontaires & non pas d'obéissans; & si vous voulés vous conduire par des voyes assurées, tirés vous des maximes communes, considerés tout signe qui vous viendra de la part de vôtre Frere, & qui marquera qu'il veut de vous quelque office, ou quelque secours, comme vous imposant une necessité de faire ce qu'il desire, pourvû qu'il n'ait rien de contraire aux ordres de Dieu, à la volonté de vos Superieurs, & à la disposition de vôtre Regle: Un mauvais Religieux dira dans l'amertume de son cœur, que ce joug lui est insupportable, qu'on ne peut pas vivre dans un tel assujetissement, & qu'il n'est pas possible d'avoir tant de maîtres: Un bon Religieux vous dira au contraire, qu'on n'en sçauroit avoir trop, qu'on est heureux de dépendre, & que puisque sa volonté est une ennemie cruelle, & qu'il ne lui arrive point de maux qu'elle ne lui fasse,

il

il ne peut avoir trop d'occasions de se venger d'elle, de la sacrifier & de la détruire; que si JESUS-CHRIST, lui commandoit de se soumettre à des barbares, il le faudroit faire, & que cependant, il ne lui ordonne d'obéir qu'à des hommes, qui n'ont rien que d'aimable, rien qui ne le porte & ne l'invite à leur rendre l'obéissance qui lui est recommandée; quel moyen, vous dira-t-il, de se plaindre, ou plûtôt comment ne se pas loüer, d'être soumis à une necessité qui a tant de douceur, de charme & d'agréement? *Felix est necessitas quæ in meliora compellit.* Aug. Ep. 5.

Enfin, mes Freres, je vous ai dit bien des fois, je vous le repete encore, vous connoîtrez si vous appartenez à JESUS-CHRIST, & si vous êtes de ses disciples, par la charité que vous aurés les uns pour les autres; *in hoc cognoscent omnes quia discipuli mei estis, si dilectionem habueritis ad invicem,* Ioan. 13. 35. & cette charité ne se fera remarquer, que par cette obéissance mutuelle, cette déference reciproque, qui se trouvera parmi vous; au contraire vous vous déclarez non pas Disciples de JESUS-CHRIST, mais ses ennemis & ses adversaires, si vous manquez à cette soumission si sainte & si necessaire, & ce défaut d'obéissance vous chasse pour jamais de son Royaume, & vous en ferme les portes qui ne sont ouvertes qu'à ses Disciples; en un mot si vous ne voulez pas obéir, vous ne voulez pas regner.

Pour ce qui est de l'étenduë de l'obéissance, mon Frere, elle est si grande, que les Saints nous apprennent qu'il faut qu'un Religieux obéisse jusqu'à la mort, c'est à dire, qu'il doit porter son obéissance si loin, que quand on lui commanderoit des choses qui ruïneroient sa santé & le conduiroient à la mort, il faudroit obéir & se soumettre. Ils estimoient qu'un veritable obeïssant ne pouvoit avoir de joye plus parfaite, que de trouver quelque occasion de consacrer sa vie, de la perdre dans les travaux de l'obéissance, & de glorifier JESUS-CHRIST par sa mort, comme un Martyr qui la souffre, qui l'accepte & qui répand son sang avec plaisir, pour la confession de son saint nom.

C'étoit si bien le sentiment de saint Benoist, que pour nous marquer quelle devoit être l'obéissance des

Religieux, il nous propose celle de Jesus-Christ qui a été obéissant jusqu'à la mort, c'est à dire qui à mieux aimé la souffrir, que de ne pas obéir à la volonté de son Pere : *dedit vitam ne perderet obedientiam* ; Mais ce qui fait voir avec évidence l'idée qu'il avoit de cette vertu si excellente, c'est lors qu'il traite de la maniere dont un Religieux se doit conduire, s'il arrive que son Superieur lui commande des choses impossibles ; Car si jamais il peut y avoir de raison juste & legitime de se dispenser d'obéir, c'est dans un cas de cette nature, cependant quoi qu'il permette à ce Religieux de representer son impuissance, & de faire voir l'impossibilité de l'action qui lui est ordonnée, il déclare que si le Superieur persiste dans son sentiment, le Religieux doit entreprendre ce qui lui est ordonné, & y employer tous ses efforts, se confiant en la protection de Dieu, qui ne manque jamais de regarder dans sa misericorde, ceux qui ne cherchent qu'à faire sa volonté, & à lui plaire.

Je vous demande, mon Frere, en quelle occasion il peut être permis de

Reg. S. Ben. c. 7.

Bern. tract. de off. ex morib. Episcoporū c. 9. n. 33

cap. 68.

ne pas obéir, si ce n'est dans une impuissance toute évidente ? Sachez donc qu'il n'y a que deux choses qui bornent l'obéissance, l'une est la mort, parce qu'il faut vivre pour obéir, & que la puissance des vivans ne s'étend point sur les morts; l'autre est lors que la volonté du Superieur, comme nous l'avons déja dit, est contraire à la Loi de Dieu, en sorte qu'il faudroit desobéir à Dieu pour obéir à l'homme. Ajoutons encore une troisiéme qui est la conservation de la Regle, parce que si le commandement du Superieur alloit à la détruire, comme c'est elle qui nous soumet à son authorité, il ne faut point douter qu'elle ne nous en retire, & qu'elle ne nous défende d'executer ses ordres. Je ne mets point l'impuissance entre les raisons de ne pas obéir, parce qu'encore qu'on ne vienne pas à bout de ce qui est commandé, on ne laisse pas d'entreprendre, & de faire de sa part, tout ce que l'on peut pour marquer la promptitude & l'integrité de sa soumission ; sur tout souvenéz-vous, mon Frere, qu'il n'y a point de travaux si pénibles & d'occupations si ravalées, qui ne conviennent à un Moine, & qu'on n'ait droit de lui enjoindre ; mais pour lui il n'en a jamais aucun de s'en dispenser ; & s'il arrivoit que cette obligation vous semblât dure, & qu'elle vous fit de la peine, remettez-vous devant vos yeux l'exemple de nos Peres, qui trouvoient dequoi subsister & nourrir les pauvres, du travail de leurs mains, & qui portoient leur zele si loin, qu'il est écrit qu'ils s'imaginoient sans cesse de nouvelles croix, & de nouveaux supplices, pour trouver le salut & la guérison de leurs ames dans l'accablement de leurs corps.

Enfin l'obéissance est si vaste qu'on en peut dire ce que S. Bernard dit de la charité, *modus obediendi est obedire sine modo*, ni la difficulté des commandemens, ni la contrarieté de nos volontés & de nos humeurs, ni même la crainte de perdre ou la santé ou la vie, n'y doit mettre aucunes bornes, pourvû que l'on ne sorte pas de l'enceinte de sa profession ; *Obedientia quæ voti finibus cohibetur, imperfecta est. Nam perfecta obedientia legem nescit, terminis non arctatur, neque contenta angustiis professionis,* *Bern. tract. de præc. & disp. c. 6. n. 12.*

largiori voluntate fertur in latitudinem charitatis... &c. Il faut qu'un veritable obéïssant se considere, ainsi que dit saint Benoist, comme une brebis destinée à la mort; qu'il soit toûjours prêt de faire à Jesus-Christ un sacrifice de toutes ses volontés & même de sa personne, s'il lui commandoit par la bouche de ses Superieurs, d'entreprendre des choses dans lesquelles il fallut répandre son sang, en échange de celui qu'il a offert à son Pere, pour l'expiation de nos pechés, *propter te mortificamur tota die, æstimati sumus, sicut oves occisionis.* C'est pour l'amour de vous, Seigneur, que nous passons tous les jours de nos vies dans des mortifications continuelles, & que nous ne sommes regardés que comme des brebis destinées à la mort.

Ps. 43. 24

Pour ce qui est de la maniere en laquelle il faut obéir, c'est en quoi la plufpart des Religieux se mécomptent. On croit qu'il suffit pour s'acquitter de l'obéïssance, que l'on doit à ses Superieurs, de faire exterieurement ce qu'ils ordonnent, on n'ose pas contredire, on n'ose pas resister, on se lasse d'être toûjours sur le point d'être repris, ainsi on fait, parce qu'on y est contraint, & qu'on ne sçauroit ne pas faire, ce n'est pas la obéir; On fait à la verité sans opposition & sans resistance, mais d'une maniere lâche & indifferente, ce n'est pas obéir. On agit encore, mais contre son sentiment, parce que c'est la coûtume, ce n'est pas obéir; on fait, mais on retarde & on differe, ce n'est pas encore obeir. Que faut-il donc faire pour obéir, me demanderez-vous? Je vous répons premierement, qu'il faut que l'obéissance soit cordialle, interieure, qu'elle parte de l'acquiescement & de la soumission du cœur; c'est ce qu'enseigne saint Benoist, lorsiqu'aprés avoir permis à un Religieux de representer son impuissance, il dit qu'il doit obéir, *ex charitate*, par une obéissance qui ait sa source & son principe, dans la charité & dans l'amour, qu'il a pour son Superieur. Reg. S. Ben. c. 68.

Secondement, il faut que celui qui obéit le fasse, étant persuadé que le commandement que lui fait son Superieur est juste, qu'il lui est avantageux de l'executer, & de s'y soumettre, *sciat sibi ita expedire*, qu'il s'y porte Ibid.

avec joye, avec allegresse, & s'il ne lui paroît ni justice, ni raison dans ce qu'il lui ordonne, il doit croire qu'il a des motifs & des considerations qui lui sont inconnuës.

Troisiémement, il faut que l'obéissance soit prompte & précise, car si on retarde & si on differe, elle est defectueuse, elle est imparfaite, ce retardement, ce délai ne sert qu'à flater la cupidité, à nourrir l'amour propre, & tout ce qu'on se donne de momens, on les refuse à Jesus-Christ, qui s'exprime par le Superieur, comme par son organe, & on est bien éloigné d'être du nombre de ceux dont parle saint Benoist, quand il dit que cette obéissance prompte est le propre de ceux qui preferent Jesus-Christ à toutes choses, *Obedientia sine mora convenit his qui nihil sibi Christo carius aliquid existimant.*

<small>Reg. S. Ben. c. 5.</small>

Quatriémement, il faut que l'obéissance soit accompagnée d'une veritable estime pour le Superieur. Car ce n'est point assés, dit S. Bernard, qu'elle soit exterieure & litterale, il faut qu'elle soit soûtenuë par l'opinion avantageuse que l'on a de sa personne, qu'elle soit fondée comme nous l'avons l'avons déja dit sur le sentiment du cœur; *nec enim sufficit exterius obtemperare majoribus, nisi ex intimo cordis affectu sublimiter sentiamus de eis.*

Bern. serm. 3. de Adventu Domini.

Il faut faire à l'égard des Superieurs, mon Frere, & d'une maniere beaucoup plus excellente, ce que la charité veut que les Chrêtiens fassent les uns à l'égard des autres; s'ils apperçoivent dans leur prochain quelque action qui leur paroisse reprehensible, il ne faut pas qu'ils la condamnent, mais ils lui doivent donner l'explication & le sens favorable qu'elle peut avoir, & attribuer à des raisons secrettes & cachées, ce que l'on voit de défectueux dans sa conduite ; à moins, comme nous l'avons dit, qu'elle n'attaque la verité d'une maniere toute ouverte ; & c'est le seul moyen d'exclure l'indifference, le doute, la froideur, & de bannir pour jamais le murmure dans les ordres qui vous viendront de la part de vos Superieurs.

Si vous me demandez ce que c'est que le murmure, je vous dirai que murmurer est censurer la conduite du Superieur, la blâmer avec chagrin, & avec humeur, s'en plaindre dans son

Tome II. P

cœur, quand même ce que l'on improuveroit en lui, meriteroit de l'être; Dieu ne veut pas que les inferieurs s'établissent les juges de ceux qui les conduisent, il veut qu'ils les considerent dans un sentiment de dépendance & de respect. On ne sçauroit manquer à ce devoir, que Dieu ne prenne en main leurs interêts, & qu'il ne venge leur cause; & quoi qu'il ne le fasse pas comme autrefois par des manieres éclatantes, les jugemens qu'il exerce encore presentement dans ces sortes de rencontres, ne sont ni moins réels, ni moins rigoureux.

Marie sœur de Moïse, pour avoir reproché à son frere qu'il avoit épousé une femme étrangere, ce qui étoit vrai, fut punie avec severité, parce qu'il lui tenoit la qualité de Superieur: Dieu la châtia de son murmure, il la frappa, il la couvrit de l'épre, elle fut chassée & demeura dehors du Camp pendant l'espace de sept jours. Elle étoit Prophetesse, elle étoit sainte, mais tout cela n'empécha pas que Dieu ne voulût donner à toute la posterité, dans sa personne, un exemple de sa justice & de sa rigueur, à l'égard

Num. 12 10. &c.

des personnes qui s'élevent contre ceux ausquels son ordre les a soûmis. Tant qu'un Superieur ne commande rien qui soit contraire à la Loi de Dieu ou à la regle, quoique ses actions & sa vie ne s'accordent pas avec sa parole, il ne faut pas laisser de lui obéir; & l'instruction que le Fils de Dieu nous a donnée sur ce point est si expresse, que qui que ce soit ne la peut ignorer. Il veut que l'on obéïsse aux Docteurs de la Loi & aux Pharisiens, dont il condamne par tout la conduite, parce qu'ils étoient assis sur la chaire de Moyse, supposant qu'ils parloient comme Moyse, & que n'enseignant que sa doctrine on devoit & les croire & se soumettre, *Super Ca-* *Matt. 23.* *thedram Moysi sederunt scribæ & Pha-* *2. & 3.* *risæi omnia ergo quacumque dixerint vobis servate & facite.*

Enfin, mon Frere, je finis en reduisant tout ce que je vous ai pû dire dans ce discours, à cet unique point, qui est d'essaier de vous persuader (& je suis assuré que vous l'êtes déja par avance) que Dieu n'assemble des Religieux dans les Monasteres, qu'afin de regner dans leurs cœurs d'une ma-

P ij

niere plus entiere, & plus absoluë, en les séparant de tout ce qui pourroit les partager & les distraire, ce qui ne peut être au point qu'il le desire, que leur volonté ne soit détruite, & parfaitement soumise ; Or quand on se contente de rendre une obéissance exterieure, sans entrer dans l'esprit & dans le sentiment de ceux ausquels on se soumet, la volonté propre subsiste toûjours, avec cette obéissance apparente & litteralle, elle vit, elle conserve sa force & sa vigueur, elle se resserre seulement en elle-même, mais elle ne se détruit point, & souvent elle devient & plus vive & plus forte, & Jesus-Christ rencontrant dans ces ames qu'il avoit choisies, & dans lesquelles, il vouloit être le Maître & le Roi, une volonté qui s'y est conservée, c'est à dire, l'ennemie de la sienne, il n'y peut trouver ni la paix, ni la place qu'il s'y étoit destinée, il s'en retire ; & bien loin d'y regner, comme il se l'étoit proposé, il la quitte, il l'abandonne sans retour, à moins qu'elle ne change de dispositions & de sentimens.

C'est, mon Frere, par cette obéissance filiale, pure, sincere, interieure, cordiale que l'on trouve la tranquilité & le repos que l'on cherche, en se retirant dans les Monasteres, puisque c'est par elle qu'on y attire JESUS-CHRIST qui est le Dieu de la paix. Ne faites pas comme ceux qui s'imaginent la rencontrer dans des exercices & des pratiques, où elle n'est point ; les uns se figurent qu'ils la trouveront dans des austeritez corporelles, les autres dans des lectures profondes & assidües, les autres dans de longues oraisons ; enfin chacun se fait sur cela des idées particulieres qui sont toutes fausses, quand ces pratiques & ces austeritez ne sont point sanctifiées par le merite de l'obéissance. Laissez les suivre des routes écartées, attachez-vous à la verité, & soyez convaincu, qu'en vous abandonnant à JESUS-CHRIST, & lui faisant un sacrifice de vôtre volonté par le moyen de l'obéissance que nous vous avons expliquée, il habitera dans vôtre cœur, qu'il y établira son Royaume, & qu'il commencera à vous faire goûter dés cette vie par une anticipation bienheureuse, tout le bonheur auquel vous aspirez, & qu'il vous prépare dans l'autre.

IV. CONFERENCE
POUR
LE DIMANCHE
DE LA QUINQUAGESIME

Scientes se per hanc obedientiæ viam ituros ad Deum. *Reg. S. Bened. c. 71.*

Qu'ils sçachent qu'ils iront à Dieu par cette voye de l'obeissance.

NOus ne pouvons assez reconnoître, mes Freres, la bonté de Dieu, ni la misericorde avec laquelle il nous traite, en nous donnant des moyens si aisez & si faciles, pour nous sanctifier, & pour lui plaire; Il ne nous demande pour cela, comme nous le venons d'entendre dans la lecture de la Regle, qu'un peu de docilité, de soumission, & d'obeissance, *Scientes se per hanc obedientiæ viam, ituros ad Deum.* JESUS-CHRIST nous assure par la bouche de saint Benoiſt nôtre Pere, que l'obéiſſance eſt la voye qui nous conduit à Dieu, parce que c'eſt par elle que nous nous tenons dans ſa main & dans ſon Ordre, & que nous accompliſſons ſes volontez, ce qui eſt à proprement parler la ſanctification de nos ames ; par exemple, quand nous obéiſſons à nos Superieurs, nous lui obéiſſons, parce qu'ils nous tiennent ſa place, & qu'ils nous commandent en ſon nom : & quand nous obéiſſons à nos Freres, nous lui obéiſſons auſſi, parce qu'il nous ordonne de le faire par ces paroles de nôtre Regle, *obedientiam ſibi certatim impendant*, & qu'il prend ſur lui-même, comme il nous le dit dans les Saintes Ecritures, tout ce que nous leur rendrons de marques de nôtre charité & de nôtre obéiſſance, *quandiu feciſtis uni ex his fratribus meis minimis, mihi feciſtis.*

{1. ad Theſſ. 4. 3.}
{cap. 72.}
{Matt. 25. 40.}

Or comme c'eſt le témoignage d'une bonté extréme de nous donner des moyens ſi aiſez pour faire une choſe ſi grande & qui nous eſt ſi utile ; il ne faut pas douter que nous n'ayons une obligation toute particuliere d'y répondre ; que ce ne ſoit la plus noire des ingratitudes, de n'en pas faire tout l'usage que nous devons, & de regarder comme un assujettissement rude & fâcheux de nous soûmettre, & de nous conformer aux volontés, & aux inclinations de nos Freres. Il est certain que l'on auroit sujet de dire à ceux qui se feroient une difficulté d'une conduite si ordonnée & si avantageuse tout ensemble, ces paroles du Prophéte, *Numquid adhæret tibi sedes iniquitatis, qui fingis laborem in præcepto.* Ne faut-il pas que vôtre cœur soit étrangement corrompu & que l'iniquité non seulement se trouve en vous, mais qu'elle y reside, qu'elle y ait établi une demeure ferme & constante, & qu'elle y regne d'une maniere bien absoluë, pour vous figurer de la peine dans une pratique si douce, si facile & si agreable, qu'est celle de vous soûmettre à Dieu en vous soûmettant à vos Freres ? Et vous devez sçavoir que quoique ce point de la Regle, ne soit presque plus en vigueur parmi les Moines, & qu'il paroisse comme entierement aboli, cependant c'est un précepte indispensable, que nous ne tenons pas seulement de saint Benoist, mais qui

Ps. 93.
20.

est fondé & établi sur les instructions que Jesus-Christ nous a données.

Il n'y a qu'un moment, mes Freres, que je faisois reflexion sur cet arrêt si terrible, cette verité irrevocable que le Fils de Dieu a prononcé de sa bouche sacrée: Si vous ne devenés semblables à de petits enfans, vous n'entrerez point dans le Royaume du Ciel. *Nisi efficiamini sicut parvuli, non intrabitis in regnum cælorum.* Il s'adresse à ses Disciples, & en leurs personnes à tous ceux qui font profession de le suivre, qui portent son nom, & qui aiant été regenerés par le baptême, sont enrolés, pour ainsi dire, dans cette milice sainte, dont il a voulu être le chef; mais encore plus particulierement à ceux qui outre cet avantage commun à tous les Chrétiens, sont à lui, & attachés à son service par une profession & par une consecration toute speciale, ainsi que les Solitaires & les Moines. Comme les uns & les autres se sont mis à sa suite, & se sont engagez sous ses enseignes, pour avoir le bonheur de combattre, de regner avec lui, & d'avoir part à son Royaume, il leur dé-

Matt.18. 3.

clare, afin qu'ils ne se mécontent point dans leur entreprise, & qu'ils ne travaillent pas inutilement, que leurs prétentions sont vaines, & temeraires & qu'ils ne sçauroient y avoir entrée, s'ils ne deviennent comme des petits enfans, *nisi efficiamini sicut parvuli.*

Remarquez, mes Freres, qu'il ne dit pas simplement : Devenez comme de petits enfans, & vous entrerez dans le Royaume des Cieux ; s'il eût parlé de la sorte, on ne manqueroit pas de dire, qu'à la verité ceux qui se trouveront semblables à de petits enfans, entreront dans le Royaume des Cieux ; mais que ceux qui ne seront pas dans de pareilles dispositions ne laisseront pas d'y pouvoir trouver place. Mais Jesus-Christ pour ne pas donner lieu à une explication si fausse, s'exprime d'une maniere si claire & si positive, qu'on ne peut pas douter de son sentiment, car en disant, *Nisi efficiamini,* il rejette pour jamais de son Royaume, il en bannit, & il en donne une exclusion perpetuelle à tous ceux qui ne se rendront pas précisément tels que sont ces petits enfans dont il parloit à ses Apôtres.

Que si vous desirés sçavoir ce que c'est, mes Freres, que d'être comme de petits enfans, saint Jean Clymaque nous l'apprend, quand il dit: Que la premiere qualité des enfans, est une simplicité innocente, qu'il ne se trouve en eux, ni duplicité ni malice, & qu'ils conservent une pureté inviolable dans l'esprit & dans les sens. Saint Hilaire dans l'explication de l'Evangile dont nous vous parlons, comprenant de quelle consequence il étoit de s'instruire d'un point si important, & duquel plus que d'aucun autre dépend le salut de tous les hommes, prend un soin tout particulier de nous faire connoître quelles sont les qualités & les dispositions de ces enfans.

Deg. 1. art. 11.

Hil. Comment. in Math. c. 18.

La premiere, selon ce grand Saint, & qui est la plus naturelle aux enfans, est de s'attacher inseparablement à leur Pere & de le suivre. *Hi enim Patrem sequuntur.* Pour nous faire l'application de cette verité, il faut que nous sçachions quel est ce Pere, que nous devons suivre.

Nous pouvons dire, mes Freres, avec beaucoup de fondement, en l'état où nous nous trouvons, que nous avons deux Peres, le premier nous est commun avec le reste des fidéles, c'est ce Pere qui est dans le Ciel, ce Pere Eternel & invisible, auquel nous nous adressons tous les jours, pour lui parler de nos besoins, selon le précepte qu'il nous en a donné par la bouche de son propre Fils. Le second, c'est nôtre Superieur, ce Pere visible qui nous tient sur la terre la place de ce Pere invisible qui regne dans le Ciel, qui nous parle en son nom, qui nous explique ses ordres, qui nous déclare ses volontés, & qui est établi de sa part pour veiller sur nôtre conduite: Et comme ce seroit manquer de Foi & de Religion, & commettre une impieté digne des derniers châtimens, de refuser sa soumission aux ordres de ce premier Pere, qui est Dieu même, nous ne pouvons aussi nous dispenser de l'obéïssance que nous devons au second Pere, sans nous rendre coupables, & sans renoncer à cette qualité d'enfans, que nous devons être si soigneux d'acquerir & de conserver, & sans devenir en même tems indignes du Royaume des Cieux, qui est uniquement le partage de ceux qui l'ont acquise, & qui l'a conservent.

Il faut donc, mes Freres, que vous soyés fidéles à observer ce que saint Hilaire nous enseigne par ces paroles, *Patrem sequuntur*, & que vous sçachiés que les Religieux se séparent de cette conduite, ou plûtôt de cette obligation par des voyes differentes. Ils s'en séparent non seulement en refusant ouvertement aux Superieurs l'obéissance qui leur est dûë, mais encore, lors qu'en se soumettant à leurs ordres, ils y adjoûtent de leur fond, dans les temps, dans les circonstances, & dans les manieres de les executer, & qu'il y a plus de celui qui obéit, dans l'action, qui lui est ordonnée, que non pas de ceux qui l'ont prescrite. Enfin on quitte son Pere ; c'est à dire, on se tire de la main de son Superieur, lors qu'à la verité on fait ce qu'il ordonne, mais que ce qu'il ordonne a été suggeré, que son commandement est une condescendance aux volontés de ses Freres, qu'il se conforme aux intentions de ceux qu'il conduit, & qu'il entre dans leurs desseins & dans leurs desirs : Car pour lors ce n'est pas lui qui marche le premier, mais au contraire, il ne fait que suivre la voie que les Freres lui ont marquée, & regler la conduite qu'il tient sur eux, par leurs inclinations propres, & non pas par les siennes. Ainsi ils n'agissent point comme de veritables enfans, ils n'en ont ni les qualités, ni le caractere, & on ne peut pas dire d'eux *Patrem sequuntur* ; & quoiqu'ils fassent pour se persuader qu'ils sont simples & dociles, ils se trompent, en s'attribuant une disposition qu'ils n'ont point, & Dieu qui juge des choses dans la verité, & non point selon les pensées des hommes, pénétre le fond de leurs cœurs, & bien loin de leur accorder la recompense dont ils ne sont pas dignes, il les exclura pour jamais de son Royaume.

La seconde qualité des enfans, selon le même Saint, est d'aimer leur mere, *Matrem amant*: Quelle est vôtre mere, mes Freres, en l'état où vous êtes, sinon la Religion que vous avés embrassée, laquelle comme une mere charitable vous a reçûs dans son sein, pour vous enfanter de nouveau dans la maison de Dieu, & vous y donner comme une seconde naissance ? Or vous ne l'aurés point pour mere, & elle ne vous reconnoîtra point pour ses enfans, à moins que vous n'ayés pour elle un amour veritable, une affection toute sincere, une tendresse toute cordiale, & que vous n'ayés un soin & un attachement tout particulier à lui en donner des marques par tout où vous aurés occasion de le faire; c'est à dire, que vous devés aimer tout ce qu'elle aime, embrasser tout ce qu'elle vous prescrit, suivre les regles de vie qu'elle vous donne, pratiquer avec respect & soumission tous ses sentimens, & toutes ses maximes, la regarder comme vôtre maîtresse, comme celle dont vous voulés executer toutes les volontés, & témoigner un zele ardent, pour tout ce qui peut contribuer à sa beauté, à sa perfection & à sa gloire, en sorte que vous puissiés dire à JESUS-CHRIST dans le même esprit qui animoit le Prophéte, *Domine dilexi decorem domus tua.* J'ai aimé, Seigneur, la beauté de vôtre maison; & c'est ce que vous ne dirés jamais avec verité, que vous n'observiés fidélement ce précepte de vôtre Regle, *in omnibus omnes Magistram sequantur regulam*, & que vous ne vous rendiés exacts dans l'accomplissement de tous les devoirs

Ps. 25. 8.

Reg. S. Ben. c. 3.

devoirs qu'elle vous impose, car vôtre Regle, vôtre état & vôtre profession, est vôtre mere ; c'est elle qui vous a veritablement formé, qui vous a donné un être & une vie toute spirituelle, & vous manqués à la reconnoissance que vous lui devés pour toutes les graces que vous en avés reçûës, si vous ne regardés tout ce qui y est exprimé pour la direction de vos mœurs, pour la pureté de vôtre conduite, enfin pour la sanctification de vos ames, comme des loix inviolables.

Il y a une troisiéme qualité dans les enfans qui n'est pas moins remarquable que les autres, *Proximo nesciunt velle malum*, dit saint Hilaire ; Ils ne sçavent ce que c'est que de vouloir du mal à personne, & ils aiment tout le monde. Ce qui fait, mes Freres, que nous voulons du mal à nôtre prochain, c'est que nous croyons qu'il nous en fait, où qu'il nous en peut faire. Les gens qui ont des interêts, ont toûjours des passions, ils se trouvent en concurrence dans les desseins qu'ils forment pour leurs établissemens, pour leurs fortunes, ou pour leur reputation ; & c'est delà que naissent les divisions, les querelles, & les animosités; c'est ce qui met entre les hommes des haines irreconciliables, c'est ce qui fait qu'ils n'ont ni bonne foi, ni sincerité, qu'ils ne se parlent jamais que pour se tromper & pour se surpren-

Ps. 11. 3. dre, *labia dolosa in corde & corde locuti sunt.* Si l'un possede quelque bien ou quelque avantage, l'autre le regarde avec envie, & ne croit pas qu'il le puisse avoir qu'à son préjudice & à son exclusion.

Pour les enfans, comme ils sont exemts d'interêts, ils s'accommodent de tout, leur bonté est universelle, elle est égale, elle s'étend à toutes sortes de personnes; ils ne jugent point, ils ne distinguent point, ce sont des ames innocentes, & simples qui sont toûjours satisfaites & contentes.

Loüés Dieu, mes Freres, de ce qu'il vous a tiré de ce monde d'iniquités, où ses verités sont si peu connuës, ses Loix saintes si méprisées; & qui bien loin d'être le Royaume de la paix, ce qu'il seroit si l'esprit de JESUS-CHRIST en étoit le maître, est le lieu où les hommes exercent leurs haines & leurs inimitiés. Loüés Dieu de ce que non seulement il vous a séparé de cette region si contagieuse, & dans laquelle il est presque impossible que nous conservions la santé de nos ames, mais encore de ce qu'il vous a unis ensemble, dans un méme esprit, un méme cœur, une méme volonté ; & que n'ayant qu'une seule affaire, & qu'un seul desir, qui est celui de l'aimer, de le servir & de le posseder, vous ne pouvés avoir ni de sujets, ni d'occasions, qui vous divisent, & qui vous empéchent de conserver parmi vous, cette charité parfaite, à laquelle vous étes si étroitement obligés, puis qu'il nous a si expressément promis qu'il demeureroit parmi ceux qui seroient assemblés en son nom. Loüés-le encore de ce que cette solitude, ce silence, & cette separation exacte dans laquelle vous vivés, vous met à couvert des broüilleries, des differens, des difficultés qui s'excitent toûjours entre les personnes qui ont des communications & des commerces; & de ce qu'il vous donne tant de facilités & de moyens, pour acquerir, & pour vous maintenir dans ces dispositions saintes, d'innocence, de simplicité, de charité, & de douceur, sans lesquelles, selon sa parole, nul de ceux qui croyent en lui, non plus que de ceux qui n'y croient pas, n'entrera jamais dans son Royaume, *Nisi efficiamini sicut parvuli, non intrabitis in regnum cœlorum.*

Cependant ne vous confiés pas si absolument en cet état de benediction ; auquel la divine Providence vous a placé, que vous n'ayés sur vous méme une attention continuelle, que vous n'observiés avec soin toutes vos demarches, & toutes vos actions, car vous sçavés que les vents se font un passage & s'engouffrent souvent dans les ports, dans les abris, & dans les rades les plus assurées, & que les vaisseaux venant à se choquer s'y brisent, & y trouvent le naufrage, comme en pleine mer, & dans le milieu de la tempête : je veux dire, que si vous n'avés une application toute particuliere, à vivre dans ce dégagement, dans ce denüement, auquel nous vous avons dit si souvent que vôtre profession vous engageoit, vous perdrés dans des riens, des niaiseries, & dans des bagatelles, dont vous vous laisserés miserablement occuper, tout ce que vous aurés pû acquerir d'avantage & de merite devant Dieu, par vôtre rupture avec le monde. Le monde vous reprendra, comme vous l'avés lû dans les Conferences des anciens Solitaires, par des petits attachemens, que vous considererés comme des affaires importantes, & vous vous verrez comme auparavant la proie, ou plûtôt le joüet de vos humeurs & de vos passions.

Jugés, mes Freres, comme quoy vous vous trouveriés éloignés de cette bienheureuse enfance que JESUS-CHRIST vous propose par ces termes, *Nisi efficiamini sicut parvuli.* L'endroit de la regle qui vous ordonne de vous conduire les uns envers les autres dans une soumission, & dans une déference, qui ne reçoive jamais d'atteinte: *Sibi invicem ita obediant Fratres, scientes se per hanc obedientiæ viam ituros ad Deum,* m'a porté à vous remettre devant les yeux, ces paroles du Fils de Dieu, parce qu'à moins d'entrer dans la verité qu'elles vous proposent, &

Matt. 18. 3.

cap. 71.

d'avoir dans toute vôtre conduite, l'innocence, la simplicité, & la docilité des enfans; il est impossible que vous vous acquitiez en ce point de ce que vôtre Regle vous prescrit.

CONFERENCE
POUR
LE I. DIMANCHE
DE CARÊME.

Jesus ductus est in desertum à Spiritu. Math. 4. 1.

Jesus-Christ fut conduit dans le desert par le S. Esprit.

JEsus-Christ, mes Freres, nous donne aujourd'hui de grandes instructions dans son Evangile. Il nous apprend par son exemple, qu'il n'y a point d'état, point de situation si élevée & si sainte, si pénitente & si retirée qu'elle puisse être qui nous mette à l'abri des tentations; que le démon nous attaque en tous lieux, en tous endroits, & par consequent qu'il faut être incessamment sur ses gardes, pour se défendre des surprises d'un ennemi si cruel, qui n'a pas moins d'application & de vigilance pour nous perdre, qu'il en a de volonté & de dessein; JESUS-CHRIST nous montre en même temps de quelle maniere il lui faut resister pour le vaincre. JESUS-CHRIST, comme il est marqué dans l'Evangile, fut conduit par l'esprit dans le desert pour y être tenté par le diable, & aprés avoir jeûné quarante jours & quarante nuits il eut faim. *Jesus ductus est in desertum à Spiritu, ut tentaretur à diabolo, & cum jejunasset quadraginta diebus & quadraginta noctibus, postea esuriit.* Si le démon a eu la hardiesse d'attaquer JESUS-CHRIST, sans que cette abstinence & cette retraite si prodigieuse l'en ait empêché, & si son audace n'a pas été reprimée par cette disposition si extraordinaire, peut-on douter qu'il n'attaque ses disciples & ses serviteurs, & que cette haine mortelle qu'il a pour le maître, ne le porte à combattre ceux qui sont attachés à son service, par les liens les plus étroits, & les engagemens les plus intimes, & qui font profession plus que les autres de l'aimer, de l'imiter, de le servir & de le suivre ? C'est ce qui a fait

Math. 4.
3, 2.

a fait dire au saint Esprit il y a long-temps : Que tous ceux qui se déclarent pour le service de Dieu, doivent s'affermir dans la pieté, & dans la justice, craindre en même temps, & se préparer aux tentations, qui doivent leur arriver dans la suite, *Fili acce-* Eccli. 2. 1. *dens ad servitutem Dei, sta in justitia & timore, & prepara animam tuam ad tentationem.* Si vous me demandés, mes Freres, ce qui fait que le démon attaque avec tant de violence, ceux dont la vie est plus austere & plus sainte, je vous dirai qu'il le fait pour beaucoup de raisons.

Premierement, comme il voit que ces hommes, qui n'ont que l'éternité devant les yeux, y courrent & s'y avancent avec plus de vitesse & de certitude, que les autres, & que marchant à pas de Geans dans la voie de la Croix, ils lui échapent ; il leur tend mille piéges, il leur fait mille & mille attaques, pour les empécher de terminer heureusement la carriere qu'ils ont commencée.

Secondement, l'envie qu'il porte à Jesus-Christ fait qu'il s'éleve avec opiniâtreté, & violence, contre ceux qui le servent avec plus de zele & de fidelité. Il voit que le salut de ses Elus, est son exaltation, qu'il triomphe, qu'il gagne des batailles, & qu'il remporte des victoires toutes les fois qu'il les sauve; que ces ames bienheureuses ne font rien en ce monde, que de confesser son saint nom, de s'immoler, & de se sacrifier incessamment pour affermir & pour étendre sa gloire, cela irrite sa fureur & sa rage, il l'employe toute entiere pour rüiner leur fidelité & empécher leur perseverance; il fait, & il ne le peut souffrir, que son Royaume se détruit, à mesure que celui de Jesus-Christ s'aggrandit & s'augmente. Enfin, c'est une chose insupportable à ces esprits superbes, que des creatures mortelles remplissent les places dont il a été chassé, & qu'elles batissent leurs fortunes éternelles sur les rüines honteuses de son bonheur. Voila les causes principales de l'attachement qu'ont les démons, à persecuter ceux dont la conduite est la plus sainte & la plus élevée: Voila ce qui fait qu'ils employent tout ce qu'ils ont de force, d'artifice & de malice, pour les surprendre & pour les perdre. Il ne vous sera pas inutile de considerer ensuite, ce qui fait que les hommes, je dis ceux même qui sont renfermés dans les cloîtres succombent si souvent à la guerre qu'ils leur font, & aux tentations qu'ils leur suscitent.

Il y en a, mes Freres, qu'il attaque, parce qu'il les voit sans vigilance & sans attention sur eux. n (m il les trouve dans une transgression toute évidente de ce précepte si important que Jesus-Christ donne à tous les hommes, quand il leur commande de veiller & de prier sans cesse, *Vigilate omni tempore orantes.* Luc 21. 36. Il est comme excité & provoqué par la disposition dans laquelle il les voit, à venir aux mains avec eux; & veritablement tout est favorable à son entreprise, car comme il les rencontre sans armes & sans défenses, il les surmonte sans résistance & sans combat.

Il y en a d'autres qui presument tellement d'eux-mêmes, & qui ont une si grande opinion d'une vertu qui n'est point en eux, qu'ils se figurent être inaccessibles à tous les efforts des démons; leur orguëil pour l'ordinaire les aveugle & les remplit de ténébres, ils sont dans le milieu des tentations sans le sçavoir : comment le sçauroient-ils, puisque leurs déreglemens, leurs vices & leurs habitudes les plus grossieres, ne leur sont pas connuës, quoi qu'elles soient si palpables & si sensibles? Ils se flattent d'une fausse securité, mais ils succombent à toutes tentations, ils tombent & retombent, ils font chûtes sur chûtes, & se trouvent couverts de playes & d'ulceres incurables, lorsqu'ils s'imaginent joüir d'une parfaite santé, & on peut avec grande raison leur appliquer ces paroles du Sage, *Verberaverunt me & non dolui ;* ils m'ont blessé & je ne l'ay pas ressenti.

Prov. 23. 35.

Il y en a d'autres dont la negligence & la paresse est si extréme, qu'ils ne sçauroient venir à bout de se donner l'action & le mouvement necessaire, pour resister aux tentations qui leur arrivent : Ils sont comme liés par leur propre langueur ; Je les compare à celui qui sçauroit que les voleurs auroient percé sa maison, & seroient prêts de briser ses coffres, & peut-être même de lui ôter la vie, qui cependant aimeroit mieux hazarder son bien & sa personne, & demeurer exposé au danger qui le menace, que de prendre les soins, se donner les peines, & faire les pas & les diligences necessaires pour l'éviter.

Il y en a d'autres qui regardent les tentations lors qu'ils en sont attaqués, qui les considerent, qui raisonnent sur ce qu'ils ont à faire, & qui pendant qu'ils déliberent inutilement, leur donnent le temps de croître, & de se fortifier, de sorte qu'ils n'en sont plus les maîtres. Ils sont semblables à cette femme infortunée, qui au lieu de resister d'abord à la proposition qui lui fut faite par le serpent, s'amusa à entrer en commerce & à raisonner avec lui, elle regarda le fruit dont il vouloit lui persuader de manger contre l'ordre de Dieu, elle le trouva beau, elle s'imagina que le goût en étoit bon, parce qu'il étoit agreable à la vûë, & mordit comme une insensée à l'hameçon qu'il lui presentoit. *Vidit igitur mulier quod bonum esset lignum ad vescendum & pulchrum oculis, aspectuque delectabile.* Genes. 3. 6.

Ce Religieux, par exemple, est tenté d'impudicité, il examine sa tentation, il s'y arrête sous prétexte de la mieux combattre, il en veut connoître les principes & les causes, il pense même aux suites qu'elle peut avoir, & pendant qu'il s'embarasse dans des raisonnemens & des reflexions inutiles, elle gagne, elle empiette, & enfin elle emporte son consentement, ou au moins elle fait sur lui des impressions qui blessent la pureté dans laquelle il doit vivre, & que Jesus-Christ ne peut souffrir dans les ames qui lui sont consacrées ; c'est un feu qu'une cruche d'eau pourroit étouffer dans sa naissance, & qui ayant été negligé, a causé un embrazement que des torrens & des fleuves entiers ne sçauroient éteindre.

Un autre est surpris d'une tentation contre son frere, il se figure qu'il a voulu le fâcher, au lieu d'aller au devant d'une pensée que la charité veut qu'il étouffe dans le moment même, il la conserve, il delibere sur ce qu'il fera, ou qu'il ne fera pas ; il se represente son frere, son geste, son air, & son action ; toutes ces vûës l'échauffent & l'aigrissent, il va rappeller des circonstances passées; il se dit à lui-même, qu'il lui en veut depuis long-tems, & que son dessein a été de le fâcher; ce miserable ne voit pas qu'il commet le mal dont il soupçonne son frere, qu'il tombe à son égard dans une injustice réelle, pendant qu'il lui en attribuë d'imaginaires, qu'il viole la charité, & qu'il se rend coupable du dereglement dont il l'accuse.

Un autre est tenté de gourmandise & de relachement, dans l'austerité qu'il pratique, & au lieu de resister de bonne heure à une suggestion si brutale & si indigne d'un homme consacré à la pénitence, il l'écoute; & comme il a honte d'avoüer à lui-même ce qu'il ressent, aussi bien qu'à ceux à qui il sera obligé de parler de sa peine, il se tourne du côté de sa santé, il pense, & dit que son temperament ne peut compâtir avec les viandes dont il use, que sa complexion est trop délicate, qu'elles lui causent de la bile, qu'elles le remplissent d'humeurs, qu'elles l'échauffent, qu'elles le chargent, & que tout ce qui lui est arrivé d'incommodités, d'indispositions, de maux, de maladies, & de douleurs, depuis qu'il est

Religieux, c'est la nourriture qui en est la seule cause. Ainsi il murmure contre ceux qui l'apprêtent, & contre son Superieur, par l'ordre duquel elle est servie; c'est à dire, qu'il s'en prend à Dieu même, il se revolte contre lui, au lieu de considerer que c'est Dieu qui fait tout, que les maladies ne nous arrivent que par la disposition de sa providence, que ceux qui s'étudient à avoir de la santé, & qui ne mangent pour cela que les viandes les meilleures & les plus délicates, en manquent comme les autres, & trouvent souvent la mort, parmi tout ce qu'ils s'imaginent de plus propre pour la conservation de leur vie.

Voila comme les tentations nous emportent; voila comme les démons deviennent nos maîtres par leurs suggestions; voila comme ils nous tirent de la main de Dieu, & de quelle sorte ils se joüent de nous, lorsque nôtre lâcheté, & nôtre paresse, nôtre orgüeil, la vanité & la reflexion de nos pensées, est d'accord avec luy.

Ce n'est pas ainsi, mes Freres, que Jesus-Christ s'est conduit, lors que le démon a eû l'audace de l'attaquer. Ce n'est pas l'exemple qu'il nous donne aujourd'hui, ce n'est pas la voye qu'il a tenuë, lors que cet ennemi osa se presenter devant luy pour le combattre ; mais afin que vous appreniés dans sa resistance, quelle est la maniere dont vous devés vous soûtenir contre ses efforts, il n'y a rien qui vous soit plus utile, que de faire attention, sur quelques-unes des principales circonstances de ce combat.

La premiere qui me paroît digne d'être remarquée, c'est la vigilance de Jesus-Christ, la seconde sa promptitude, la troisiéme son humilité; la quatriéme sa confiance dans la protection de Dieu, qu'il a toûjours regardé comme l'auteur, & comme la cause principale de ses victoires. Je vous dirai, mes Freres, en peu de paroles, pour ne me pas étendre, que Jesus-Christ étoit dans le desert, lors que le démon lui fit une guerre toute ouverte, qu'il étoit comme sous les armes, qu'il le trouva en défense. Il le rencontra dans les jeûnes, dans les veilles, dans la pratique d'une austerité qui paroissoit au delà des forces humaines, & par-dessus tout, dans la presence de Dieu, dans la contemplation de ses verités éternelles. Il étoit dans le desert selon la relation de l'Evangeliste, avec les bêtes, c'est à dire, tout seul, n'aiant que la compagnie des Anges qui le servoient, ce qui marque qu'il faisoit sur la terre, ce qu'il faisoit dans le Ciel.

Vous voiés la promptitude, dans la maniere en laquelle il va au dèvant du démon, il n'hesite point, il ne balance point, il ne differe point; il resiste au moment qu'il se voit attaqué, & avec tant de vitesse, que l'on peut dire, qu'être attaqué, resister & vaincre, fut une même chose.

On reconnoît son humilité, en ce qu'il ne tire rien de son propre fond dans cette rencontre, il ne se sert point de sa puissance pour combattre, & comme s'il avoit oublié que sa puissance & son autorité étoient infinies; comme s'il n'eût pas sçû que peu de jours aprés, il devoit faire dans le desert cette multiplication miraculeuse des pains & des poissons : au lieu, dis-je, de confondre le démon par quelque prodige éclatant, il prend les voyes ordinaires, qui sont celles de s'adresser à Dieu, voulant nous apprendre par son exemple, de quelle maniere nous devons en user, lorsque nous nous trouvons dans de semblables dangers.

Sa confiance se fait remarquer, en ce qu'il se remet entierement dans la protection de Dieu, il n'oppose rien au démon que sa parole toute nuë & toute simple, *non in solo pane vivit homo*, c'est son épée, c'est sa cuirasse, c'est son bouclier, c'est toute sa défense; il sçait qu'elle peut ruiner le Royaume de son ennemi, & détruire toute la puissance de l'Enfer, il s'en sert non pas une seule fois, mais deux & trois, & il s'en seroit servi davantage si le démon n'eût cedé à sa resistance, & s'il ne se fût confessé vaincu, par sa retraite & par sa fuite. *Math. 4.*

Voila, mes Freres, le modéle que vous devés suivre dans les tentations qui vous peuvent arriver, voila celui que vous devés imiter, si vous avés envie de n'y pas succomber, & d'en sortir avec succés. Premierement, il faut veiller, selon l'exemple que Jesus-Christ vous en donne; car puisqu'il n'y a point d'instant dans le quel vous ne puissiés être attaqués, il n'y en a point aussi dans lequel vôtre vigilance ne soit necessaire.

Secondement, il faut aller au devant de l'ennemi qui vous attaque, sans déliberer; & si quelque chose est capable de l'étonner, de ralentir, ou de rompre la violence de ses efforts, ce sera la promptitude & la fermeté de vôtre défense.

Troisiémement, vous donnerés des marques de vôtre humilité & de vôtre confiance, si sans présumer de vôtre pieté, de vôtre vertu, de vos austerités, de vos mortifications, de vôtre pénitence, vous vous adressés à Dieu dans une humilité profonde, & avec une esperance ferme & constante, qu'il vous fera sortir du combat avec avantage; *Faciet cum tentatione proventum*; & qu'ayant vaincu dans sa propre personne l'ennemi qui s'éleve contre vous, il le surmontera dans la vôtre. J.C. l'a terrassé, comme dit saint Jerôme, afin de vous le livrer & de vous le donner pour le fouler à vos pieds, *tentari voluit, ut diabolum vinceret & discipulis conculcandum traderet*. Il faut recourir d'abord à la parole de Dieu, selon l'exemple de

1. Cor. 10. 13.

Hier. in cap. 4 Matth.

Jesus-Christ; faites plus, executez sa parole, faites ce qu'elle vous ordonne, je veux dire, allés trouver vôtre Superieur, déclarés lui vôtre tentation, dites lui la peine que vous souffrez, selon le précepte de vôtre regle, fondé sur ces paroles du Saint Esprit : *Revela Do-* Ps. 36. 5. *mino viam tuam & espera in eo.* Saint Benoît ne met point de difference entre découvrir à Dieu vôtre état ou à vôtre Superieur. Comme il est établi par son ordre pour vous soûtenir, pour vous éclairer, & pour vous conduire, ne doutés point que ses avis n'aient une benediction toute particuliere, & que Dieu ne s'en serve, pour vous secourir dans l'embarras où vous pourriez vous trouver : Dieu vous parlera par sa bouche, il sera son organe, & ce sera par lui que ses volontés vous seront connues. C'est ainsi, mes Freres, que vous resisterez à toutes les tentations qui vous seront suscitées ; que vous éviterés tous les pieges que le Démon pourroit vous tendre, que vous terrasserés cet ennemi tout redoutable qu'il est, & qu'à l'exemple de Jesus-

CHRIST, dont vous imiterés la conduite, vous rendrés tous ses efforts inutiles, & que vous le mettrés hors d'état de vous pouvoir nuire : *Ideo tentatus est Christus, ne vincatur à tentatore Christianus.*

II. CONFERENCE
POUR
LE I. DIMANCHE
DE CARÊME.

Jour auquel on distribue les Livres aux Religieux.

Hortamur vos ne in vacuum gratiam Dei recipiatis. *2. Cor. 6. 1.*

Nous vous exhortons de ne pas recevoir en vain la grace de Dieu.

VOus devez considerer, mes Freres, ces Liivres que l'on vous va mettre entre les mains, comme si vous les receviez de celles de Dieu; & veritablement vous ne devés pas douter qu'ils ne vous viennent de sa part, puisqu'ils ne contiennent que sa parole, soit qu'elle soit immediatement sortie de sa bouche ou de celle de ses saints: Car aiant eû & son esprit & sa mission, & ne vous aiant annoncé que les veritès saintes que Jesus-Christ a prêchées dans le monde. On peut assûrer que ce qu'ils vous disent, c'est Jesus-Christ lui-même qui vous le dit, ils ne sont que ses Ministres & ses interpretes, & ils ne font rien que de vous expliquer ses ordres & ses volontez.

Il n'y a guere de matiere plus importante que celle-cy, ni qui meritât d'être traitée avec plus d'étenduë : car le plus grand compte que ceux qui servent Dieu auront à lui rendre, sera celui de l'usage qu'ils auront fait de tant d'instructions qu'il leur donne tous les jours, soit dans les saintes Ecritures, soit dans les Ouvrages de ses Saints. Il en est de sa parole, mes Freres, comme de sa chair & de son sang ; elle est toute sainte, toute divine & toute puissante ; elle renferme son esprit, & elle le répand, elle le communique à ceux qui l'entendent avec le respect & la docilité qui lui est dûë ; elle leur donne la vie, mais elle fait un effet tout contraire sur ceux qui la méprisent, & qui négligent d'y répondre

pondre & de faire le bien qu'elle leur inspire : *Si non venissem, & locutus fuissem eis, peccatum non haberent, nunc autem excusationem non habent de peccato suo* : Elle devoit être leur salut ; mais leur resistance est cause qu'elle sera leur jugement & leur condamnation.

Ioan. 15. 22.

Ibid.

C'est le peché qui regne dans les Cloîtres, (& même dans les observances qui conservent de la Regle ;) je dis le mépris des veritez éternelles. On les a incessamment devant les yeux, au moins on y a les Livres qui les contiennent, mais le cœur en est tout destitué, & tout vuide ; Et ce qui fait voir l'inutilité avec laquelle on les lit, c'est qu'on feüillette, on tourne, on retourne les Livres pendant des années, disons pendant des vies toutes entieres, & que les passions sont toûjours les mêmes: Elles conservent toute leur malignité, & souvent on les augmente & on les multiplie en y ajoûtant un orgüeil, une présomption, & une suffisance qui est le vice des gens qui lisent beaucoup, & qui n'en deviennent pas meilleurs.

Comme je n'ai que peu de temps

Tome II. S

à vous entretenir, étant pressé par l'heure de l'Office qui approche, je vous dirai, mes Freres, en peu de mots, que la lecture des Livres saints est la nourriture de nos ames; que c'est par elle qu'elles se fortifient, qu'elles se maintiennent, qu'elles acquierent les forces nécessaires pour marcher & pour s'avancer dans les voies de Dieu, malgré les obstacles & les oppositions qu'elles y rencontrent.

Mais vous devez sçavoir qu'il en est des alimens spirituels de nos ames, comme des alimens materiels de nos corps; Il faut que ces derniers soient bons d'eux-mêmes, secondement il faut qu'ils soient pris dans une quantité qui convienne au temperament, & à la disposition des personnes; & en troisiéme lieu, on en doit user de maniére qu'ils ne puissent ni nuire ni empêcher qu'on n'en retire le soûtien, & l'utilité qu'on en espere : S'ils n'étoient bons, ils feroient beaucoup plus de mal que de bien par leurs mauvaises qualitez: Si la quantité n'en étoit mesurée, ou la nature en seroit accablée par l'excés, ou affoiblie par le deffaut; & si on les prenoit avec trop d'avidité, l'estomac ne s'en accommoderoit pas, & auroit peine à les cuire & à les digerer, ils prodüiroient des cruditez & des humeurs indigestes, qui font les causes les plus ordinaires de nos maladies.

On doit observer les mêmes regles dans la nourriture des ames: Il faut qu'elle soit bonne, qu'elle convienne à l'état & à la disposition des personnes: Il faut en user avec modération, prendre garde à ne se pas mécompter ni dans le peu, ni dans le trop, & suspendre cette violence & cette cupidité naturelle qui emporte presque toûjours les gens qui s'appliquent à la lecture. Cette conduite est tellement nécessaire, que si on manquoit à la garder & à la suivre, il n'y a point d'inconveniens que les Livres ne causassent dans les Monasteres, au lieu des avantages qu'on en doit attendre; & un Superieur est obligé pour prévenir ces maux, de les distribuer avec choix & distinction, & de déclarer & de prescrire les maniéres dont il faut que l'on s'en serve.

Premiérement, mes Freres, ce

n'est point assez pour croire qu'une lecture soit bonne à un Religieux, qu'elle ne soit que des choses de Dieu, & qu'elle ne traite que des matieres saintes: Car il peut arriver que le sujet en soit édifiant de lui-même, & néanmoins qu'il ait des suites & des conséquences qui ne le soient pas. Par exmple, il n'y a rien de plus grand & de plus utile dans l'Eglise, que la lecture de ses Canons, de ses Regles, de ses Ordonnances, & de son Histoire: Cependant cette lecture toute sainte qu'elle est, peut quelquefois faire autant de desordre dans l'esprit d'un Solitaire, qu'une lecture profane. Elle est toute propre à le remplir d'idées contraires à la simplicité de son état, à lui faire desirer des occupations qui lui sont opposées, à lui inspirer des envies de mettre en pratique les connoissances qu'il aura acquises, & de se tirer pour cela du fonds de son Cloître, où l'ordre de Dieu & sa profession l'engagent.

La science des dogmes & des questions de Theologie a de grandes utilités, elle est même nécessaire: cependant si un solitaire s'y applique, s'il la goûte, s'il s'y adonne à moins qu'il n'ait pour cela une mission de Dieu extraordinaire, elle dessechera son cœur, elle le jettera dans la dissipation, elle affoiblira sa pieté, elle lui donnera du mépris pour les lectures des choses de sa condition, elle l'élevera par une opinion fausse qu'il se formera de lui-même, elle lui fera oublier qu'il est destiné pour vivre dans le silence, & lui persuadera qu'il doit instruire, elle étouffera en lui l'esprit de componction, elle détruira cette humilité profonde qui lui est si essentielle, & sans laquelle il n'est Religieux que de nom & d'habit ; & ainsi le dépoüillant de toute la vertu de son état, elle lui en ôtera le merite devant Dieu & devant les hommes.

Croiés, mes Freres, que le nombre est presque infini de ceux, qui sous le pretexte de lire des Livres qui ne leur parlent que de Dieu, l'ont perdu pour jamais. Ce qui est utile aux personnes qui y sont appellées, nuit à celles qui ne le sont pas : Il y a des yeux que la lumiére du soleil éclaire & fortifie, il y en a d'autres qu'elle ébloüit & qu'elle aveugle.

Vous me demandés sans doute quels sont donc ces Livres dont nous devons nous occuper ; & je vous réponds que ce sont ceux qui vous parlent précisément de vos devoirs, qui vous instruisent de ce qui regarde vôtre état, qui vous en donnent de l'amour & de l'estime, qui vous échauffent, qui vous excitent, qui vous portent à la perfection à laquelle vous devés tendre, qui vous contiennent dans les bornes que vos Peres vous ont prescrites ; Enfin qui contribuent à vous rendre de fidelles observateurs des Regles, selon lesquelles vous devés vivre. Soiez persuadés, mes Freres, que si vous allez au-delà de ces limites, si vous vous tirés de vôtre sphére, vous vous livrerés à toutes les tentations qui accompagnent la vanité de la science, à moins que Dieu par une providence particuliere, ne vous destinât à des emplois qui sont au dessus de vôtre état.

Secondement, ce ne seroit pas assez de vous renfermer dans les Livres qui vous sont propres, & qui ne concernent que vôtre profession, il faut encore en user avec tout le temperament & la sobrieté nécessaire, prendre garde qu'on ne se prive par la multiplicité, du fruit que l'on peut trouver dans la qualité de ces Livres, que le grand nombre n'étouffe la vivacité de l'esprit, qu'il ne le surcharge, qu'il ne dissipe le cœur, qu'il ne l'affoiblisse; que la diversité des lectures ne serve qu'à le remplir d'images confuses; & qu'ainsi l'ame accablée d'une abondance qu'elle n'est pas capable de porter, ne tombe dans l'indigence & dans la langueur. Un Livre ou deux doivent suffire à celui qui ne cherche que sa sanctification, qui ne veut que se nourrir, se soûtenir, ou augmenter sa vigueur & sa santé : car comme il s'y appliquera avec soin, & avec une attention sainte, qu'il se donnera le loisir d'en méditer les verités, les sentimens & les maximes, il ne se peut qu'il n'y trouve son instruction & sa consolation tout ensemble.

Troisiémement, il seroit encore inutile de se modérer dans le nombre des Livres, si on ne le faisoit dans la maniére de s'en servir; & si reprimant d'une part la cupidité, on lui accordoit de l'autre ce qu'elle demande, je veux dire, si on se laissoit aller à cette avidité naturelle, qui fait qu'on dévore les Livres, & qu'on voudroit tout à la fois en voir le commencement, la suite & la fin. Il faut retenir cette envie si désordonnée, il faut s'en rendre maître & lui mettre un frein qui l'arrête : il faut penser que la lecture ne nous est pas prescrite comme un moyen pour contenter nôtre passion, mais pour apprendre à la réprimer ; qu'elle est établie, non pas pour flatter nôtre goût, mais pour nourrir nos ames & les sanctifier, & que les verités les plus excellentes (quand elles sont lûës avec cette impetuosité & cette précipitation) ne nous sçauroient être d'aucun profit ni d'aucun avantage. C'est une eau qui court avec rapidité, qui n'a pas le temps de pénétrer les lieux, ni les endroits par lesquels elle passe ; à peine conserve-t-on quelque mémoire de ce qu'on lit avec tant de vitesse ; & outre qu'on perd inutilement des momens qui nous doivent être si chers, & dont la destination nous est si précieuse, c'est abuser

abuser des verités les plus saintes, c'est les traiter sans le respect, sans la reverence qui leur est dûë, c'est comme si on touchoit les vases sacrés avec des mains impures.

Pensez-vous, mes Freres, quand vous agissez de la sorte, que c'est Jesus-Christ lui-même qui vous instruit par les écrits de ses serviteurs, qu'il a formé dans leurs cœurs ce qu'ils vous expriment sur le papier, qu'il a conduit & leur main & leur plume, selon l'expression du Prophéte, *tenuisti manum dexteram meam?* Ps. 72. Avez-vous oublié, ou n'avez-vous jamais sçû que son esprit ne repose que sur les ames simples & dociles, *ad quem respiciam, nisi ad pauperculum & contritum spiritu & trementem sermones meos?* Isaï. 66. Il faut bien que cela soit, puisqu'au lieu de l'écouter avec des dispositions qui honorent cette majesté si adorable, vous en avez de toutes contraires, vous lâchés la bride à vôtre humeur, vous suivés son impétuosité; vôtre vivacité vous entraîne, & vous ne voulez pas vous appercevoir que vous formez une opposition toute évidente aux graces que vous devez vous promettre de

Tome II. T

vos lectures. Vôtre cœur, dites-moy, est-il d'accord avec cette priere que vous faites avant que de les commencer ? Car vous vous mettez à genoux, & vous invoquez le S. Esprit, selon l'usage que nous avons établi dans ce Monastere ; Que j'ai peur que cette contenance ne soit qu'exterieure, & que vous ne la démentiez par des mouvemens secrets que vous vous cachez à vous-mêmes, aussi-bien qu'à ceux qui sont témoins de vôtre action ! Lisez, mes Freres, avec pieté, lisez avec foy, lisez avec simplicité, lisez comme si la présence de Dieu vous étoit sensible, donnez-lui une attention paisible, tranquille & respectueuse ; pesez, considerez & meditez toutes ces veritez saintes, pour en tirer le suc & la substance, & ne souffrez pas qu'il y en ait une seule qui vous échappe avec cette promptitude & cette vitesse qui ne pourroit être que l'effet du peu de cas que vous en feriez : Enfin apprenez avec quelle préparation vous devez les lire, par celle avec laquelle nos Peres & nos Instituteurs nous ont ordonné de recevoir les Livres qui les contiennent, quand ils leur ont donné le nom d'éécriture divine, & qu'ils nous ont dit qu'il faut que les Freres les reçoivent des deux mains avec une inclination profonde, pour marquer par cette contenance la plenitude de leur joye & la grandeur de leur reverence & de leur respect. *Quos Monachi præ* Vſ. Ciſt. c. IX. *gaudio divinarum scripturarum ambabus manibus suscipientes singuli, profunde latantes inclinent.*

Nous ne vous disons rien en tout cela, mes Freres, qui ne soit selon le sentiment de saint Benoît, & c'est ce qu'il a voulu nous apprendre lorsqu'il a dit, *in quibus diebus quadragesimæ* Reg. S. Ben. cap. 48. *accipiant omnes singulos Codices de Bibliotheca, quos per ordinem ex incegro legant*, que dans les premiers jours du Carême on donnera à chacun des Freres un Livre que l'on prendra dans la Biblioteque, qu'ils liront tout entier & de suite.

On ne peut point douter de la qualité & de la bonté des Livres, puis qu'il veut qu'on les tire de la Biblioteque. Car quels Livres peuvent conserver des Solitaires, qui sont obligez par leur Regle, de vivre dans une componction continuelle, qui doivent avoir incessamment devant les yeux le moment de leur mort, celui des jugemens de Jesus-Christ, & vivre dans un renoncement parfait à eux-mêmes, & dans une pratique fidéle de toutes sortes de mortifications pour l'esprit comme pour les sens; & peut-on croire que saint Benoist eût voulu leur permettre d'autres lectures, que celles qui pouvoient les confirmer dans tous ces sentimens, & les échauffer dans l'amour de toutes ces dispositions si saintes? Pour la multiplicité il est évident qu'il ne l'a point approuvée, ces termes, *singulos codices*, en sont une preuve constante, il veut qu'on ne donne qu'un Livre à chacun des Freres ; cette expression ne lui est pas venuë par hazard, mais il l'a énoncée de dessein, afin de nous faire connoître que la multitude des Livres ne convient point à un Solitaire, qui doit lire uniquement pour se nourrir & se sanctifier ; qu'elle n'est bonne que pour dérégler sa tête, & pour corrompre son cœur, & que comme un seul mets suffit à celui qui mange pour la necessité, & non pour le plaisir, *ad vivendum, non ad luxuriandum*, ainsi c'est assés d'un Livre pour un Solitaire qui

Hiene cherche que la vie de son ame ; & on a grand sujet de dire à celui qui ne peut goûter cette mediocrité si raisonnable & si sainte, & qui s'embarrasse dans la diversité des lectures, *turbaris erga plurima, porrò unum est necessarium*, pourquoi tant de soins inutiles ? Pourquoi tant de recherches curieuses ? pourquoi tant de Volumes ? un seul suffit à une ame reglée, mille ne suffiroient point à une ame qui ne l'est pas. Il en est de la soif de la science, comme de celle de l'or, ce sont deux avarices toutes semblables, l'une est insatiable aussi-bien que l'autre ; on ne guérira jamais un Religieux qui en sera malade, qu'en lui ôtant la cause de son mal. Je crois qu'il n'est pas necessaire que je dise que je parle de la pluralité des Livres tout à la fois, & non pas de celle qui est successive.

Luc. 10. v. 41. & 42.

Saint Benoist, dont le dessein est de faire en sorte que les lectures soient utiles & sanctifiantes, ôte la pluralité des Livres, & de crainte qu'on ne lise avec une activité & une précipitation qui fasse qu'on ne tire aucun fruit de ce Livre tout seul qui sera accordé à chaque Religieux, il

ordonne qu'on le life de fuite, par
ordre, & tout entier, *per ordinem ex integro legant*. Voila la conduite, mes Freres, qui fera toûjours fuivie des Religieux qui feront attachés à leurs devoirs, qui n'auront en vûë que leur perfection; ils marcheront ainfi avec plaifir & avec affurance dans les voies qui leur ont été prefcrites par leurs Peres, & dés-là qu'ils auront la témerité de s'en féparer, ils feront connoître l'égarement de leur cœur, l'attachement qu'ils auront à leurs propres penfées, ils feront connoître, dis-je, qu'ils s'eftiment plus fages & plus éclairés que leurs maîtres, & mériteront que Dieu, par un châtiment plein de juftice, les abandonne à leurs propres ténébres; & pour moi j'ay peine à comprendre, qu'il s'en trouve qui puiffent avoir un moment de repos, lors qu'ils fe confidereront dans un état violent, & qui eft précifément contre la difpofition de leur Regle. Saint Benoift veut qu'un Livre me fuffife, & moi j'en veux trente: il me commande de lire de fuite, & moi je tourne dix & vingt feüillets en un moment, je m'arrête à ce qu'il me plaît, & je paffe le refte fans

Reg. S. Ben. cap. 48.

scrupule. Quelle obéissance ! quelle docilité !

Quoi qu'aprés tant de raisons, & particulierement aprés l'autorité de saint Benoist, qui doit être decisive à nôtre égard, ce seroit une chose superfluë de chercher de nouvelles preuves pour appuyer ce sentiment, je ne laisserai pas de vous dire que je m'y suis confirmé par les experiences que j'ay eües de la conduite de nos Freres. Ceux qui ont été plus reglez & plus moderez dans leurs lectures, se sont élevez à une perfection plus éminente, & ont eu plus que les autres les vertus de leur profession ; Car comme ils ne se sont ni divertis, ni dissipez par la pluralité des Livres, ils ont acquis un recueillement parfait, & JESUS-CHRIST leur a tenu lieu de tout ce qu'ils lui avoient sacrifié; comme ils ne cherchoient que lui dans leurs lectures, ils n'ont pas manqué de le trouver, parce qu'il ne se refuse jamais à ceux qui le desirent avec des intentions sinceres & desinteressées.

Dom Augustin dont la pieté a été si distinguée parmi nous pendant le cours de sa vie comme dans le tems de sa mort, lisoit peu, comme vous le sçavez, mais il prioit beaucoup. Il lut aussi-tôt qu'il fut entré dans ce Monastere les Ascetiques de S. Basile, pour apprendre à fonds ce que c'étoit que son état, il passa ensuite aux vies des Peres des Deserts, pour s'animer dans la pratique des connoissances qu'il avoit acquises; & s'étant convaincu que la vie d'un Solitaire n'étoit rien davantage que la méditation de la mort & des jugemens de Dieu, & l'état d'un gémissement & d'une componction continuelle, il s'appliqua dans cette vûë aux ouvrages de saint Ephrem ce maître si excellent de cette science toute divine, & il y fit tant de progrez, qu'en peu de tems on lui en vit tout l'esprit & tous les sentimens. Vous sçavez de quelles graces, & de quelles benedictions Dieu le favorisa dans sa maladie, & dans les momens de sa mort.

Nous pouvons assûrer la même chose du Frere Benoist, qui a franchi le premier la barriere, & a détruit de telle sorte toutes les affres & les horreurs de ce passage si terrible, qu'il nous l'a rendu doux & aimable; De

Dom Charles, de Dom Paul, de Dom Jacques, de Frere Bernard, de Dom Urbain, quoi qu'il exerçât la charge de Prieur, enfin de tous les autres. Un Livre leur suffisoit avec l'Ecriture Sainte; & veritablement ils ne mettoient pas leur soin à tracer sur le papier les grandes veritez qu'ils y rencontroient, mais ils les gravoient dans le fonds de leurs cœurs, comme dans des tablettes vivantes & animées, *in tabulis cordis carnalibus*, ou plûtôt Dieu lui-même les mettoit dans leurs entrailles, selon ces paroles du Prophéte, *Dabo legem meam in visceribus eorum, & in corde eorum scribam eam*, d'où comme d'une source abondante, elles se répandoient sur leurs paroles, sur leurs actions & sur tout l'état de leurs vies.

2. Cor. 3. 3.

Jerem. 31. 33.

En voila assez, mes Freres, pour vous faire connoître de quelle maniere vous devez vous conduire dans vos lectures. Je vous l'ai expliqué avec plus d'étendüe que je ne me l'étois proposé, pour satisfaire à l'obligation que la Regle m'impose : si ce que nous vous en avons dit, fait sur vous l'impression qu'il y doit faire, vous préviendrez par là tous les inconveniens qui peuvent rendre vos lectures seches, steriles, & infructueuses. Que s'il y en a quelqu'un entre vous autres, pour qui je n'observe pas toute cette rigueur à la lettre, j'espere que Dieu ne m'imputera pas la condescendance dont j'use à son égard, puisqu'il n'y a que la charité qui me la donne ; mais je ne sçai pas s'il lui pardonnera si facilement ce qui m'oblige en lui d'en user de la sorte ; & il ne faut pas qu'il s'assûre sur la permission qui lui a été donnée, puis qu'elle le laisse dans sa cupidité, & qu'elle ne guérit pas sa foiblesse & son dereglement. Au reste souvenez-vous que si vos ames n'ont pas toute la préparation necessaire, je veux dire la pieté interieure, la pureté du cœur, la simplicité des intentions, vos lectures ne vous serviront de rien ; les terres les meilleures, à moins qu'elles ne soient soigneusement cultivées ne sont pas d'un grand rapport ; semez-y tout ce qu'il vous plaira, c'est semer sur les pierres & sur les rochers, elles ne porteront que des épines & des ronces, & le laboureur leur donnera sa malediction, & confumera par le feu, tout ce qu'elles auront pû produire, *Terra enim sapè ve-* *Heb. 6.* *nientem super se bibens imbrem, & ge-* 7. & 8. *nerans herbam oportunam illis à quibus colitur, accipit benedictionem à Deo, proferens autem spinas & tribulos reproba est & maledicto proxima, cujus consummatio in combustionem.* Le champ qui est arrosé par les pluyes frequentes, & qui rapporte des herbes en abondance à ceux qui le cultivent, reçoit la benediction de Dieu; mais quand il ne produit que des ronces & des épines, il est en aversion à son maître & toûjours prêt d'être frappé de sa malediction, & son sort sera d'être consumé par le feu.

III. CONFERENCE
POUR
LE I. DIMANCHE
DE CARÊME.

Jour auquel on distribuë les Livres aux Religieux.

Hortamur vos ne in vacuum gratiam Dei recipiatis. 2. Cor. 6. 1.

Nous vous exhortons de ne pas recevoir en vain la grace de Dieu.

SI ce que nous vous avons dit plusieurs fois, mes Freres, sur le sujet duquel nous devons vous parler aujourd'hui a fait sur vous tout l'effet qu'il y devoit faire, nous n'avons qu'à demeurer dans le silence, car nous en avons assez dit pour vous faire connoître, de quelle sorte vous devez vous conduire dans vos lectures, afin qu'elles vous soient utiles, & qu'elles vous produifent les veritables fruits de vie, & de benediction que vous en devés attendre; que s'il n'a pas fait les impreffions neceffaires, & que vous ne l'aiez pas reçû en la maniere que vous l'avés dû, je penfe que c'eft encore une raifon pour m'obliger de me taire; car il n'y a pas d'apparence que je fois plus heureux, & que je vous parle cette année-cy, avec plus de fuccés que je n'ai pas fait les precedentes.

Cependant, puifque mon devoir ne me permet pas d'être muet dans la rencontre prefente, & qu'il veut qu'en vous mettant entre les mains, comme la Regle me l'ordonne, les Livres defquels vous devés faire vôtre lecture ordinaire, je vous dife quelque chofe pour vôtre édification, je me fervirai de ces paroles de l'Apôtre: *Hortamur vos ne in vacuum gratiam Dei recipiatis;* Nous vous exhortons, mes Freres, de ne pas recevoir inutilement la grace que Dieu vous fait aujourd'hui; c'eft à dire, que nous vous conjurons de faire paffer les verités, & les inftructions faintes, que ces Livres contiennent dans vos cœurs, & de vos cœurs dans vos mains, & dans vos œuvres: Car non-seulement il ne vous ſerviroit de rien de lire ces inſtructions, ſi elles ne tournoient à vôtre utilité & à vôtre avantage, mais la lecture vous en feroit nuiſible. Dieu ne manqueroit pas un jour de vous demander un compte rigoureux, du peu de cas que vous auriés fait de ſa parole; & vous ne devés point douter, comme nous vous l'avons dit bien des fois, qu'il ne puniſſe avec ſévérité ceux qui l'auront profanée, comme ceux qui auront profané ſon corps & ſon ſang.

Pſ. 77. 25.
Quand je fais reflexion ſur ces paroles, mes Freres, *Panem Angelorum manducavit homo*; Les hommes ont mangé le pain des Anges: que je penſe que les verités que Dieu nous a appriſes, ſont ce pain; & que je conſidere que depuis le temps que nous les avons inceſſamment devant les yeux, nous n'en ſommes devenus ni meilleurs ni plus ſaints: Que nous uſons de la nourriture des Anges, ſans être ſemblables aux Anges; & que nous nous nourriſſons d'une viande celeſte, ſans qu'on puiſſe dire

Philip. 3. 20.
de nous ces paroles de l'Apôtre: *Noſtra autem converſatio in Cœlis eſt*.

Nous vivons comme si nous étions citoïens du Ciel, je ne vois que des raisons de craindre que Dieu ne nous juge dans toute sa rigueur, lors qu'il recherchera ses dons dedans nos mains, & qu'au lieu d'en avoir fait un fidelle usage, & d'avoir rempli ses desseins, nous paroîtrons à ses yeux, vuides & destituez de bonnes œuvres. Je ne sçai pas, mes Freres, si vous entrez dans ma pensée, mais il me semble qu'elle est si bien fondée & si juste, qu'il ne se peut si vous étes tels que vous devés être, que vous ne preniés part à mes apprehensions & à mes craintes.

Un homme du monde qui ne vit que pour vivre, je veux dire, qui n'étend pas ses veuës ni ses soins au delà de la vie presente, s'il ne voit point par sa force & par sa vigueur, que sa santé soit ferme & assûrée, mais au contraire, s'il ressent de la foiblesse, de la langueur, des lassitudes; qu'il s'apperçoive que son teint soit mauvais, & sa couleur pâle, & qu'il remarque dans sa personne d'autres semblables accidens. Il mettra tout son soin & toute son application, pour reconnoître quelle peut être la cause de cette indisposition, dont il a des marques sensibles. Il examinera & par lui même & par l'avis des gens habiles, s'il n'a point quelque partie noble affligée, si les humeurs ne péchent point dans la corruption ou dans la quantité, s'il n'y a rien qui puisse lui nuire dans sa nourriture ordinaire ; Enfin il n'oubliera rien de ce qui pourra lui donner une connoissance certaine de son état : & pourquoi cela ? c'est parce qu'il veut vivre, & qu'il n'y a rien qu'il desire davantage que la prolongation de ses jours.

N'est-ce pas là, mes Freres, la figure des sentimens dans lesquels vous devés être pour ce qui regarde vôtre salut ? N'est-ce pas là ce qui doit occuper & vôtre cœur & vôtre esprit ; & seroit-il supportable que ce mondain eût plus d'atachement à cette vie passagere, & à la conservation de son corps, qui demain sera reduit en cendres, que vous n'en auriés pour la conservation de vos ames, dont l'éternité seule est la durée ? Seroit-il juste que vous demeurassiez dans l'ignorance ou dans l'incertitude, sur une matiere de cette importance ?

importance? & y auroit-il une extravagance, ou une insensibilité pareille à celle de ne vous pas mettre en peine, & de ne pas vous assûrer autant qu'il vous est possible, de vos dispositions & de vôtre état?

Examinés donc, mes Freres, s'il n'y a point en vous quelque déréglement, quelque attachement, quelque orgueïl qui ne vous soit point connu, quelque incorrigibilité secrete, quelque cupidité, quelque convoitise, quelque affection terrestre, ou bien quelque indisposition qui bouche ce conduit sacré, par lequel vous devés recevoir les eaux vives de la grace, & qui empêche ses écoulemens & ses communications. Entrés pour cela dans le fond de vos cœurs, & pénétrés les replis de vos consciences, voiez si vos lectures sont telles qu'elles doivent être: Vous me dirés qu'elles sont saintes, j'en conviens, mais tout ce qui est saint ne l'est pas toûjours dans son usage. Donnés à un Solitaire un volume qui renferme tous les dogmes & les véritez Theologiques; Il n'y a rien de plus saint, ce sont les fondemens de la Foi, cependant il lui causera de l'élevement & de l'enflure, de la dissipation, & détruira cette simplicité, cette humilité & cette pauvreté d'esprit, par laquelle il faut qu'il opere son salut.

Mettés entre les mains d'un homme simple (qui se doit sauver par les actions d'une pieté toute commune & toute ordinaire) des Livres qui contiennent toute la Theologie mystique, ils ne serviront qu'à lui rompre la tête, & à lui faire perdre & sa peine & son temps. Vous sçavez que David ne pût s'accommoder des armes de Saül, quoi qu'elles fussent excellentes, & il ne faut point douter que s'il les avoit endossées, elles n'auroient fait que lui nuire, au lieu de lui servir dans le combat qu'il devoit avoir contre ce Geant si redoutable.

Mais posez que vos lectures vous conviennent, ce n'est point assez, car il faut sçavoir si vous les faites d'une maniere convenable, & si vous n'y mettez rien du vôtre qui en empêche l'effet & l'utilité. Ce malade, par exemple, je reviens à ma premiere comparaison, mange d'une viande qui est bonne d'elle même ;

mais il la mange avec avidité, avec excés, à contre-temps, à des heures induës; il ne la garde pas assez dans sa bouche, elle passe avec trop de vitesse dans son estomac, de sorte qu'elle n'y produit que des crudités & des indigestions, & au lieu de fortifier les principes de la vie, elle ne fait que les affoiblir. De même, mes Freres, vos lectures sont bonnes, j'en demeure d'accord, mais il faut sçavoir si vous les faites avec des dispositions qui soient saintes, si vôtre cupidité n'y est pas mêlée, si vôtre curiosité ne s'y rencontre point, si vous ne cherchez point à vous satisfaire, au lieu de vous instruire; si vous ne suivez pas l'activité de vôtre humeur, si ce n'est point vôtre divertissement, au lieu de vôtre sanctification que vous vous proposez ; enfin s'il n'y a point quelque circonstance, par où cette parole toute divine que vous devez traiter avec un profond respect, soit profanée : Car pourquoi est-ce, mes Freres, qu'aiant autant de secours, & autant de moiens qu'en ont eû tous ces Saints qui vous ont precedés dans les premiers siecles de l'Eglise, & peut-être même davantage ; qu'aiant les mêmes connoissances, & je puis dire les mêmes desirs, aussi bien que la même profession, il se trouve neanmoins de si grandes distances entre les maîtres & les disciples, entre les peres & les enfans ?

Que faut-il donc faire, me direz-vous, afin que ces lectures ne soient point steriles, & qu'elles produisent en nous tout ce fruit que vous dites, & que nous ressentons qui n'y est point? Entrés, mes Freres, dans l'esprit de saint Benoît, suivés le plan qu'il vous donne, & l'attachement que vous aurés à ses sentimens & à sa conduite, vous obtiendra de Dieu une benediction particuliere. Il ordonne qu'au commencement du Carême, chacun des Freres recevra un Livre de la Bibliotheque, qu'il lira de suite tout entier & par ordre: *Accipiant omnes singulos codices de Biblioteca, quos ex integro & per ordinem legant*. Vous voiés que son dessein est d'empêcher que les Religieux ne se dissipent par la multiplicité des lectures, quand il veut qu'ils n'en aient qu'un seul, *Singulos codices*

Reg. c. 48.

qu'il arrête la curiosité & l'activité de l'esprit, lorsqu'il dit qu'on doit lire de suite, *per ordinem legant*, & qu'il fixe l'inconstance lorsqu'il y ajoûte *ex integro*, n'y aiant rien de plus ordinaire à ceux qui lisent pour lire, & non pas pour en devenir ni plus saints ni meilleurs, que de quitter un Livre au moment qu'ils l'ont ouvert, pour en reprendre un autre. Cela vous apprend dans quel dessein, avec quelle pieté, quelle disposition & quelle regle vous devez vous acquitter de vos lectures, & je ne crains point de vous dire qu'il faut avoir beaucoup de hardiesse & peu de soin de son salut, pour se separer de l'ordre que saint Benoît vous prescrit, dans une matiere si importante, lui qui vous tient lieu d'instituteur & de pere ; je dis si importante, parce que rien ne peut contribuer davantage à vôtre sanctification que la parole de Dieu, soit que vous la trouviés dans le Texte Evangelique, ou dans les écrits de ses Saints.

Saint Benoît ne vous permet qu'un Livre, vous ne ferés point de scrupule d'en avoir plusieurs ; il veut que vous le lisiés avec attachement, vous n'en ferés qu'une occupation superficielle; il veut que vous le lisiés tout entier, vous en ferés las aussi-tôt que vous l'aurés touché : N'est-ce pas marcher par des chemins égarés? N'est-ce pas se conduire par des routes perduës? & n'est-ce pas une témerité veritable, de préférer son propre sens à celui d'un homme, duquel Dieu s'est servi pour vous déclarer ses ordres, & qu'il vous a commandé de regarder comme l'interprete de ses volontés. Il faut qu'il se soit trompé, ou que vous vous trompiés, & si vos vûës sont veritables, il faut que les siennes soient fausses, & c'est ce que je ne crois pas, mes Freres, qu'aucun d'entre vous ose, ou dire ou penser.

Aprés tout, mes Freres, ce n'est pas sans raison qu'il a paru si resserré dans ses lectures, il sçavoit que les premiers Moines s'étoient sanctifiés sans ces secours, que les Livres étoient rares, qu'à la reserve des Evangiles, il ne s'en trouvoit presque point ni dans les Cellules ni dans les Monasteres, & que le Texte sacré étoit regardé & conservé comme un trésor : Il sçavoit que la diversité des Livres étoit propre à jetter la confusion dans les esprits, la secheresse dans les cœurs, & à distraire les ames de la consideration de ce grand objet, dont elles devroient être incessamment occupées. Le Livre de ces grands saints étoit l'Univers tout entier, qui étoit incessamment ouvert à leurs yeux ; ils voioient dans le mouvement du soleil, si reglé & si constant, la sagesse & la puissance infinie de son Créateur; ils découvroient sa magnificence dans le cours des astres, qui font tout l'ornement & la beauté du Ciel, selon ces paroles du Prophete : *Cœli enarrant gloriam Dei & opera manuum ejus annuntiat firmamentum*; Ps. 18. Enfin ils voioient sa bonté, sa misericorde, sa grandeur, sa majesté & toutes ses autres qualitez divines, qui remplissent, qui édifient, qui consolent, qui soûtiennent & qui sanctifient ses serviteurs, dans les moindres de ses ouvrages, lorsqu'ils les considerent avec les yeux de la foy.

Saint Benoît accorde encore un Livre à tous ses disciples, outre l'Ecriture Sainte, dont on doit croire qu'ils faisoient leur meditation ordinaire. Car il n'y a point d'apparence qu'il l'eût comprise sous ces termes, *singulos codices* ; mais bien plûtôt qu'il l'auroit exprimée par quelques paroles qui auroient marqué le respect & la reverence qui lui est dûë. Et pour nous, mes Freres, j'avoüe qu'en ce point nous nous sommes éloignés de l'exactitude qu'il avoit établie, puisque nous ajoûtons à l'Ecriture, le Livre de l'Imitation de JESUS-CHRIST, & quelqu'autre encore pour le soulagement & pour l'instruction. Mais il faut demeurer d'accord que ceux qui ne seroient pas contens de cette disposition, & qui porteroient plus loin leurs desirs, leurs envies seroient desordonnées, & que de quelques pretextes dont ils pussent se servir pour les colorer, ils suivroient leur cupidité, en s'attribuant une pureté d'intention, qu'ils n'auroient pas.

Enfin, mes Freres, profitez de toutes ces vûes, & je puis dire, qu'il ne se peut que les avis que nous vous donnons ne vous soient tres-salutaires, puisque nous ne vous parlons qu'en que conformément à l'esprit, & aux sentimens de nos Peres; & tant que nous ne vous dirons, que ce qu'ils vous ont dit par les Regles qu'ils ont écrites, & ce qu'ils vous diroient encore s'ils vivoient, il est juste que vous receviez nos pensées comme les leurs, & que vous vous conteniez dans les bornes, qui vous sont prescrites. Profitez, je vous le repete encore, de tant de moyens que Dieu vous met aujourd'hui dans les mains; faites valoir le talent qu'il vous confie, de crainte que si vous veniez à le dissiper, ou à n'en pas tirer tout le profit que vous devez, il ne punisse vôtre infidelité de toute la peine qu'elle aura meritée, & que vous trouvant surpris par ce moment, auquel il faudra lui en rendre compte, il ne vous refuse le temps que vous lui demanderez, pour reparer les fautes passées, *Ne præoccupati die mortis, quæramus spatium pœnitentiæ & invenire non possimus;* C'est pour éviter, mes Freres, ce plus grand de tous les malheurs que nous vous conjurons de vous conduire avec tant de fidelité, que la grace que vous allez recevoir, ne vous soit pas inutile ; *Hortamur vos ne in vacuum gratiam Dei recipiatis*, mais qu'elle produise tous les biens, tous les avantages, & toutes les benedictions que vous en devez esperer.

CONFERENCE
POUR
LE II. DIMANCHE
DE CARÊME.

Hæc est voluntas Dei sanctificatio vestra. 1. *Theſſ.* 4. 3.

La volonté de Dieu est que vous travailliez à devenir saints.

LEs paroles que le Saint Esprit nous a dites aujourd'hui par la bouche de l'Apôtre me paroissent trop importantes, mes Freres, pour les passer sous silence, *hæc est voluntas Dei sanctificatio vestra*, la volonté de Dieu est que vous travailliez à devenir Saints. Ce précepte est general & universel, il est donné à tous les Chrêtiens, l'obligation en est indispensable, quoi que l'état present du monde, la disposition de ceux qui y vivent, leurs emplois, leurs occupations, leurs affaires, pour ne pas dire leurs déreglemens & leurs plaifirs, nous en donnent un fentiment & une idée toute contraire. Dites aux hommes que c'eft un commandement pour eux de fe conduire, de forte qu'ils puiffent fe rendre Saints, c'eft une propofition qui fera goûtée de peu de perfonnes : Les uns la regarderont comme un excés, & diront que cette voye fi relevée qu'on leur propofe, n'eft que pour les Moines, pour les Solitaires, pour ceux qui ne font plus du monde, & qui paffent leurs jours dans la retraite, & que cette perfection eft incompatible avec l'état & la condition des perfonnes qui vivent dans les engagemens du fiecle. Les autres vous diront fans embarras & fans fcrupule, qu'il eft vrai que c'eft un précepte, mais qu'il ne faut pas en faire un fi grand myftere ; & qu'en vivant comme ceux qui s'abftiennent de crimes & d'iniquitez groffieres, on en fait affez pour s'acquiter de ce devoir.

Il eft aifé, mes Freres, & même il vous fera utile de vous faire voir comme quoi les uns & les autres fe mécontent dans leurs penfées, & jufqu'où va l'ignorance de ceux qui negligent de se conduire par la lumiere de la foy. Je vous montrerai donc, mes Freres, premierement que c'est un précepte pour un Chrétien de travailler incessamment à sa sanctification. Secondement, que ceux qui prétendent s'en acquitter dans cette latitude que je viens de vous marquer, se trompent; & troisiémement, que c'est dans les Cloîtres que l'on a avec abondance les moyens & les avantages necessaires pour l'accomplir.

La premiere raison par laquelle on peut prouver qu'un Chrêtien doit travailler à se rendre saint, est prise du nom même qu'il porte : car comme il n'y a point d'apparence de le reduire & de le faire consister à quelques marques exterieures, à quelques actions, à quelques demonstrations sensibles, il faut convenir que le Chrétien est un disciple de JESUS-CHRIST ; que le disciple, s'il est fidele, est obligé de suivre en tout la doctrine, les sentimens, les mœurs & la conduite de son maître; qu'ainsi il faut qu'on reconnoisse le maitre dans le disciple, JESUS-CHRIST dans le Chrêtien, & qu'il faut pour cela, que le Chrêtien l'imite, qu'il exprime ſes œuvres & ſes actions dans les ſiennes, & qu'il s'attache à vivre comme il ſçait qu'il a vécu: Or comme JESUS-CHRIST eſt le Saint des Saints, que la ſainteté lui eſt eſſentielle, qu'elle ſe rencontre dans toutes les circonſtances de ſa vie, dans les grandes, dans les petites, dans celles qui ſont les plus importantes, comme dans celles qui le ſont moins, on ne peut imiter JESUS-CHRIST qu'on n'en imite la ſainteté. On peut imiter un homme Saint, ſans travailler à devenir Saint, parce que toutes ſes actions ne ſont pas ſaintes, mais il n'en eſt pas de même de JESUS-CHRIST car vous le trouvez ſaint par tout, de ſorte que celui qui veut marcher comme il a marché, c'eſt à dire, qui veut l'imiter & le ſuivre, *ſicut ille ambulavit & ipſe ambulare*, il faut qu'il s'étudie à faire des actions ſaintes. La ſeconde eſt qu'un Chrêtien par la regeneration du baptême devient enfant du Royaume, *Filii Regni* ; le Royaume de JESUS-CHRIST devient ſon partage, c'eſt un heritage qui lui eſt deſtiné en qualité d'enfant de Dieu,

1. Joan.
2. 6.

Matth. 8.
12.

Regeneravit nos in spem vivam per re- 1. Petr. *surrectionem Jesu Christi ex mortuis* 1. 3. 4. *in hereditatem incorruptibilem & incontaminatam, & immarcessibilem;*
Sa nouvelle naissance lui en donne le droit, mais non pas la possession; mais s'il veut l'acquerir, il faut que ce soit par ses actions, par ses travaux, & par sa fidelité. Or comme ce Royaume est le séjour des Saints, & que selon la parole du Saint Esprit, il n'y entre rien d'impur, il faut qu'il le merite par une conduite sainte; il faut que ce soit sa sainteté qui lui en fraye le chemin, & qui lui en ouvre les portes: Il est écrit des Elûs de Dieu, *ibunt de virtute in virtutem*, ainsi il faut que toute sa vie soit un progrés, & qu'il s'avance incessamment de vertu en vertu, de pieté en pieté, de justice en justice, jusqu'à ce qu'il s'éleve à ce degré de perfection qui seul peut lui obtenir la recompense. Troisiémement comme le Chrétien renonce à l'amour du monde par son baptéme, & qu'il contracte l'obligation de s'approcher de Dieu, à proportion qu'il se sépare du monde; peut-on ne pas voir qu'il s'engage à mener une vie sainte,

Non intrabit aliquod coinquinatum. Apoc. 21. 27.

Ps. 83.

X iiij

puisqu'il n'est pas possible qu'il s'approche de la source de la sainteté sans participer aux graces & aux benedictions qu'elle renferme ? Il faut qu'elles lui soient communiquées, le dessein de Dieu étant qu'il se desaltere dans ces eaux vives, qu'il s'en remplisse, qu'elles le lavent de ses iniquitez, qu'elles le purifient, & qu'il ne cesse pendant tout le cours de sa vie d'ajoûter une pureté toûjours nouvelle à celle qu'il a reçuë dans les eaux du baptême.

Voilà quelle est l'obligation, ou plûtôt la gloire des Chrétiens ; mais parce qu'elle suppose des assujettissemens, & que l'homme veut vivre dans le dereglement & dans la licence, il aime mieux vivre sans honneur & sans gloire, que de l'acheter au prix d'une liberté fausse qu'il veut conserver ; & son extravagance est si grande, qu'il aime mieux être esclave de ses passions que de se soumettre à la grace de JESUS-CHRIST. Il aime mieux effacer avec honte, un caractere qui le distingue & qui le rend superieur au reste des hommes, que de se faire quelques efforts pour joüir des avantages infinis qui en sont les effets & les suites : mais il a beau dire, son obligation subsiste malgré lui, Dieu lui demandera compte de la majesté de son image, qu'il a gravée une seconde fois dans son ame par la grace de la reparation ; & cette ignorance volontaire de ses devoirs sur laquelle il se repose, n'en rendra la transgression ni plus innocente, ni plus remissible. Vous voyez donc, mes Freres, qu'il faut que les Chrétiens travaillent à devenir saints par toutes sortes de raisons ; qu'ils doivent y tendre incessamment, que la sainteté est leur but, que la destination de Dieu les y porte, que cette parole de l'Apôtre, *Hæc est voluntas Dei sanctificatio vestra*, leur est un précepte, & qu'il n'y en a pas un seul qu'il ne regarde. Il n'est pas moins évident, mes Feres, que les gens du monde ne se mettent point en peine d'executer ce commandement, & que cette vie commune dans laquelle ils prétendent s'en acquitter, n'a rien qui ne les en éloigne. Il faut pour y satisfaire qu'ils suivent Jesus-Christ en la maniere que les disciples suivent leur maître, il faut qu'ils travaillent à se rendre dignes du Royau-

1. Thess. 4. 3.

me qu'il leur a promis; qu'ils en meritent la joüiffance par leurs actions; Il faut enfin qu'ils demeurent dans les engagemens de leur baptême, & qu'ils faffent valoir les graces qu'il leur a communiquées.

Je vous demande où font ces difciples ? Qui eft celui que l'on voit imiter Jesus-Christ? qui eft celui en qui on apperçoit cet amour de la pauvreté, des humiliations & des fouffrances? Qui eft celui qui fait voir qu'il aime fes privations, fes abaiffemens, cette obeiffance fi profonde & fi étenduë, qu'il a pratiqué jufques au moment de fa mort? Où voit-on ces difpofitions faintes ? ou fe font-elles remarquer dans la conduite des mondains ? mais difons plûtôt, où eft-ce qu'on n'en apperçoit pas de toutes contraires? Il ne faut qu'ouvrir les yeux ; de quelque côté qu'on les tourne l'on n'y rencontrera que des hommes qui font une profeffion toute publique de marcher par des voyes qui leur font entierement oppofées. A-t-on veu Jesus-Christ amaffer des richeffes, bâtir des maifons magnifiques, s'attacher à l'agrandiffement de fa famille, à l'établiffement de ses proches, rechercher de la gloire, vivre dans le luxe, manger avec sumptuosité? a-t'on vû que J. C. ait aimé le monde, & que son inclination l'ait porté à y vivre?

Voila cependant la vie de ces gens qui s'imaginent qu'ils en font assez pour satisfaire à ce précepte, *hac est enim voluntas Dei sanctificatio vestra.* [1. Thess. 4. 3.] Ce sont ces hommes qui passent pour avoir de la probité, de la vertu, dont on loüe les actions, dont on estime la conduite, dont on regarde l'état & la situation comme quelque chose qui est digne & qui merite qu'on l'approuve. Ces aveugles sont loüez par d'autres aveugles, c'est à dire, par des gens qui leur ressemblent, & les uns & les autres sont enveloppez de ténébres & d'obscuritez si épaisses, qu'ils ne voyent point, que dans toute cette belle conduite, il n'y paroît aucun trait de la sainteté de Jesus-Ch.

N'avons nous pas raison, mes Freres, d'assurer la même chose de l'obligation qu'ont les Chrétiens de se rendre dignes du Royaume auquel la qualité de Chrétien, les appelle & les destine; & n'est-il pas constant qu'ils se conduisent, comme s'ils n'y prétendoient pas ; que J. C. n'étant point leur modéle, & que n'aiant point pour fin principale de l'imiter & de le suivre, il ne se peut qu'ils ne se trouvent dans le nombre de ceux dont il est dit, *Filii Regni ejicientur* *in tenebras exteriores*, les enfans du Royaume seront jettez dans les ténébres exterieures? Il n'y a qu'un chemin pour arriver au Royaume de JESUS-CHRIST c'est celui qu'il a tenu lui-même, & de s'en imaginer un autre, c'est se perdre de dessein, & s'engager dans des routes égarées.

Matth. *8. 15.*

Enfin ce qui fait voir avec la derniere évidence, à quel point les gens du monde se trompent, quand ils disent qu'ils accomplissent cette volonté de Dieu, *hæc est voluntas Dei sanctificatio vestra*, c'est qu'ils sont engagez par le vœu de leur baptême à ne point aimer le monde. C'est une obligation dont ils sont chargez, afin de satisfaire à celle qui est imposée à tous les hommes, d'aimer Dieu de tout leur cœur : *diliges Dominum Deum tuum ex toto corde tuo*. Or il est certain qu'ils aiment le monde ; & s'ils disoient qu'ils ne l'aiment point, il seroit aisé de les convaincre qu'ils manquent en cela de sincerité, ou de connoissance. Il faut, où qu'ils ne sçachent pas que toutes les choses dont ils ne sçauroient souffrir la perte sans regret & sans déplaisir, ils les aiment, & qu'ils y sont attachez ; ou bien que le sçachant, ils ne veulent pas en demeurer d'accord; que s'il est vrai qu'ils les aiment, ils n'aiment pas Dieu de tout leur cœur, car s'ils l'aimoient de tout leur cœur, il en occuperoit toutes les places, il en auroit tous les mouvemens & toutes les inclinations, & il les possederoit d'une maniere si entiere & si absoluë, que les creatures n'y auroient plus aucune part, *ex toto corde*, cette totalité exclud tout, & n'admet ni restriction ni reserve.

Si cet homme du monde avoit deux cœurs, il pourroit dire qu'il en donneroit un à Dieu tout entier, & qu'il disposeroit de l'autre en faveur des creatures, mais il n'en a qu'un. Ainsi il faut qu'il convienne que la place qu'il y donne aux creatures, il l'ôte à Dieu ; c'est une injustice qu'il lui rend, & il lui refuse ce qui lui appartient. Or comme c'est en lui une disposition fixe & constante, & qu'il vit actuellement dans l'amour des creatures, il est vrai de dire qu'il est dans un état opposé à la volonté de Dieu, qu'il veut positivement le contraire de ce qu'il lui commande, puisqu'il partage son cœur contre la declaration qu'il lui fait, qu'il le veut posseder tout seul, & qu'il le veut tout entier, *ex toto corde tuo*: Or il est impossible de travailler à devenir saint, & d'être dans une resistance permanente & actuelle à la volonté de Dieu.

Vous voiés, mes Freres, que les gens du monde passent leur vie sans penser à l'obligation qu'ils ont de se sanctifier ; les uns en ne pouvant, ou ne voulant pas se persuader qu'elle les regarde, & les autres en prenant des chemins & des voies qui ne sçauroient que les en éloigner & les en exclure. C'est dans les Cloîtres & dans la retraite que l'on trouve pour cela les avantages necessaires : *Illis mandavit Dominus benedictionem, & vitam usque in sæculum.* C'est-là que Dieu répand ses benedictions, qu'il ne répand pas ailleurs ; & ceux qui s'y retirent par son ordre & par sa vocation abondent en moiens

Pf. 132. 4.

& en facilités qui ne sont point connües dans le monde. C'est ce que je vous représenterai en peu de paroles.

Saint Jean Climaque dit que ceux qui s'engagent dans la vie solitaire, doivent faire & accomplir trois renoncemens: Le premier, à toutes choses, à toutes personnes & à tous parens; Le second à la propre volonté, & le troisiéme à la vaine gloire qui suit l'obéissance : C'est à dire que cet état en nous éloignant des choses du monde, nous unit à Dieu; qu'en nous séparant de toutes personnes, il nous impose l'obligation de n'avoir plus de communication qu'avec les Anges ; & que nous arrachant au pere que nous avons sur la terre, il ne permet plus de nous occuper que de celui que nous avons dans le Ciel. Où peut-on trouver de plus grands secours, pour acquerir cette sainteté que l'Apôtre nous propose: *Hæc est voluntas Dei sanctificatio vestra?* Où peut-on trouver des assistances plus puissantes, pour s'élever à cette perfection à laquelle Dieu nous destine, que dans une condition qui nous engage à fuïr tout ce qui peut nous empêcher d'y tendre?

2. degré. art. 9.

Vous sçavés que les créatures ne sont propres qu'à nous distraire de Dieu, que ce sont elles qui s'opposent à toutes les graces qu'il a dessein de nous accorder, & que rien ne les attire davantage que de lui en faire un sacrifice, & de lui témoigner que nous ne voulons que lui, & que nous le préférons à toutes choses en abandonnant celles pour lesquelles il semble que nous pourrions conserver des attachemens legitimes. Si vous joignés à cela la destruction de la propre volonté, qui est la source veritable de toutes les maladies differentes qui corrompent la pureté de nos ames, & l'extinction de la vanité qui d'ordinaire tire sa naissance de nos vertus, & de nos meilleures actions, que pouvons-nous desirer au delà pour acquerir cette sanctification qui nous est si recommandée?

Ce sont des biens, je le repete encore, que le monde ne connoît point; ce sont des faveurs que Dieu reserve pour ceux qui n'en sont plus : car autrement il seroit inutile d'embrasser la vie Religieuse, & de se retirer dans les solitudes. Quoi que ce renoncement, mes Freres, soit capable de
vous

vous donner des forces, pour vous deffendre contre tout ce qui pourroit attaquer la pureté de vôtre ame, cependant ce n'eſt point aſſez, il faut la ſoûtenir par vôtre perſeverance, & empêcher par tous vos ſoins que vôtre cœur ne ſe laiſſe ſurprendre à rien qui ſoit contraire à ce dépoüillement volontaire dans lequel vous vous trouvés. Penſés donc toûjours que les paſſions n'aiment rien davantage, comme dit ſaint Jean Climaque, que de rentrer dans les lieux dont elles ont été une fois chaſſées ; & que ſouvent ſi elles n'y reviennent pas elles mêmes, il en renaît d'autres en leur place qui ſont & plus dangereuſes & plus mortelles. Ceſt ce que nous apprenons par la bouche de la verité, lors qu'elle nous parle de cet eſprit impur, qui étant ſorti de l'homme qu'il poſſedoit, retourne dans ſa maiſon avec ſept autres eſprits plus méchants que lui : *Tunc dicit revertar in domum meam unde exivi, & veniens invenit eam vacantem, ſcopis mundatam, & ornatam ; tunc vadit & aſſumit ſeptem alios ſpiritus ſecum nequiores ſe.* Matt. 11. 44. & 45.

C'eſt un inconvenient, mes Freres,

qui arrive à ceux qui manquent à se tenir sur leurs gardes, & qui negligent malheureusement les graces que Dieu leur a faites. Mais le moien de l'éviter, c'est de faire le profit que vous devés de l'instruction que Jesus-Christ vous donne : Car vous voiés que ce qui ouvrit une seconde fois au démon les portes de la maison qu'il avoit quittée, ce fut la negligence de celui qui avoit été delivré de sa servitude, qui au lieu de s'appliquer uniquement à en reparer les bréches, à se munir de tout ce qui pourroit la mettre en sureté, au cas qu'elle fût attaquée, c'est à dire, au lieu de se remplir lui même de toutes sortes d'actions, d'œuvres, de vertus, d'habitudes & de qualités saintes, s'amusa à des bagatelles, à des niaiseries, & l'abandonna au luxe, à la superfluité, aux ornemens, & à tout ce que l'esprit & la vanité du monde lui peut inspirer. Cela vous marque avec quelle vigilance vous devés vous conduire, avec quelle attention vous devés observer toutes vos voies, & faire ensorte qu'il n'y ait une seule de vos démarches, qui ne convienne aux misericordes que Dieu vous a faites, & à la reconnoissance que vous lui devés. C'est-là le moien de vous attirer de nouvelles marques de sa protection, & de l'engager à vous conduire à cette perfection à laquelle il vous appelle par ces paroles de son Apôtre : *Hæc est voluntas Dei sanctificatio vestra* ; C'est ainsi, mes Freres, que vous entrerés dans la société de ceux dont il est dit, *Sancti per fidem vicerunt regna, operati sunt justitiam, adepti sunt repromissiones.* Hebr. 11. 33. Ces Saints sont ceux qui servent Dieu ; qui par la vivacité & la pureté de leur foi, ont détruit en eux le Royaume du démon, & l'empire de leurs passions, & qui par des actions de pieté, de Religion & de justice, ont merité les récompenses que Dieu promet à ceux qui s'attachent inséparablement à ses volontés & à son service.

Y ij

CONFERENCE
POUR
LE III. DIMANCHE
DE CAREME.

Omne Regnum in scipsum divisum desolabitur. *Luc 11. 17.*

Tout Roiaume qui sera divisé tombera dans la desolation.

IL n'y a rien, mes Freres, qui puisse nous apprendre davantage, avec quel soin & quelle vigilance nous devons travailler à conserver parmi nous une intelligence, & une concorde inviolable, & à empêcher qu'elle ne reçoive jamais ni atteinte ni alteration. Jesus-Christ le déclare aujourd'hui dans l'Evangile, lors qu'il dit : Que tout Royaume qui sera divisé en soi-même tombera dans la desolation, & que les maisons s'en renverseront les unes sur les autres, *Omne Regnum in seipsum divisum desolabitur, & domus supra domum cadet.*

Le Royaume de Dieu, mes Freres, est un Monastere & une Congregation sainte. Le Roi du Ciel y regne d'une maniere incomparablement plus absoüe que les Rois de la terre ne regnent sur leurs sujets & sur leurs peuples ; ses volontés sont les regles & les loix que l'on y suit & qu'on y embrasse ; on n'y connoît point d'autre gloire, ni d'autre bonheur que celui de lui obéir & de se soumettre à ses ordres. Il en est de ce Royaume, comme d'une maison ; il faut si on veut qu'elle subsiste, qu'elle soit bâtie sur des fondemens dont la matiere soit dure & solide ; on ne les pose pas sur la surface de la terre, mais on les jette dans le fond & selon la hauteur de l'édifice que l'on veut construire, ils sont ou plus ou moins profonds.

Secondement, il faut que les pierres que l'on doit employer pour la structure de ce bâtiment soient entieres, unies en elles-mêmes, qu'il n'y ait ni fente, ni rupture, ni division ; car autrement elles s'en iroient par pieces & par morceaux, & se reduiroient bien-tôt en cendre & en poussiere.

Il faut en troisiéme lieu que ces pierres soient tellement liées & jointes ensemble, qu'il n'y ait nulle separation, mais qu'elles s'appuient & qu'elles se soûtiennent les unes sur les autres, sans quoi le bâtiment n'auroit ni solidité ni consistance. Il faut outre cela que le maître de la maison veille incessamment pour empêcher qu'elle ne reçoive aucun dommage, par les injures du temps, par les pluyes, par les orages & par les tempêtes, car sans cela elle auroit peine à éviter sa ruine, ce qui est toûjours le sort des maisons qui sont negligées. Voilà, mes Freres, la maniere dont nous devons nous conduire, pour conserver cette maison sainte qu'il a plû à Dieu d'établir parmi ceux qu'il a appellés dans cette solitude, comme dans un refuge sacré. C'est le chemin qu'il faut suivre pour conserver le Royaume de JESUS-CHRIST, & empêcher qu'il ne tombe dans la dissipation. Et l'on peut dire que cette voye est tellement necessaire, que lors qu'on s'en est separé, les maisons les plus saintes, celles où la pieté étoit la plus vive & la Religion la plus animée, sont tombées dans la derniere decadence.

Le fondement, mes Freres, sur lequel cette maison, ce Royaume de Jesus-Christ, doit être établi pour prendre la chose dans la verité, c'est le renoncement à tous les biens sensibles, passagers & perissables; c'est le dépoüillement & l'abnegation de soi-même: Car si ce renoncement n'étoit double, il ne seroit pas entier, il ne seroit pas suffisant, & on n'y trouveroit rien moins que les utilités & les avantages que l'on en auroit esperé. Et de quoi serviroit-il de s'être separé des choses exterieures, si l'on tenoit encore à soi-même? Si l'on étoit attaché à son propre sens, à son esprit, à sa raison; si l'on recherchoit de l'honneur, de la gloire; si l'on desiroit l'estime & l'approbation des hommes, on rempliroit de soi-même, les vuides causez par la privation des choses exterieures, & dés-là qu'on seroit plein, on excluroit Jesus-Christ de son cœur; car la plenitude le bannit dans quelque lieu qu'elle se rencontre.

Il faut donc que ce renoncement soit complet, & que l'on donne à Dieu conformément à son precepte tout ce qu'il veut qu'on lui donne ; c'est à dire, tout ce qu'on possede: *Adhuc & animam suam.* Il faut que ce fondement ait toute la profondeur qu'il peut avoir pour être proportionné à l'édifice, parce que son élevation ne sçauroit être plus grande: Et nous pouvons dire ce qu'a dit S. Bernrad, en parlant d'une observance dont les obligations n'étoient pas superieures aux nôtres: *Altissima est professio vestra, cœlos transcendit, par Angelis est.* Vôtre profession est haute, elle va jusqu'au Ciel, elle vous égale aux Anges ; c'est à dire, mes Freres, qu'il faut que vôtre humilité soit profonde, que vous ayez un mépris si achevé de vous-même ; de vôtre pieté, de vôtre vertu, de vos œuvres, de vos actions, qu'il n'y ait pas un seul de vos Freres, auquel vous ne vous estimiez inferieurs ; que vous reconnoissiez devant Dieu & devant les hommes, vôtre foiblesse, vôtre impuissance & vôtre indignité : & que pour les biens que vous êtes obligez d'appercevoir en vous, de crainte

de

de tomber dans l'ingratitude & dans la méconnoissance à l'égard de Dieu de qui vous les avez reçûës, vous confessiez que vous les tenez de sa main & de sa misericorde, & que ce sont purement des dons de sa grace; Il faut, dis-je, que vous soyez dans la disposition & dans le sentiment de ceux dont parle saint Benoît : *Operantem in se Dominum magnificant.* *Prologi Reg.*

Ce fondement posé, mes Freres, il faut que vous vous consideriez, comme les pierres vivantes qui doivent composer cette maison spirituelle, qui est le veritable Royaume de JESUS-CHRIST, selon ces paroles, *Regnum Dei intra vos est.* *Luc.* 7.
Il faut, dis-je, que chacun de vous soit tellement uni, & d'accord avec soy-même, que cette intelligence ne soit jamais ni alterée ni violée ; & vous devez sçavoir pour éviter cet inconvenient, que ce sont nos passions qui en sont les causes ; que ce sont elles qui nous divisent, qui nous partagent, qui excitent des dissentions dans le fond de nos ames : L'on est esclave, dit le Saint Esprit par la bouche de son Apôtre, des choses que l'on aime. *A quo,* *2. Petr. 2. 19.*

enim quis superatus est, hujus & servus est. C'est à dire, qu'on a autant de maîtres qu'on a de passions. Il faut donc employer tous nos efforts pour ne pas tomber sous une domination si violente & si injuste ; & veritablement quelle union peut-il y avoir dans le cœur d'un homme entraîné par ses cupiditez ? L'orgueil l'emporte, la vanité le tirannise, la colere le captive, l'impudicité l'assujettit, la haine le surmonte, la paresse le lie & l'enchaîne ; enfin il est déchiré, & comme mis en autant de pieces & de parties qu'il y a de convoitises & de cupiditez differentes ausquelles il succombe. Tout est chez luy dans la confusion, dans le trouble & dans le desordre; Et si vous me demandez par quel moyen on peut prévenir cet état si dangereux, ou s'en retirer lors qu'on y seroit tombé, je vous diray que je n'en connois qu'un, qui est de ranger ses passions, de les mettre dans la situation qu'elles doivent être, c'est à dire de les assujettir à la raison, de l'en rendre la maîtresse, & de mettre la raison entre les mains & dans la dépendance de Dieu auquel elle doit être parfaitement soûmise. Quand il la conduira, qu'il en reglera tous les sentimens, où joüira d'une paix profonde, & jamais elle ne sera troublée tant qu'on aura soin de se maintenir en cet ordre qui doit être constant, & duquel il ne peut être permis de se separer. Quand le fort armé, selon la parole de Jesus-Christ, garde la maison, tout ce qu'il possede est en paix : *Cum fortis armatus* Luc. *custodit atrium suum, in pace sunt ea quæ possidet.*

Quatriémement, Il faut que ces pierres étant parfaitement unies chacunes en soi-même, elles le soient tellement entre elles, qu'elles ne fassent toutes ensemble qu'un tout & qu'un corps, & que l'union en soit si achevée, qu'on n'y apperçoive pas la moindre division. Cela demande une parfaite conspiration de cœurs, d'ames, de volontez, de sentimens & de desirs, ce qui ne peut être que l'ouvrage de celuy, *qui inhabitare* Ps. 67. *facit unius moris in domo*, qui fait demeurer dans une même maison ceux qui ont une même conduite ; & c'est ce que Jesus-Christ opere dans les ames qui sont à luy, & qui luy appartiennent par la charité

Z ij

qu'il y répand, & par les saintes dispositions dont il les remplit.

Il faut pour cela que les Freres s'entr'aiment, qu'ils se regardent avec deference & avec respect, qu'ils pensent avantageusement les uns des autres, qu'ils supportent leurs foiblesses & leurs défauts avec une extrême patience : *Infirmitates suas sive corporum, sive morum patientissime tolerent.* Il faut qu'ils expliquent tout dans un sens favorable, qu'ils soient toûjours prêts de justifier les intentions les uns des autres, qu'ils soient sans soupçons, sans promptitude, sans interêt, sans colere ; & que chacun se mette en la place de son Frere, dans les biens & dans les maux qui lui arrivent. Toutes ces qualitez ne sont pas de conseil, mais de precepte, parce qu'elles sont necessaires : Car s'il se trouve entr'eux de l'interêt, il y a de la division, & en cela que l'on veut quelque chose pour soy, on se separe des autres. S'il y a de la promtitude, ou de la colere, on n'en peut suivre le mouvement qu'on ne blesse son frere, ce qui est une cause ordinaire des divisions : Il en est de même des

Reg. cap. 7.

soupçons qui ne manquent jamais de troubler la paix de ceux qui les conçoivent, comme de ceux contre lesquels ils les forment. Aprés tout, il faut qu'ils se tiennent d'une maniere invariable dans la dépendance de Dieu, & qu'ils obéïssent sans reserve à ce Roy invisible, dans la personne du ministre visible qui tient sa place, qui a son autorité, & qui gouverne en son nom ; & que cet homme comme un serviteur fidele veille sans cesse sur ce grand œuvre, duquel la garde luy a été confiée, qu'il aille au devant, qu'il prévienne, qu'il détourne avec une application infatigable, tout ce qui luy pourroit causer le moindre dommage.

C'est ainsi, mes Freres, que vous ferez comme des rochers, malgré toutes les tentations qui vous pourroient attaquer, c'est ainsi que le Royaume de JESUS-CHRIST sera inébranlable, c'est ainsi qu'il se garantira de cette desolation dont JESUS-CHRIST le menace en cas qu'il se divise, *Omne Regnum in seipsum divisum desolabitur, & domus supra domum cadet*, il se preservera

Luc 11. 7.

de cette decadence effroyable, de cette calamité consommée qui ne reçoit plus de consolation, & qui n'attend ni protection, ni assistance, ni secours, non plus de la part de Dieu que de la part des hommes: *domus supra domum cadet*, les maisons tombent les unes sur les autres, & s'écrasent par leurs chûtes; & c'est ce qui arrive lorsque les Moines & les Solitaires, étant tombez dans le relâchement & dans le desordre, s'entraînent par le mauvais exemple qu'il se donnent dans un même malheur & qu'ils se précipitent dans un même abîme.

C'est là la fin & l'extremité où se sont reduites les observances Monastiques par le malheur des tems, ou plûtôt par les infidelitez des hommes, qui se sont enfin lassez de porter le joug de Jesus-Christ, & qui l'ont malheureusement abandonné pour se jetter entre les bras des creatures. Je dis ces Congregations qui ont été les plus saintes & les plus florissantes; C'est cette division de laquelle je vous parle, mes Freres, qui a renversé ce grand nombre de Monasteres instituez par le Grand Antoine & par

Saint Pacôme qui ont été dans leur tems la beauté, l'ornement & le soûtien du monde; c'est ce qui a ruiné tant de Communautez Religieuses formées par saint Hilarion qui ont rempli d'édification toute l'Asie; C'est enfin ce qui a ravagé tant de Cellules de Solitaires, & qui a porté le scandale dans les deserts les plus écartez; c'est ce qui a fait que Nitrie, que Sceté, & tant d'autres lieux consacrez au service de Jesus-Christ ont perdu malheureusement toute la sainteté dont il les avoit favorisez;& ce mal est devenu à un si grand excés, que ces grottes si celebres, qui étoient autrefois habitées par des Saints, servent aujourd'hui de demeure aux tigres & aux lions; & que ces cavernes, ces rochers qui étoient le refuge de ces Anges incarnez, ont étés depuis les retraittes des démons.

Je dis, mes Freres, que c'est l'effet de la division; parce que la nature s'est revoltée contre la grace, la chair contre l'esprit, & les sens contre la raison. La grace vouloit qu'on persistât dans la pieté primitive, qu'on s'attachât inviolablement à la discipline & à l'austerité pratiquée par les Saints, que l'on continuât de vivre dans la simplicité & dans le silence, dans la séparation des hommes, dans une meditation continuelle de la Loi de Dieu; & la nature lassée d'un assujettissement qui lui paroissoit insuportable, a desiré des adoucissemens, des commerces & des libertez qui luy étoient interdites, & les Solitaires & les Anachorettes poussez par un semblable esprit ont cherché des soulagemens contraires à leur premier institut, & au lieu de cette vigueur inflexible qui les avoit rendus l'admiration de tout le monde, ils ont quitté les sables arides, les cavernes obscures: ils ont bâti des Cellules le long des fleuves, & planté des arbres pour trouver des rafraichissemens, & se défendre du soleil, dont ils ne pouvoient plus souffrir les ardeurs. Dieu s'est retiré des uns & des autres; de ceux-ci, parce que cette division interieure étoit un effet de leur infidelité, & que Dieu n'habite point dans les ames infideles; & pour les autres, aprés s'être divisez en eux-mêmes, il se sont séparez de leurs freres, & les Congregations qui ne subsistent que par l'union & par la concorde, ont rencontré leur perte dans leur division, & par consequent le Royaume de Dieu s'est trouvé dans la desolation exprimée dans l'Ecriture : *Omne regnum in seipsum divisum desolabitur; & domus super domum cadet* ; & veritablement cette dissipation a été si generale, si profonde & si étenduë, que la sainteté premiere a passé comme un songe; la memoire s'en est conservée, mais il n'en reste plus ni traces, ni monumens, ni vestiges.

Evitez donc ce malheur, mes Freres, dont je viens de vous faire une peinture si triste, en vous attachant aux conduites que nous vous avons proposées; en vous donnant tous entiers, pour empêcher que cette intelligence, & cette union dans laquelle vous devez vivre, ne reçoive jamais aucune atteinte, en fermant toutes les portes & toutes les entrées de vos cœurs, à ce qui seroit capable de détruire cette simplicité & cette pureté qui vous est si essentielle, & sans laquelle vous ne pouvez conserver la paix, ni avec vous-même, ni avec les autres ; Soyez assurez, mes Freres, que si vous gardez ces pratiques saintes, dans toutes vos œuvres, si vous marchez avec cette crainte chaste & salutaire, qui est la conservatrice de l'innocence, & de la verité, le Royaume de Jesus Christ s'affermira en vous, & son autorité s'augmentant par le soin que vous aurez d'executer ses ordres, de faire valoir ses dons, & de répondre à toutes ses graces, vos ames lui seront parfaitement soumises ; & comme il n'y trouvera rien qui s'oppose à ses desseins, il les rendra éclatantes par les vertus & les dispositions qu'il prendra plaisir, d'y produire ; il les comblera de benedictions, & les remplira de lumiere, dés ici-bas, jusques à ce que le moment arrive auquel il doit les transferer dans ces clartés inaccessibles & dans ces splendeurs immortelles, qui qui ne connoissent ni diminution ni affoiblissement.

Quel grand mal y a-t-il, me dira-on, de chercher quelques adoucissemens qui n'ont rien de criminel, pour la conservation de sa vie ? Est-ce un mal de prendre quelque soin, pour ne pas perdre ce que l'on a reçû de Dieu ? Il est aisé de répondre que ce n'est pas un mal en soi de penser à la conservation de sa vie, mais que c'en est un, quand Dieu veut, ou qu'on l'expose ou qu'on la perde ; & que l'interêt de son service ou de sa gloire nous oblige à l'un, ou à l'autre. On voit perir des milliers d'hommes sans regret & sans reflexion pour conserver une place, une Ville à un Prince de la terre ; & on ne voudra pas hazarder d'affoiblir sa santé, & de donner quelques momens de sa vie pour la conservation du Royaume de de Jesus-Christ qui ne subsiste que sur la fidelité avec laquelle l'on observera les Regles qu'il a prescrites. Il l'a fondé sur l'austerité, sur la pénitence, sur les renoncemens, sur les privations, sur l'assujettissement des passions & des cupiditez, & vous le renversez sans scrupule, en reprenant, sous pretexte de vivre quelques momens davantage, toutes les choses dont vous vous étiez separez.

Est-ce être Religieux, mes Freres, mais plûtôt est-ce être Chrêtien, que de préferer sa vie à sa foi & à sa Religion ? Il nous est mort quantité de nos freres; & quoy qu'on en ait eû soin, & qu'on ne les ait pas negligez dans leurs maladies, peut-être que si les soulagemens avoient été plus recherchez & plus abondans, ils eussent pû vivre davantage; peut-être aussi que non, puisqu'on voit mourir une infinité de gens, au milieu des Medecins & des remedes. Mais quoy que j'eusse pour eux toute la charité que je dois, je ne voudrois pas avoir prolongé leur vie d'un jour, par des voyes irregulieres contraires aux ordres de Dieu, à la pureté de leur état, & capables d'introduire dans cette Communauté des relâchemens, qui luy auroient sans doute attiré le malheur, où se trouvent quantité d'autres, qui ne font que causer du scandale dans l'Eglise; au lieu que par la misericorde de Jesus-Christ, ce Monastere a répandu jusques-ici une odeur, & donné une édification qui console les gens de bien, qui fortifie les foibles, qui fait même reconnoître & aimer la verité, à ceux qui ont eu le malheur de s'en séparer & de la perdre; & je les estime plus heureux d'avoir aux dépens de leur vie, conservé en eux, & dans leurs Freres, le Royaume de JESUS-CHRIST, que si le Royaume étoit détruit, & qu'ils vécussent encore.

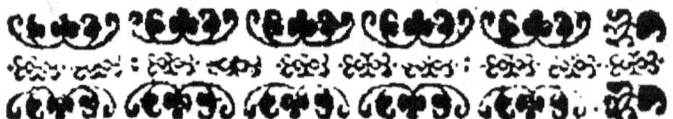

CONFERENCE
TENUE
LE IV. DIMANCHE
DE CARÊME.

Abiit Jesus *trans mare Galileæ.*
Joan 6. 1.

Jesus *passa la mer de Galilée.*

JE ne sçais, mes Freres, s'il y en a un seul entre vous qui ait fait la reflexion, qui m'est venuë dans l'esprit sur l'Evangile que l'Eglise nous propose en ce jour. J'y ay vû nôtre état & nôtre profession dans toutes ses circonstances, & la peinture m'en a paru si naturelle, que je n'ay pû ne l'y pas appercevoir ; Je m'assure aussi que vous entrerez dans toutes mes considerations, lors que je vous les auray expliquées.

Le Fils de Dieu passe la mer de Tiberiade, s'en va dans un lieu desert, il y est suivi par plusieurs milliers de personnes, qui y sont attirez par quelques instructions, & quelques miracles qu'ils lui avoient vû faire. Comme tout ce peuple n'avoit rien pris avec soy pour se nourir, ni pour subsister, le Fils de Dieu multiplie deux poissons, & cinq pains, qui se trouverent entre les mains de quelqu'un de la trouppe ; tout le monde en fut rassasié, & il y en eut assez de reste pour remplir douze corbeilles : *Abiit Jesus trans mare Galileæ, quod est Tiberiadis, & sequebatur eum multitudo magna, quia videbant signa quæ faciebat.* Ioan. 6. 1. & 2.

Qui est-ce qui paroît davantage dans cette multitude d'hommes, qui abandonnent leurs maisons, pour s'attacher à Jesus-Christ sans prendre aucune précaution, ni se mettre en peine de leurs besoins, ni de leurs necessitez, que ce grand nombre de Solitaires, qui ont quitté leur pays, leurs parens, leurs biens, leurs fortunes, pour suivre le même Jesus-Christ dans les deserts les plus reculez, & dans les solitudes les plus steriles, & les plus écartées ?

Jesus-Christ nous parle, mes

Freres, en plusieurs manieres, tantôt il le fait par luy-même; tantôt il se sert de la parole de ses Saints; & quelquefois, il nous instruit par des faits, des actions, & des évenemens particuliers, comme nous le voyons aujourd'hui, dans l'attachement que tout ce peuple témoigne avoir à sa personne. Mais de quelque maniere qu'il lui plaise de nous faire connoître ses volontez, & nos devoirs, nous n'avons qu'une même conduite à prendre, qui est de recevoir avec une soumission & une docilité profonde, toutes ses instructions & ses Ordonnances, aussitôt qu'elles nous sont connuës, & luy dire dans l'esprit & dans le sentiment du Prophete, *in via testimoniorum tuorum delectatus sum, sicut in omnibus divitiis*, Seigneur, j'ay pris plus de plaisir à executer vos ordres, qu'à posseder toutes les richesses de la terre.

Ps. 118. 14.

Je vous diray donc, mes Freres, que ma premiere reflexion, a été de considerer l'obligation que nous avons à l'exemple de tout ce peuple, de nous attacher à Jesus-Christ dans une desoccupation si entiere de nous-mêmes & de tout ce qui nous regarde,

regarde pour la vie, pour la mort, pour la maladie, pour la santé, pour nos satisfactions, pour nos propres avantages, que nous en perdions tout souvenir, & que s'il est possible la memoire s'en efface pour jamais. Il faut le suivre, comme dit saint Jean Climaque, dans une nudité parfaite, n'avoir plus de desirs, d'affections, qui ne tendent à luy, & qui ne luy soient rapportées; Enfin il faut le rendre l'objet unique de toutes les actions de nôtre esprit, & de tous les mouvemens de nôtre cœur.

C'est dans des dispositions semblables que ce peuple le suit, y étant attiré, comme je viens de vous le dire, par quelques signes extraordinaires qu'ils luy avoient vû faire, & peut-être par quelques instructions, qu'ils avoient entendu de sa bouche. Pour nous, mes Freres, nous y sommes portés par des motifs bien plus pressans, & par des considerations bien plus engageantes: Car outre ces mêmes miracles & ces mêmes paroles, que la foy nous rend presentes, & que l'Ecriture nous remet devant les yeux, nous avons le cours de toute sa vie, qui n'est qu'une suite de

prodiges & d'inſtructions toutes dſ-
vines, & de tant de merveilles qu'il a
operées dans le monde, pendant prés
de dix-ſept ſiecles, dans la perſonne
de ſes ſerviteurs, des Apôtres, des
Martyrs, & des Saints Moines, leſquelles merveilles ſurpaſſent, comme
il l'avoit predit, celles qu'il a faites
immediatement de ſa main & de ſa
Joan. 14. propre bouche ; *Qui credit in me, ope-*
12. *ra quæ ego facio, & ipſe faciet, & ma-*
jora horum faciet.

Mais ce qui eſt bien davantage,
mes Freres, c'eſt qu'il nous a défendu
de nous occuper des choſes d'icy-bas;
qu'il nous a déclaré que cela ne con-
venoit qu'aux Payens, & qu'aux Infideles, & que nôtre Pere qui eſt dans
Ciel, c'eſt ainſi qu'il nomme le Dieu
de l'Univers, qui penſe aux beſoins
des moindres de ſes creatures, n'a
garde de manquer de pourvoir à nos
neceſſitez, puis qu'elles luy ſont con-
Math. 6. nuës : *Nolite ergo ſolliciti eſſe dicentes,*
31. & 32 *Quid manducabimus, aut quid bibe-*
mus, aut quo operiemur ; hæc enim om-
nia gentes inquirunt, ſcit enim Pater
veſter, quia his omnibus indigetis.

Enfin, nous avons vû l'accompliſ-
ſement de ces paroles dans la perſon-

ne des Saints nos Predeceſſeurs & nos Peres, je veux dire les Antoines, les Pacomes, les Hilarions, & une infinité d'autres, qui ayant tout quitté pour ſe mettre ſans ménagement & ſans reſerve dans la main de Dieu, en ont reçû dans tous les temps des marques d'une bonté, qui ne les a jamais abandonnez. Or il faut avoüer que rien n'eſt plus plein d'inſtructions, ni plus pénétrant que ces exemples, & cependant nos cœurs ſont ſi durs, & nos ames ſi inſenſibles, qu'il ſemble que nous n'y prénions aucun interêt.

Ma ſeconde reflexion m'a fait voir dans toutes les circonſtances de ce grand évenement qui ſe paſſe aujourd'huy, les diſpoſitions principales de nôtre état: Car j'y ay reconnu l'obligation qu'ont tous les Moines de vivre dans l'abbaiſſement, dans le repos, dans la paix, dans le mépris de toutes les choſes de la terre, & dans cette confiance qui fait, qu'ils attendent ſans impatience, ſans inquietude, & ſans empreſſement de la providence de Dieu, tout ce qui peut leur être neceſſaire pour la vie de leurs corps, comme pour celle de leurs ames.

A à ij

Car qu'est-ce que s'asseoir ou se coucher sur la terre, qui est toute couverte d'herbes, *facite homines discumbere*, sinon s'humilier & s'abaisser. Vous lisez dans un Prophete ; *Sede in pulvere, virgo Filia Babylon ; sede tacens, & intra in tenebras Filia Chaldeorum* ; Et ailleurs *humiliamini, sedete*, asseiez-vous sur la poussiere ou sur la terre, fille de Sion, c'est à dire, humiliez-vous ; & saint Jean Climaque en parlant de l'abjection qui est si essentielle à nôtre état, dit que les Docteurs sont assis dans les chaires d'honneur, & les Moines couchez sur le fumier. Cette situation qui marque l'humilité, marque, & figure aussi le repos ; ce qui est une condition attachée à l'état des gens qui sont consacrez à la retraite. Le Prophete dit que le Solitaire doit se tenir assis dans le silence. *Sedebit Solitarius & tacebit* ; & il est dit de la femme pécheresse ; *sedens secus pedes Domini*, qu'elle étoit assise aux pieds du Seigneur ; & veritablement cette posture qui n'est rien qu'une cessation d'œuvres, & une privation de mouvement, renferme en soy le repos, la paix & la tranquillité.

Vous n'appercevez pas moins le mépris des choses d'icy-bas, dans ces mêmes paroles ; *Facite homines dif-* Ioan. 6. *cumbere, erat autem fœnum multum* 10. *in loco*, & il y avoit beaucoup d'herbes en ce lieu-là; car qu'est-ce que signifie l'herbe, sinon l'ornement, la beauté & la richesse de la terre ; & peut-on s'y coucher ou s'y asseoir qu'on ne l'abbatte, qu'on ne la verse, qu'on ne la fanne, qu'on ne la fletrisse ? Et n'est-ce pas témoigner qu'on n'en fait aucun cas, non plus que si on la fouloit aux pieds?

Pour ce qui est de cette attente tranquille, de cette confiance paisible en la bonté de Dieu, qui est contre le fondement de la vie d'un Moine & d'un Solitaire, il n'y a rien que l'on découvre avec plus d'évidence dans la conduite de cette multitude de personnes, qui sont à la suite de Jesus-Christ. Ils se trouvent dans une necessité pressante, destitués de ce qui leur étoit necessaire, cependant cette extrémité, quelque grande qu'elle soit, ne fait sur eux aucune impression fâcheuse : tout le monde est en paix, les maris n'ont point d'inquietudes pour leurs femmes, les femmes n'en ont point pour leurs enfans ; & qui que ce soit ne témoigne, non seulement par une parole, par un murmure, par une plainte, mais pas même par une action, par une geste, ni par un signe, qu'on ait aucune peine de l'état où on se voit ; mais au contraire on est plein de confiance, pour celui qu'on a suivi, on met sans aucune crainte son sort entre ses mains ; Et l'on est assuré que l'on doit tout attendre, & tout recevoir de celui duquel on a conçu de si grands sentimens & de si grandes idées. Et veritablement Jesus-Christ touché de l'état & de la confiance de ce peuple, fait ce grand miracle ; & comme il est rapporté, il pourveut si abondamment par la multiplication de deux poissons & de cinq pains, à la necessité de cette grande multitude, qu'il y eut assez de restes pour remplir douze corbeilles ; *Collegerunt ergo & impleverunt duodecim Cophinos fragmentorum ex quinque panibus hordaceis quæ superfuerunt his qui manducaverant.*

C'est ce que Dieu a fait, mes Freres, en faveur de tous les Solitaires, lorsqu'il les a vû dans le même détachement, & dans la même foy, & il les a comblés tout ensemble de graces temporelles, & spirituelles. Vous sçavez que par la protection qu'il a donnée aux anciens Solitaires, ils ont gagné par leurs propres travaux, non seulement dequoy subsister, mais dequoy nourrir une infinité de personnes. Et nous lisons dans les Conferences de Cassien que l'Egypte n'avoit pas assez de pauvres, pour consumer les biens que les Solitaires gagnoient par leur travail, à la sueur de leur visage ; & qu'il falloit les envoyer aux Nations de l'Affrique les plus éloignées. Pour ce qui est des dons & des benedictions spirituelles, Dieu leur en a fait des largesses si abondantes, que non seulement il les a sanctifiez; mais qu'eux-mêmes ont sanctifié le monde par leurs prieres, par leur pénitence, par leur Religion, par leur exemple, par la sainteté de leur vie, qui quoyque cachée, n'a pas laissé de remplir toute la terre d'éclat, de lumiere, & d'édification.

La troisiéme reflexion m'a persuadé que cet abandonnement dans la main de Dieu, cette attente tranquille & paisible, est l'état dans lequel il faut que vivent les Solitaires : C'est la disposition qui les prepare, & qui les rend dignes des dons & des faveurs que Dieu leur a destinées ; c'est elle qui le sollicite, qui ouvre le sein de sa misericorde, & qui est plus capable qu'aucune autre, d'en attirer & d'en faire descendre des deluges de toutes sortes de graces & de benedictions.

La quatriéme m'a donné des sentimens biens differens. Je n'ay pû voir sans douleur, combien peu de personnes profitent de tous ces exemples & de ces veritez, & je ne puis m'empêcher de le dire. Ce mépris si general qu'on en fait est cause que le Ciel est devenu de bronze pour nous, & que la terre des solitudes & des Monasteres est toute dessechée, toute brûlante, & toute destituée de cette premiere fertilité, qui étoit autrefois la récompense de la foy, de la sainteté, & de la Religion de nos Peres.

Est-ce donc que les hommes ne se lasseront jamais d'opposer la dureté de leurs cœurs à tous les témoignages que Dieu leur donne de sa tendresse ? Est-ce qu'ils ne se lasseront point de resister à ses desseins, & de préferer

préferer le mensonge, à la verité, qui frappe leurs yeux, & qui les éclaire? Quoi donc, ce peuple qui à peine connoît J. C. le suit avec tant d'attachement qu'il oublie toutes choses, & qu'il s'oublie lui-même; & ceux qu'il a comblez de toutes sortes de biens, qui luy ont promis & qui luy ont voüé une fidelité inviolable, bien loin d'entrer dans ces voyes, prennent des routes toutes contraires? Ils sont remplis d'inquietudes, ils sont partagez par mille soins, mille cupiditez, & mille desirs; ils s'occupent, ils se fatiguent, comme si Dieu qui pense à tout, ne pensoit à rien, & comme s'ils ne sçavoient pas qu'ils ne sçauroient par tous leurs empressemens, par tous les mouvemens qu'ils se donnent, moderer le battement de l'artere, quand elle va trop fort, changer la couleur d'un seul de leurs cheveux, ni donner à leur vie un instant audelà des bornes qui leur ont été prescrites.

Enfin, mes Freres, toutes ces pensées differentes m'ont conduit à faire une attention profonde sur la grandeur des misericordes de Dieu, qui nous fait connoître ce qu'il veut de nous en tant de manieres differentes. Il le fait par ses Prophetes ; il le fait par luy-même ; il le fait par l'attachement que ce peuple témoigne qu'il a pour sa personne. Il nous dit par son Prophete que c'est un bien, mais un bien par excellence, que d'attendre en paix, les effets de sa bonté. *Bonum est præstolari cum silentio salutare Dei.* Ce silence qu'il demande de nous, n'est pas seulement un silence exterieur ; mais son dessein est que nous imposions silence à nos convoitises, à nos cupiditez, à nos dereglemens, à nos passions ; il veut qu'en cela la bouche de nos cœurs soit toûjours fermée ; que nos ames soient muettes, afin que rien n'empêche qu'il ne s'y communique, & que sa parole y soit entenduë. Cependant l'on n'y entend d'ordinaire que la voix de nos passions : Tout y est dans le bruit, dans la confusion, dans le tumulte ; & voila comme quoy ses volontez sont respectées.

Ierem. lament. 3. 26.

N'est-ce pas à nous que JESUS-CHRIST parle, mes Freres, quand il dit : *Vade, vende quæ habes, & da pauperibus, & habebis thesaurum in Cœlo; & veni, sequere me.* Allez, vendez ce que vous avez, & donnez-le aux

Matth. 19. 21.

pauvres, & vous aurez un tréfor dans le Ciel; puis venez, & me fuivez. Mais qui eſt-ce aujourd'huy qui execute ce commandement? Qui eſt-ce qui ſuit Jesus-Christ? je ne dis pas qui l'imite dans ſon martyre, dans ſes ſouffrances ſi cruelles qu'il a endurées, dans les confuſions ſi injurieuſes que l'on a miſes ſi injuſtement en la place de l'honneur qui luy étoit dû & des hommages qu'on étoit obligé de luy rendre; mais je parle de ce dépoüillement, de ce dégagement, de ce renoncement à ſoy-même ſi ſaint & ſi neceſſaire aux perſonnes de nôtre profeſſion. Je dis, ſi neceſſaire, parce que tous ceux qui ne l'ont pas, ont beaucoup plus de ſujet dans les actions, & dans les exercices de pieté, dont ils s'acquitent, de craindre des chatimens, que d'eſperer des recompenſes.

Je vous parle de ce dégagement, mes Freres, de tout le ſentiment de mon cœur, parce que je vous avoüe, que je ne ſuis pas ſur ce point là auſſi content de vôtre conduite que je le voudrois être. Vous avez encore des attaches, des affections, & des inclinations; Il y a des actions, des exercices & des occupations, qui trouvent en vous des préferences; & cela par des dispositions purement humaines. Vous me direz que c'est en choses peu considerables: qu'importe qu'elles soient considerables, où qu'elles ne le soient pas, puisque Dieu ne veut point que vous en ayez de quelque nature qu'elles puissent être. Il ne vous a retiré du monde qu'afin de vous faire mourir à tous les engagemens que vous y pourriez avoir, & cependant sans reflexion, ou plûtôt sans scrupule, vous en reprenez d'autres, à la place de ceux que vous avez quittés. Dieu veut que vous soyez vuides des choses de la terre, afin d'être remplis des choses du Ciel, & vous ne le voulez pas être; vous avez donc des volontez contraires aux siennes, il faut en convenir: Et pouvez-vous croire, (cela étant) que vous tendiez à la perfection à laquelle vôtre état, où plûtôt l'ordre de Dieu vous oblige detendre? Et a-t'on jamais oüy dire, qu'une ame qui veut bien avoir une volonté contraire à la sienne, veüille être parfaite? Que si vous n'avez pas envie de l'être, vous n'êtes pas dans la voye dans laquelle il faut être, pour travailler à vôtre salut; puisque dans le sentiment de tous les Saints, un Religieux qui n'est point appliqué, & qui ne se propose point de devenir parfait, n'y sçauroit être. J'ay peine à vous parler de la sorte, mais je ne puis m'en dispenser, car si je me taisois, & si je vous pardonnois en cela, Dieu ne me le pardonneroit pas, & j'aurois sujet de me dire quelque jour comme le Prophete: *Væ mihi quia tacui.* Isaï. 6. Malheur à moy de ce que je me suis tû.

Les anciens Solitaires, c'est une remarque que j'ay encore faite, ont été differens dans leur maniere de vivre. Les uns ont été plus severes, & ont observé une pénitence plus exacte & plus rigoureuse que les autres; leur conduite en cela a été inegale; & les histoires nous apprennent qu'ils n'ont point été uniformes dans les austeritez qu'ils ont pratiquées. Mais pour ce qui est du dégagement & du renoncement à toutes les choses du monde, ils n'ont eu en cela qu'un même sentiment, & qu'une même conduite. Ils se sont dépoüillés de tout, & se sont separez de tout ce qui étoit perissable & sensible, afin d'être uniquement occupés des choses éternelles sans distraction & sans partage ; Et comme ils sçavoient que Dieu demandoit d'eux cette pureté si parfaite & si consommée, & qu'ils ne pouvoient la luy refuser sans luy déplaire, ils luy ont tout sacrifié, & ont en ce point executé ses ordres, sans aucune reserve.

Mais pourquoi remonter dans les tems superieurs, & nous proposer nos anciens Peres, puisque vous avez devant vos yeux des exemples si capables de vous toucher, pourvû que vous soyez capables de l'être? Je veux parler de nos Freres, que Dieu vient d'enlever du milieu de nous & à nos yeux, pour leur donner un sort meilleur & plus heureux que celuy dont ils jouïssoient icy-bas. Vous les avez vûs vivre dans une desoccupation d'eux-mêmes si entiere, qu'il se peut dire qu'ils étoient sans desirs & sans volontez, & que celle de Dieu & de leurs Superieurs, étoit la regle unique qu'ils se proposoient. Ils étoient comme des tables rases, sur lesquelles on pouvoit graver tout ce qu'on vouloit ; & je puis dire qu'ils avoient cette sainte indifference dans un si haut dégré que si je leur eusse ordonné de tourner, pour ainsi dire, une piroüette pendant une journée, ou de lire l'Alphabeth que l'on donne aux enfans, ils l'auroient fait avec autant de joye & de satisfaction que si je leur eusse ordonné de gouverner le Monastere, ou que je leur eusse mis entre les mains quelque Livre de la Theologie la plus sublime.

Voila quel a été le dégagement des Doms Charles, des Doms Augustins, des Doms Pauls, des Freres Bernards, des Freres Palemons, des Freres Euthymes, & de quantité d'autres. Enfin, mes Freres, pensez que vous devés être comme des glaces tres-claires & tres-pures exposées incessamment aux yeux de Dieu, dans lesquelles il veut se voir, se remarquer, & se reconnoître ; que si elles sont obscurcies, si elles sont ternies, ou si elles ont des noirceurs, ou il ne s'y verra point du tout, ou il n'y appercevra qu'une image toute difforme & toute defigurée. Si on se regarde dans un miroir, que ce miroir soit defectueux, & qu'il ait des taches, il couvre autant de parties du visage qu'il a des taches, en sorte qu'au lieu d'un objet qui ait de la beauté & de l'agréement, on n'y voit qu'un monstre. Prenez garde que le même malheur ne vous arrive; vôtre fort feroit bien déplorable, fi au lieu de trouver en vous les traits, les caracteres, & la reſſemblance que Dieu y cherche, il n'y découvroit rien qui ne bleſsât la ſainteté de ſes regards, qui n'offensât ſa majeſté, & qui ne vous attirât ſa malediction & ſa colere.

Vous ſçavez, mes Freres, que la Reine du Midy, à ce que nous apprenons de la verité même, s'élevera au jugement de Dieu contre le peuple Juif, parce qu'elle a eu plus de reſpect pour la parole de Salomon, qu'il n'en a eu pour celle de JESUS-CHRIST. *Regina auſtri ſurget in judicio cum generatione iſta & condemnabit eam, quia venit à finibus terræ audire ſapientiam Salomonis.* Et prenez garde que ceux qui le ſuivent aujourd'huy avec tant de dégagement & de confiance, ne parroiſſent un jour devant ſon tribunal, pour vous charger d'une confuſion & d'un reproche éternel, de ce qu'à peine le connoiſſant, ils ſe ſont plus abandonnez à luy, que vous à qui il s'eſt fait ſentir, à qui il s'eſt fait connoître par une application

Matt. 12 42.

toute particuliere, & qu'il a comblés de toutes sortes de benedictions.

Prenez-y-garde, mes Freres, c'est le dernier avis que je vous donne: N'abusez point des bontés que Jesus-Christ vous témoigne, & faites en sorte que vous ne trouviez pas vôtre condamnation dans ce qu'il fait aujourd'huy pour vous donner des moyens d'assurer vôtre salut.

CONFERENCE
TENUE
LE DIMANCHE
DE LA PASSION.

Qui ex Deo est, verba Dei audit. *Joan.* 8. 47.

Celuy qui est de Dieu, écoute sa parole.

JE n'étois pas dans le dessein, mes Freres, de vous rien dire aujourd'huy, me trouvant un peu incommodé; mais l'Evangile me determine, & je ne puis passer sous silence ce que je n'ay pû lire, sans en recevoir des impressions profondes. Le Fils de Dieu déclare, que celuy qui est de Dieu, entend les paroles de Dieu, & que ceux par qui elles ne sont pas écoutées, ne sont point à luy : *Qui ex Deo est, verba Dei audit, vos propterea non auditis, quia ex Deo non estis.* Ce

Joan. 8. 47.

n'eſt pas ſans raiſon que S. Gregoire dit que cette déclaration eſt terrible. Car qu'eſt-ce qui le peut être davantage, que de voir qu'elle embraſſe & comprend preſque tout le monde; & qu'il y a plus de gens qu'on ne penſe, & qu'on n'oſe le dire, qui ont le malheur de ne point appartenir à Dieu, puis qu'il y en a tres-peu qui écoutent ſa parole? Il ne faut point aller chercher des Prophetes, il ne faut point ſe mettre en peine de trouver des gens qui voient clair dans l'avenir, ou qui pénétrent les choſes cachées, pour s'aſſurer de ce que l'on eſt, ou que l'on n'eſt point, pour ſçavoir ſi l'on eſt à Dieu, ou ſi l'on n'y eſt point; & en un mot ſi l'on a JESUS-CHRIST ou le démon pour Seigneur, & pour Roy. Pour contenter cette curioſité ſi neceſſaire & ſi ſainte, on n'a qu'à jetter les yeux ſur ſa propre conduite; & ſelon la docilité avec laquelle on écoute la parole de Dieu, on jugera de ſon état avec certitude, & l'on remarquera dans le fond de ſon cœur, ou ce caractere de benediction qui diſtingue les enfans de Dieu de ceux qui ne le ſont pas, ou au contraire l'on y appercevra l'arreſt de ſa condamnation & de sa mort.

Saint Gregoire, dit qu'on manque d'écouter la parole de Dieu en trois manieres. Il y a des gens dont elle ne frappe pas seulement les oreilles exterieures; c'est à dire, qui vivent sans pieté, & sans Religion, & qui ne se trouvent ni dans les lieux, ni dans les occasions où on peut l'entendre. D'autres l'écoutent veritablement, mais c'est avec une indifference, ou plûtôt une dureté si entiere, qu'elle ne produit en eux ni affections ni desirs. Enfin, il y en a d'autres, sur lesquels elle fait des impressions, jusqu'à leur faire répandre des larmes; mais ces dispositions ne sont que passageres; & comme elles ne vont pas jusqu'au fond du cœur, qu'elles ne sont point effectives, & qu'ils retombent aussitôt, ou qu'ils demeurent dans leur déreglement accoûtumez, ils sont au jugement de Dieu comme ceux qui n'ont point écouté sa parole; parce que, dit ce grand Pape, ceux qui negligent de pratiquer les veritez qui sont contenuës dans la parole de Dieu, ne l'entendent point en effet : *Hi profecto verba Dei non audiunt, qui hæc exercere in opere contemnunt.*

Mais afin de vous expliquer la chose d'une maniere plus précise. Je vous diray, mes Freres, que la parole de Dieu se reduit à deux points principaux, desquels dépend toute la conduite de la vie d'un Chrétien. Le premier est de renoncer à soy-même; le second de suivre Jesus Christ: *Abneget semetipsum, & tollat crucem suam & sequatur me.* Toutes les instructions que le Fils de Dieu nous a données dans son Evangile, se terminent à ces deux préceptes, à cette double obligation, de se quitter soy-même, & de s'attacher à Jesus-Christ, tellement, mes Freres, que si l'on veut sçavoir à qui l'on appartient, il faut le chercher dans ces deux propositions; car comme elles sont expressément contenuës dans la parole de Dieu, que ce sont deux préceptes dont l'obligation est indispensable, il est certain que celui qui manque à les executer, n'écoute point sa parole, & par consequent il ne luy appartient point.

Quoique ces verités soient constantes, & que ce soit ignorer les principes de la Religion, que de ne les pas connoître, les hommes cependant vi-

Matt. 16. 24.

vent dans un si grand égarement, qu'au lieu de se détacher d'eux-mêmes, comme ils y sont si étroitement obligés, ils se rendent tellement l'objet & la fin de tous les mouvemens de leur cœur, & de toutes les actions de leur esprit, qu'ils n'agissent que pour eux. Ils n'ont qu'eux-mêmes devant les yeux, dans toutes les circonstances de leur vie, & il se peut dire qu'ils se regardent avec tant d'attention en toutes choses, & qu'ils se rapportent tellement tout ce qu'ils pensent & tout ce qu'ils font, qu'il semble qu'ils se veüillent mettre en la place de Dieu, & qu'ils ayent oublié que c'est à luy qu'ils se doivent tout entiers, sans division & sans partage.

C'est ce que nous apprenons du Saint Esprit, qui nous l'enseigne par la bouche de son Apôtre, lors qu'il dit que tout ce qui est dans le monde, n'est que concupiscence de la chair, concupiscence des yeux, & orgüeil de la vie : *Omne quod est in mundo concupiscentia carnis est, & concupiscentia oculorum & superbia vitæ.* Voila une étrange peinture du monde, mais elle ne laisse pas d'être ve-

1 Ioan. 2. 16.

ritable ; & pour peu qu'on le connoisse & qu'on s'applique à considerer ce qui s'y passe, on y appercevra par tout des traits & des marques toutes évidentes de la grandeur de son desordre & de son déreglement ; & on ne se trompera point, quand on dira que les trois ressorts qui donnent le mouvement à cette grande machine, sont ou l'amour de la volupté, ou l'amour des richesses, ou l'amour de la gloire. Ce sont trois motifs qui emportent les hommes, & qui font toute la conduite & l'état de leur vie. Celui-ci n'a que l'amour de la volupté devant les yeux, il est enchanté des faux plaisirs des choses d'ici-bas, il s'y plonge sans mesure, & comme s'il avoit perdu toute usage de raison, il n'a d'autre application qu'à contenter ses sens, & à donner à ses passions tout ce qu'elles lui demandent, ce qui s'appelle *concupiscentia carnis*.

Un autre n'a dans la tête que de posseder des richesses de faire des fortunes, d'avoir de grands établissemens, de bâtir des Palais magnifiques, & s'occupe de toutes ces vanités avec l'ardeur & l'avidité d'un homme qui borne toutes ses esperances aux seuls biens de la terre, ce que l'on doit nommer *concupiscentia oculorum*.

Un autre ne respire que la gloire, & il n'y a point de travaux qu'il n'entreprenne, & point de perils ausquels il ne s'expose, pour en acquerir. Cet homme engagé dans le métier de la guerre affronte la mort, mille & mille fois par jour, pour s'attirer de la reputation. Ce Predicateur fait retentir sa voix dans les chaires publiques, pour se faire regarder, comme un grand personnage: Enfin, & les uns & les autres sont sourds à la parole de Dieu. Il a beau leur ordonner de renoncer à eux-mêmes, ils y tiennent par des engagemens, & ils y sont comme enchaînés par des liens, qu'ils ne veulent, ou qu'ils ne peuvent rompre. Ils languissent miserablement dans la servitude de leurs cupidités. Ces trois vices capitaux, dont nous venons de vous parler, les dominent d'une maniere absoluë, & par des suites necessaires en produisent une infinité d'autres, qui augmentent leur surdité, & la rendent impénétrable.

Comme

Comme ces hommes, tout remplis de l'esprit & des maximes du monde, n'écoutent point la parole de Dieu dans le commandement qu'il leur fait de renoncer à eux-mêmes, il n'est pas possible qu'ils aient aucune déference pour elle dans l'obligation qu'elle leur impose de suivre Jesus-Christ. Car comme ce qui empêche que les uns n'entrent dans ce renoncement, qui leur est si expressement ordonné, c'est qu'ils aiment le plaisir ; comment se pourroit-il faire qu'ils suivissent Jesus-Christ qui n'a jamais voulu ni connoître, ni goûter des joyes du monde, mais qui a préferé les souffrances de la Croix, à toutes les consolations humaines : *Proposito sibi gaudio sustinuit Crucem?* Hebr. 12. 2. Ce qui fait que les autres en ont un semblable éloignement, c'est qu'ils sont attachez aux trésors d'ici-bas par des affections toutes terrestres ; Ainsi comment pourroient-ils suivre Jesus-Christ qui les a méprisés, qui n'en a fait aucun cas, qui s'est caché, quand on a eu dessein de l'établir Roy, & qui a déclaré que ses richesses étoient éternelles, & que son Royaume n'étoit pas de ce monde : *Regnum meum* Joan. 18. 36.

non est de hoc mundo? Les autres enfin n'ont pû se resoudre à cette séparation si dure & si cruelle, parce qu'ils recherchoient de la reputation & de la gloire, & qu'ils vouloient être distingués parmi les hommes. Et le moien qu'ils puissent marcher dans les voies que Jesus-Christ a tracées par son exemple, puisqu'il a rejetté toute gloire passagere, & qu'il nous a dit d'une maniere à n'en pouvoir point douter, que ce n'étoit pas sa gloire qu'il cherchoit, mais celle de son Pere, *Non quæro gloriam meam?*

Joan. 8. 50.

Voila, mes Freres, des preuves convaincantes, par lesquelles il est aisé de reconnoître, jusqu'où va l'égarement des gens qui vivent dans le siecle. Voila ce qui fait toucher au doigt, comme la plus grande partie des hommes marchent par des routes égarées. Qu'ils disent, & qu'ils imaginent tout ce qui leur plaira, pour se cacher une verité qui les presse, il faut qu'ils conviennent malgré eux, que ne faisant point ce que la parole de Dieu leur commande de faire, il est vrai qu'ils ne l'écoutent point, & par consequent qu'ils ne sont point à lui; & qu'au lieu de l'avoir pour Seigneur & pour Pere, ils l'auront un jour pour ennemi, ou plûtôt pour un Juge plein de severité & de rigueur: *Qui ex Deo est, verba Dei* Ibid. 47. *audit: propterea vos non auditis, quia ex Deo non estis?*

Vous me direz, mes Freres, que vous êtes à couvert de cet inconvenient, & que vous ne pouvez vous trouver dans le cas où les gens qui vivent dans le monde rejettent la voix de Dieu, & ne peuvent se resoudre à écouter sa parole. Il est vrai que vôtre situation est bien differente de celle des gens du monde, que vous n'êtes pas exposez aux mêmes tentations, & que Dieu ne vous parle pas comme à eux ; mais il est vrai aussi que s'il ne demande plus de vous les mêmes choses, il en desire de vous, & vous en commande d'autres plus excellentes & plus parfaites ; & vous pouvez dans tous les momens ou entendre sa voix, ou ne la pas entendre ; il ne nous commande pas presentement de vous abstenir des voluptez du monde, du desir de posseder ses richesses, ou d'ambitionner sa gloire, vôtre condition vous en ôtant toutes les occasions, tous les moiens,

& toutes les pensées : mais il vous commande d'exercer trois vertus principales, essentielles à vôtre état, qui sont les fondemens, disons davantage, qui sont la verité, le bonheur & le merite de la profession que vous avez embrassée ; je veux dire l'humilité, la charité & l'obeissance ; c'est dans ces trois dispositions que vous devez vous considerer; c'est par elles que vous devez juger de vous-mêmes, & discerner avec certitude si vous êtes à Jesus-Christ, où si vous n'y étes pas.

Sur tout prenez-garde de ne vous pas examiner dans une discussion si utile & si necessaire par vos propres lumieres, ou plûtôt par vos imaginations. Mesurez-vous sur les Regles des Saints, & particulierement sur celle dont vous avez fait profession, je veux dire celle de saint Benoist : c'est l'homme de Dieu, c'est son Ministre, c'est lui qui vous doit interpreter ses volontés, & vous devez recevoir sa parole comme celle de Dieu même. Voiez, mes Freres, si vous avez cette humilité, qu'il a prescritte selon ces differens dégrez, qu'il lui a donné, & sans entrer dans ce détail dont je vous parle tous les jours, voiez s'il n'y a personne, à qui vous ne vous estimiez inférieurs; si vous êtes dans la disposition de souffrir toutes sortes d'outrages & d'injures, de quelque endroit qu'elles vous viennent, & s'il n'y a de honte, de confusion, d'ignominie, de dégradation, & d'avilissement, que vous ne soiez prêt de souffrir dans une paix constante & sincere. Vous sçavez que ce sont des qualitez essentielles qu'il attache à l'humilité, selon laquelle il vous ordonne de vivre; sa parole est celle de Dieu, & manquer de l'executer, c'est mépriser la voix de Dieu, c'est se mettre dans le rang de ceux, qui ont le malheur de ne lui point appartenir. *Propterea vos non auditis, quia ex Deo non estis.* Ioan. 8. 47.

Voiez, mes Freres, si vous remarquez dans vos œuvres, cette charité dans toute l'étenduë qu'il veut que vous l'exerciez: si les sentimens que vous avez pour vôtre Superieur, meritent d'être exprimés par ces paroles. *Abbatem suum sincera & humili charitate diligant.* Qu'ils aiment leur Abbé d'une sincere & humble chari- Reg. cap. 72.

té. Voiez si la charité que vous avez pour vos Freres, est assez grande & assez vive, pour pouvoir remplir le sens de ces paroles, *hunc zelum ferventissimo amore exerceant.* Qu'ils exercent leur zele avec un amour tres ardent. Voila en peu de mots la charité que Dieu demande de vous, puisque c'est saint Benoist qui vous l'ordonne.

Ibid.

Je vous dirai la même chose touchant l'obéissance : Voiez si vous recevez l'ordre de vôtre Superieur, comme celui de JESUS-CHRIST même, *Ac si divinitùs imperetur, moram pati nesciunt in faciendo;* si vous executez les commandemens qui partent de sa bouche, comme s'ils sortoient de celle de Dieu; Voiez enfin, si vous êtes assez exacts & assez Religieux dans les services que vous vous rendez les uns aux autres, pour que l'on puisse dire avec fondement, que vous accomplissez ce devoir que saint Benoist vous impose, lors qu'il dit, *obedientiam sibi certatim impendant.* Ce mot de *certatim*, à qui mieux mieux, ne lui est point échappé, il l'a dit à dessein, afin de vous apprendre combien l'obeissance qu'il faut que vous vous

cap. 5.

Reg. cap. 72.

rendiez les uns aux autres, doit être vive, ardente & parfaite. Tout cela, mes Freres, c'est la doctrine tirée de la parole de Dieu, & selon que vous êtes fidéle, ou que vous ne l'êtes pas, à la faire passer dans vos œuvres, vous êtes à Dieu, ou vous n'y êtes pas.

Si vous me demandez ce qu'il faut faire, pour entrer dans cette disposition, en cas que l'on n'y soit pas, ou pour s'y conserver si l'on y est. Je vous répondrai que comme c'est vôtre amour propre qui vous en prive, & que nous la perdons en nous laissant aller à ses mouvemens, il faut selon le sentiment de saint Leon, l'arrêter & l'attacher par les clouds de nôtre pieté, de nôtre Religion, & par la crainte des jugemens de Dieu, *continentiæ clavis & Dei timore tra::figitur*. Ce sera par ce moien que vous vous rendrez superieurs à toutes les tentations, dont vous serez attaqués, que vous resisterez à toutes leurs violences, & que les ennemis de vôtre salut, malgré tous leurs efforts, malgré toute l'envie qu'ils vous portent, ne seront pas capables de vous nuire. Saint Benoist nous ouvre une voie toute semblable, lorsqu'il nous ordonne de conserver la présence de Dieu, & de nous occuper sans cesse des deux faces de l'éternité, je veux dire, des biens & des maux qu'elle renferme; afin que si le desir des recompenses que Dieu nous promet, n'est point capable de nous attacher inviolablement à son service, la crainte des châtimens, dont il nous menace, nous y retienne, & nous empêche de nous en séparer; & qu'en tout cas l'un & l'autre se donnant la main, selon les paroles du Prophete, *Misericordia & veritas obviaverunt sibi, justitia & pax osculatæ sunt*, nous rendent plus fermes, plus fidéles, & plus constans, à nous acquiter de ce que nous luy devons.

Ps. 48. 11.

Quelle opinion peut-on avoir de ceux qui n'ont pas la moindre idée de ces veritez, & qui étant obligez de les pratiquer, vivent sans en avoir ni sentiment ni connoissance. Ce devoir tout important qu'il est, ne tient nulle place chez eux, non plus que s'il ne les regardoit pas; ils traittent de vision cette obligation, sur laquelle ils ne peuvent éviter que Dieu ne les juge; & leur prévention est si grande,

que

que quoi qu'ils soient dans un mépris public, & dans une transgression scandaleuse de la Loi de Dieu, qui les presse, qui les charge & qui les accable, ils n'en ont ni scrupule, ni remords.

Que peut-on penser d'eux, quand on voit que les Superieurs & les inferieurs passent leur vie sans y faire un moment d'attention, sinon que les uns & les autres, sont des aveugles, & des insensez, qui marchent par des routes perduës, & qui quittent la verité, pour suivre l'erreur & le mensonge? Ils couvrent cette fausse liberté qu'ils s'attribuent de mille mauvaises raisons ; mais qu'ils fassent ce qu'ils voudront il faut qu'ils demeurent d'accord malgré eux, puisque c'est Jesus-Christ qui nous l'assure, que quiconque n'écoute point sa parole, n'est point à luy ; & que la parole que saint Benoist nous a préchée, n'étant que celle de Dieu, dés-l'à qu'ils ne veulent point l'entendre, Dieu les rejette & les regarde comme des gens qui ne luy appartiennent point; que s'ils avoient la témérité de dire que la parole de saint Benoist n'est pas celle de Dieu, il est aisé de le leur prouver par l'autorité du Saint Esprit, puisque les Conciles ont regardé ce grand Saint comme un homme Apostolique, comme un interprete des volontés de Dieu, & qu'ils n'ont gueres moins fait de cas des instructions qu'il nous a laissées, que des Regles & des Canons de l'Eglise. *Sanctus* *Spiritus per Beatum Benedictum eodem spiritu quo & sacri Canones editi sunt, Regulam Monachorum edidit.* C'est ce que S. Bernard a confirmé quand il a dit, *Quod Beati Patris nostri regula docuit, hoc nobis lectio Evangelii commendat, nec aliud sonuit veritatis Præco, quàm veritas ipsa prædocuit.*

{.marginalia}
Conc. Duziac. an. 874.

Bern. in Homil. Ecce nos, &c.

Enfin, mes Freres, il est tems de finir, & je le fais en vous exhortant d'écouter avec respect & docilité la parole de Dieu, de quelque côté qu'elle nous vienne, n'ayez ni bonne ni mauvaise raison, pour vous en dispenser. Craignez tout ce qui vous peut separer de lui, puisque le plus grand de tous les malheurs, c'est de le perdre; suivez sa voix avec tant d'étenduë & d'application, que rien ne vous en échappe ; fuivez-la en qualité de difciples, en qualité d'enfans, en qualité de brebis ; afin que vous puiffiez l'avoir dans l'éternité pour Pafteur, pour Pere & pour Maître.

CONFERENCE FAITE LE DIMANCHE DES RAMEAUX.

Hoc sentite in vobis quod & in Christo Jesu. *Philip.* 2. 5.

Soyez dans les mêmes sentimens où étoit Jesus-Christ.

JE ne doute pas, mes Freres, que vôtre intention ne soit de participer à ce grand mistere, que nous sommes prêts de celebrer ; & de profiter de tous les avantages, qui se peuvent trouver dans une solemnité telle, qu'est la resurrection du Sauveur du monde. L'unique dessein que l'Eglise se propose, par cette longue préparation qui l'a précedée par ce jeûne de quarante jours, est de disposer ses enfans à ressusciter avec Jesus-Christ, c'est à dire, à participer au bonheur & à la gloire de sa resurrection.

Ainsi je suis assuré que le plus grand plaisir que l'on puisse vous faire, est de vous dire quelque chose des moiens, par lesquels vous pouvez vous en rendre dignes. Mais comme l'office qui est plus long qu'à l'ordinaire, ne me permet pas de vous parler beaucoup, ni de m'étendre sur ce sujet, je vous fais seulement ressouvenir de cette instruction de l'Apôtre, que nous lisons dans l'Epître de ce jour, *Hoc sentite in vobis quod & in Christo Jesu.* Soiez dans les mêmes dispositions & dans les mêmes sentimens où a été JESUS-CHRIST, lorsqu'étant Dieu il s'est anneanti, & a pris la forme & la nature d'un serviteur, & s'est rendu semblable aux hommes: Or rien ne nous fait voir d'une maniere plus évidente, & plus sensible, quelles ont été ses dispositions, que ce que nous lisons dans l'Evangile, que l'Eglise nous met aujourd'hui entre les mains; on y voit tout le peuple d'une grande ville qui vient en foule au devant du Sauveur du monde, qui jette ses vétemens à ses pieds, pour couvrir les lieux par où il de-

Philip. 2.
5.

voit passer, on coupe les branches des Palmiers & des Oliviers; on fait par tout retentir des cris d'allegresse & de joye, on le reçoit comme un homme de benediction, comme un homme envoié de Dieu, *Benedictus qui venit in nomine Domini*, & en un mot on n'oublie rien pour lui donner tous les témoignages, & toutes les marques possibles d'un respect & d'une veneration profonde.

<small>Matth. 21. 9.</small>

Cependant par une revolution surprenante, par un changement qu'on ne pourroit croire, si la verité même ne le rapportoit; ce même peuple qui le reçoit aujourd'hui avec ces applaudissemens & ces acclamations publiques, ce même peuple, dis-je, ne fera point de difficulté dans six jours de le considerer comme un seducteur, *seductor ille*, & se portera jusqu'à cet excés de fureur, que de lui faire mille outrages, de le couvrir d'ignominie & de confusion, & de demander avec des instances incroiables, qu'on l'attache à une Croix, & qu'on le fasse perir par le plus cruel & le plus honteux de tous les supplices: *Crucifige, crucifige eum*. Le respect & l'honneur qu'on lui rend aujourd'hui

<small>Matth. 27. 63.</small>

<small>Iean. 19. 6.</small>

étoit une disposition de justice & d'équité, puisqu'étant le Fils de Dieu, & par consequent, comme dit l'Apôtre, égal à son Pere, il n'y a point de marques de soumission & de respect, que l'on ne dût à sa majesté suprême, neanmoins au lieu d'en joüir comme d'un avantage qui lui appartenoit, & comme d'un droit qui lui étoit acquis; il y renonce & s'en prive volontairement, *oblatus est quia ipse voluit*, & veut bien par choix & par élection, s'abandonner à la rage de ses ennemis, souffrir qu'ils le couvrent de toutes sortes d'opprobres, & qu'on lui fasse tous les outrages, que vous sçavez qui ont accompagné son Martyre.

Isai. 53. 7.

Le Fils de Dieu n'a tenu cette conduite que pour apprendre à tous ceux qui voudroient être ses Disciples, combien ils devoient faire peu de cas de la gloire & de l'honneur du monde, que leur bonheur consistoit à le méprifer; & que comme il s'étoit anneanti pour les rendre éternellement heureux, ils devoient aussi s'humilier à son exemple, rejetter toutes les grandeurs passageres pour l'honneur de son nom, & pour les interêts de sa gloire.

Voila, mes Freres, quel est le partage des disciples de ce divin Maitre, & comme vous tenez entr'eux les premieres places par la bassesse & l'humilité de vôtre profession, il se peut dire qu'il vous appartient davantage, & que vous y avez plus de droit que le reste des hommes. Ce sont des dispositions renfermées dans vôtre profession, ce sont celles que Saint Paul demande de vous par ces paroles. *Hoc enim sentite in vobis quod & in Christo Jesu*; & vous devez croire que ce renoncement que vous donne vôtre état, & auquel il vous engage, est une préparation principale pour recevoir en ce jour les graces que JESUS-CHRIST triomphant de la mort, doit répandre dans toute son Eglise. Vous avez cet avantage par dessus les gens du monde, que pendant qu'ils cherchent, qu'ils consultent, & qu'ils déliberent, ou plûtôt que n'osant entrer dans ce dépoüillement & dans cette mortification si necessaire, ils se mettent en peine de trouver des expediens & des raisons, pour s'en exemter, & s'en défendre, vôtre profession vous fournit tous les moiens, dont vous avez

Philip. 2. 5.

besoin, & vous n'avés qu'à vous rendre ce que vous avés promis a Jesus-Christ, que vous seriés, & vous en devenés dignes.

Cependant ce n'est point encore assés, d'avoir renoncé comme vous avés fait au monde, à ses biens, à ses occupations & à ses plaisirs, il faut aller plus loin ; Car si Jesus-Christ qui marche à grands pas vers l'éternité de son Pere, ne s'est pas contenté de fouler aux pieds les honneurs, les grandeurs & toutes les richesses de la terre, s'il a porté son abnegation plus avant, s'il a renoncé à lui-même, à sa personne, à ses sentimens, aux inclinations de la nature, & à préferé à toutes les joies du monde la plus infame de toutes les morts : *Proposito sibi gaudio sustinuit crucem confusione contempta*, il a aussi imposé à tous ceux qui aspiroient au bonheur que cette conduite lui a procuré, l'obligation de l'imiter & de le suivre, & il n'y en a pas un à qui ce ne soit un devoir de se charger de sa Croix & de la porter. Mais comme les Chrétiens pour la pluspart sont venus à rougir d'une necessité si honteuse & si glorieuse tout ensemble, &

Heb. 12. 2.

qu'ils l'ont regardée, comme un fardeau dont ils n'étoient pas capables, difons plûtôt dont ils n'étoient pas dignes, cette obligation, qui étoit commune & generale, vous eft devenuë particuliere, & Jesus-Christ qui n'a pas voulu que le monde fût fruftré du merite qu'il lui avoit acquis par toutes fes fouffrances & fes abaiffemens, a fufcité de faintes ames & entr'autres les Religieux & les Solitaires dans fon Eglife, pour boire, & pour recevoir de fa main ce Calice de benediction, que les autres avoient rejetté.

Ainfi, mes Freres, pour fçavoir ce que vous devés être, il vous fuffit de fçavoir ce qu'a été Jesus-Christ. C'eft affez de fçavoir que fa vie n'a été qu'une immolation continuelle, qu'il n'a fait autre chofe depuis le premier inftant de fa naiffance, jufqu'à celui de fa mort, que de s'offrir à fon Pere ; qu'il lui a remis fon ame entre les mains dans l'étable de Bethléem, comme fur le Calvaire ; qu'il lui a dit dans tous les tems & dans tous les endroits de fa vie, ce qu'il lui dît quelques heures avant fa paf-
Matth. fion, *Non ficut ego volo, fed ficut tu.*
26. 39.

Mon Pere, que ce soit vôtre volonté qui s'accomplisse, & non pas la mienne ; & qu'il a été si religieux & si fidele à se détruire en tout, pour se soumettre à ses ordres, que tout le cours de sa vie mortelle n'a été qu'une carriere d'obeissance. Il se préparoit ainsi par des abbaissemens & des humiliations volontaires à l'execution des desseins de son Pere : il falloit qu'il mourût à tout pour revivre. Ce profond aneantissement dans lequel il a paru à la face de tout l'Univers, a été la veritable cause de son exaltation : *Propter quod & Deus exaltavit illum* ; & il se peut dire que toute la gloire de la resurrection en a été l'effet, le fruit & la recompense. Comme cet évenement n'a jamais échapé à ses yeux, & que c'étoit l'unique motif de sa descente sur la terre, tout son dessein n'a été que de s'y préparer, & c'est ce qu'il a fait comme nous vous l'avons déja dit, par ses dépendances, ses abbaissemens, & ses humiliations qui ont été continuelles, & sa gloire étoit tellement attachée à toutes ces conduites, que c'est par là, comme l'Apôtre nous l'apprend, qu'il s'est attiré & qu'il a merité les

Philip, 2.

hommages & les adorations du Ciel, de la terre, & de l'enfer: *Ut in nomine Jesu omne genu flectatur celestium terrestrium & infernorum.*

Ibid.

Je vous repete donc ces paroles, mes Freres, *Hoc sentite in vobis, quod & in Christo Jesu.* Revêtez-vous de l'esprit de JESUS CHRIST, entrez dans tous ses sentimens, suivez les voies qu'il a prises, attachez-vous à ses traces, marchez comme il a marché, sacrifiez-vous, immolez-vous comme lui, que vôtre volonté & tout ce que vôtre amour propre vous fournit de desirs & d'inclinations, soit la matiere de vôtre sacrifice: *si commortui sumus & convivemus*; il faut mourir avec lui pour ressusciter avec lui. Et dans la verité que vous serviroit-il d'être morts au monde, si vous viviez encore à vous-mêmes, & que vôtre cœur au lieu d'être entierement à JESUS-CHRIST, fût encore dominé par vos passions. JESUS-CHRIST qui est l'image du Pere, l'heritier de son Royaume s'est préparé à cette resurrection glorieuse par toutes les destructions & les aneantissemens que nous vous avons exprimés ; Par quel titre, & par quelle raison, pour-

Philip. 2. 5.

2. ad Timot. 2. 11.

riez vous prétendre de participer à sa resurrection en prenant d'autres moiens & d'autres voies que celles qu'il a suivies? Que si la qualité de Chrétien ne vous suffit pas, pour vous engager à faire ce qu'il a fait, au moins que celle de Religieux & de Solitaire vous y oblige ; & si le vœu de vôtre baptême n'est pas assés puissant pour vous contenir dans vos devoirs, que celui de la Religion que vous avés fait avec plus de determination & de connoissance vous y retienne. N'accumulés pas pechés sur pechés, crimes sur crimes, & ne soyés pas deux fois violateurs de vos engagemens & de vos promesses : *Non adjicias peccatum super peccatum.... subito enim veniet ira illius :* Ecclef. 5. 5. & 9. JESUS-CHRIST, je vous le dis encore, qui n'avoit que la forme & la ressemblance du peché, a renoncé à toutes ses volontés qui étoient justes & saintes pour s'assujettir à celle de son Pere, & vous prétendriés conserver les vôtres qui sont impures & souillées, vous qui portés en vous toute l'horreur & la realité du peché?

En voila assés, mes Freres, pour

vous marquer dans quelles dispositions vous devés attendre la solemnité prochaine, & ce que vous devés faire pour vous mettre en état d'en recevoir les benedictions & les graces. Il ne se peut que vous ne connoissiés parfaitement, qu'il vous suffit d'être fidéles à vôtre profession, & dans l'accomplissement des obligations, que vous avés contractées ; Car si vôtre volonté est autant détruite que vous l'avés promis à Dieu dans le tems de vôtre consecration ; si vous avés renoncé à tout le droit que vous aviés sur vos esprits, sur vos corps, sur vos cœurs, sur vos sens, ce sont les paroles expresses de vôtre regle : *Quibus nec corpora sua, nec voluntates licet habere in propria potestate* ; il ne vous reste plus rien que vous puissiez donner. JESUS-CHRIST pour lequel vous avés tout quitté, sera lui-même vôtre richesse, & vous serés de ceux ausquels il promet le centuple dés ce monde & dans l'autre la vie éternelle.

Reg: S.
Ben.c.33.

CONFERENCE FAITE LE JOUR DE PASQUES.

Si confurrexiſtis cum Chriſto, quæ furſum ſunt quærite ubi Chriſtus eſt in dextera Dei ſedens, quæ ſurſum ſunt ſapite non quæ ſuper terram. *Coloſſ. 3. 1. & 2.*

Si vous êtes reſſuſcitez avec JESUS-CHRIST *cherchez ce qui eſt en haut, où* JESUS-CHRIST *eſt aſſis à la droite de ſon Pere, n'ayez de ſentiment que pour les choſes du Ciel & non point pour celles de la terre.*

NOus ne pouvons mieux apprendre, mes Freres, de quelle ſorte nous devons nous préparer à ce grand jour que nous attendons depuis ſi long-tems & avec tant d'impatience, que par ces paroles de l'Apôtre. Et veritablement ſi l'effet que doit produire en nous cet évenement est le détachement des choses de la terre, & l'affection de celles du Ciel, comme nous ne pouvons pas en douter, il faut que ce détachement, cet amour divin soit la fin que nous nous proposions, & que nôtre but principal soit de nous rendre dignes de cette grace qui doit faire le bonheur & la consolation de tous ceux qui participeront au merite de la resurrection de JESUS-CHRIST.

Ce qui fait que ce jour si plein de misericorde, & si capable de sanctifier tout un monde, est si éloigné de faire dans la pluspart des hommes tous ces grands biens que nous en devons esperer, c'est qu'il n'y a presque personne qui fasse ce qu'il doit pour l'attendre avec les préparations necessaires, en sorte que quand JESUS-CHRIST viendra pour leur communiquer la grace & l'effet de ce mistere, il les trouve dans un état où il n'y ait rien qui l'empêche de les rendre participans de cette vie nouvelle qui est l'effet de la victoire qu'il remporte aujourd'hui sur l'enfer & le fruit de son triomphe.

Vous attendez sans doute, mes Freres, que je vous dise ce que c'est que
cette

cette préparation, en quoy elle consiste, afin qu'aiant sur cela toute la lumiere dont vous avez besoin vous sçachiez ce que vous devez être, que vous travailliez à le devenir, & que vous ne vous trouviez pas confondus dans cette multitude presque infinie de ceux qui recevront le coup de la mort de ce grand mistere qui devoit leur donner la vie. Comme JESUS-CHRIST est le modele que nous devons suivre, qu'il s'est proposé luy-même comme l'exemple que nous devons imiter : *Exemplum dedi vobis,* Joan. 13. *ut quemadmodum ego feci vobis, ita* 15. *& vos faciatis.* Nous avons dans sa personne des instructions presentes qui nous tirent de l'ignorance où nous pourrions être, & nous donnent dans le moment même toutes les lumieres & toutes les connoissances dont nous avons besoin. Car que ne trouvez-vous point dans ces paroles qui sont sorties de sa bouche aprés sa resurrection : *Nonne hæc oportuit pati Chri-* Luc. 24. *stum, & ita intrare in gloriam suam ?* 26. Ne falloit-il pas que le CHRIST souffrît ces choses, & qu'il entrât par là dans sa gloire ? C'est à dire, qu'il falloit qu'il endurât la mort, toutes les

Tome II. E e

douleurs & toutes les confusions qui l'ont accompagnée, cet abaissement si prodigieux exprimé par ces termes: *Humiliavit semetipsum factus obediens usque ad mortem, mortem autem Crucis.* Il a pris plaisir à s'aneantir luymême, il s'est rendu obeïssant jusqu'à la mort, & jusqu'à la mort de la Croix, *Propter quod & Deus exaltavit illum.* Et c'est la cause de son exaltation.

_{Philip. 2.}

_{9.}

C'est à dire, mes Freres, que ceux qui veulent avoir part à la gloire de sa resurrection doivent premierement mourir comme il est mort. Secondement ils doivent pardonner à leurs ennemis. Troisiémement, se rabaisser par une humilité volontaire. Quatriémement, embrasser une obeïssance qui ne se borne pas même par la mort. Ce sont là les dispositions veritables dans lesquelles il faut que soient tous ceux qui veulent se rendre cet évenement utile, & profiter des avantages & des benedictions qu'il renferme.

Pour mourir de la maniere dont JESUS-CHRIST est mort, il faut que comme il a cessé de vivre de la vie naturelle par un effet de sa volonté propre, de même vous renonciez à la vie du peché, que vous cessiez de vivre par le mouvement de vos cupidités & de vos passions, & que vôtre amour propre qui en est le veritable principe, soit tellement détruit en vous, qu'il y soit sans action, qu'il n'ait plus aucune part à la conduite de vôtre vie, & que vous puissiez dire ces paroles de l'Apôtre: Je vis, mais ce n'est plus moi qui vit, c'est Jesus-Christ qui vit en moi. Les sentimens, les inclinations, les desirs, les affections de la nature sont mortes en moi, toutes ces premieres dispositions sont tellement changées, que je ne suis plus le même homme que j'étois, & je puis dire que ce n'est plus moi qui vis en moy, ce n'est plus la nature qui agit, ce n'est plus elle qui pense, ce n'est plus elle qui parle, ce n'est plus elle qui veut; Jesus-Christ seul tient en moi la place qu'elle y avoit, & tout ce qui se fait & qui se passe en moi, c'est lui seul qui l'opere, son esprit est le maître absolu de mon esprit, & toute ma vie n'est rien qu'une obéissance parfaite à tous ses ordres, & à toutes ses volontés: *Vivo autem jam non ego, vivit vero in me Christus.*

Gala. 2. 19.

Voila la vie, mes Freres, qu'il faut que nous menions deformais ; voila l'état que vous devés envisager. Vôtre cœur doit être rempli d'un desir sincere d'entrer dans ce renoncement, quelque extraordinaire qu'il vous paroisse. Cette destruction est une ressemblance fidele de la mort de Jesus-Christ, c'est la principale disposition qu'il demande de vous, celle qui doit plus que les autres vous rendre dignes du bonheur qu'il apporte au monde par sa resurrection ; & vous devés croire que tous ceux en qui elle ne se trouvera pas n'auront que le regret & le desespoir d'avoir fait un si méchant usage de la plus grande de toutes les graces.

Le pardon des ennemis, mes Freres, est une des circonstances de la mort de Jesus-Christ la plus remarquable ; Il n'y eut jamais de persecution, ni plus injuste, ni plus cruelle que celle qu'il a endurée, & dans le tems que le rèssentiment de l'outrage qu'on lui faisoit devoit être le plus vif, que ses persecuteurs lui insultoient en sa presence, & triomphoient de son malheur, il s'écrie, il éleve sa voix, & demande à son Pere qu'il leur pardonne leur crime, parce qu'ils ne le commettent que par ignorance: *Pater dimitte illis, non enim sciunt quid faciunt.* Ce sentiment est d'autant plus necessaire qu'il n'y en a point par où vous puissiez marquer plus évidemment que vous êtes morts de cette mort dont je viens de vous parler, parce qu'il n'y a rien qui soit plus vivant dans l'homme, & qui s'y conserve davantage que l'envie de vanger une injure, & de faire du mal à ceux qui le persecutent; & depuis qu'un homme est parvenu à vouloir du bien à ceux qui le regardent & qui le traittent comme l'objet de leur haine & de leur cruauté, il se peut dire que la nature est détruite en lui, & qu'il ne vit plus de la vie des hommes, mais de celle des Anges.

Luc. 23. 34.

Vous ne sçavez que trop par experience, & Dieu veüille que ce ne soit pas par la vôtre particuliere, comme quoi les inimitiez sont immortelles, & que le sentiment qui reste le dernier dans l'homme, où qu'il emporte presque toûjours avec lui, est la volonté de se vanger. C'est ce qui a été cause que JESUS-CHRIST pour donner plus d'autorité au commandement qu'il nous fait d'aimer nos ennemis, s'est exprimé en ces termes : *Ego autem dico vobis diligite inimicos vestros*, comme s'il disoit, C'est moy qui vous parle, c'est ma volonté que je vous signifie, c'est mon ordre que je vous donne. On vous a appris que vous deviés aimer vôtre prochain, & moi je vous dis d'aimer vos ennemis; de faire du bien à ceux qui vous haïssent; de prier pour ceux qui vous persecutent & qui vous calomnient. Que si vôtre ennemi à faim, de ne pas manquer à lui donner à manger, & que s'il a soif vous lui donniez à boire. *Benefacite his qui oderunt vos.... Orate pro persequentibus & calumniantibus vos... Si esurierit inimicus tuus, ciba illum ; si sitit potum da illi.* Une verité si importante & dont la pratique est si necessaire ne pouvoit être trop dite, ni trop recommandée.

Pour ce qui est de se rabbaiser, mes Freres, & de renoncer à l'élevation, à la gloire, à la grandeur du monde, à l'estime, à l'approbation des hommes, à toute distinction de quelque endroit qu'elle nous vienne, soit du côté de la valeur, de la science, de la sagesse, de la puissance, de l'autorité, enfin de toutes les qualités de l'esprit ou du corps ; c'est à dire de préferer cette simplicité, cette enfance sainte qui est le caractere auquel sont marquez les élus de Dieu, & tous ceux qui doivent remplir son Royaume, c'est ce que l'orgueil des hommes a banni de la terre, c'est ce qui ne se remarque presque plus parmi eux. Ils sont remplis de sentimens & de dispositions toutes contraires, nonobstant ce grand exemple que JESUS-CHRIST nous a laissé en se rabaissant comme il a fait, jusqu'à donner sujet de dire de luy ces paroles si étonnantes : *Semetipsum exinanivit formam servi accipiens, in similitudinem hominum factus, & habitu inventus ut homo* : Lui qui étoit le maître de tout l'Univers, il s'est anneanti jusqu'à vouloir bien prendre la forme & la nature de serviteur en se rendant semblable aux hommes.

Philip. 2. 7.

Ces dispositions se sont fait voir dans tous les differens états de sa vie, mais elles ont paru avec éclat dans celui de sa mort, & dans toutes les circonstances de sa passion. C'est ce qu'il faut que tous ceux qui font profession d'être à lui pratiquent, c'est ce qu'ils doivent se proposer, c'est ce qui doit être l'objet unique de leurs desirs. Il faut, dis-je, que leur ambition les porte à se rendre en cela semblables à Jesus-Christ. Il faut que cette passion sainte fasse sur eux des impressions si vives & si profondes, qu'ils quittent tout, qu'ils abandonnent tout, qu'ils renoncent enfin à tout ce que le monde peut leur offrir de plus capable de flatter les inclinations & les affections de la nature, pour marcher par les voies qu'il leur a tracées, & qu'ils préferent à toutes choses cette simplicité, cette humilité dont il a fait une profession si publique.

La quatriéme disposition, mes Freres, est une obeïssance sans bornes. Et soiez persuadez que celui qui prétend être disciple & serviteur de J. C. n'a point celle qu'il doit avoir, si elle est limitée, & si elle ne s'étend à tout ce que son service & sa gloire peut desirer de lui : Premierement, le démon qui connoîtra sans doute ce qui peut faire une opposition à son obeïssance, le tentera par son foible, ce
sera

sera là où il lui tendra des pieges, & où il ne manquera pas de le surprendre. Secondement, ce qui arrête son obeissance est une consideration qui l'emporte pardessus celle qu'il doit à Jesus-Christ. Il se peut dire qu'il préfere ce motif quel qu'il soit à celui qui l'oblige de renoncer à toutes ses volontez pour suivre la sienne. Celui-ci est retenu par un interêt de fortune; cet autre par un plaisir; un autre par un attachement qu'il ne peut se resoudre à quitter; un autre enfin par un engagement qui n'a rien de considerable, & qui ne l'arrête que parce qu'il ne veut pas faire les efforts necessaires pour le rompre; & si l'on voyoit ce qui forme toutes ces difficultez on auroit compassion de ces miserables quels qu'ils puissent être, puisque pour l'ordinaire ce sont des bagatelles, des riens qui les empêchent de reconnoître les ordres de Jesus-Christ, & qui leur font commettre une desobeissance qui les privera pour jamais du bonheur dont il recompense la fidelité de ceux qui le servent, & qui luy obeissent. L'obeissance est une vertu qu'il a sanctifiée par toute sa conduite depuis sa naissance dans le monde jusqu'à sa mort. Il nous l'a déclaré luy-même, lors qu'il a dit qu'il n'étoit pas venu pour faire sa volonté propre, mais celle de son Pere: *Descendi de Cælo non ut faciam voluntatem meam, sed voluntatem ejus qui misit me*; ce qu'il a confirmé par ces paroles qu'il prononça dans le tems de son agonie, *verumtamen non sicut ego volo, sed sicut tu*, Il faut, mon Pere, que tout cede à vôtre volonté, & qu'elle s'accomplisse.

Voila, mes Freres, les dispositions dans lesquelles vous devés être, si vous voulés que la resurrection de JESUS-CHRIST ait en vous tout l'effet qu'elle doit avoir. Il faut joindre ensemble toutes ces qualitez saintes dont je vous ay fait le détail, si vous avez dessein de l'attendre dans les préparations necessaires. Je vous ay dit qu'il falloit mourir comme luy, c'est à dire, souffrir une mort qui ne soit ni moins réelle, ni moins veritable que la sienne, quoy qu'elle en soit bien differente par les accidens & par les circonstances qui l'ont accompagnée. On ne voit point dans cette mort dont je vous parle, & que vous devés souffrir, cette cruauté, cette inhumanité, cette barbarie qui se trouve dans celle de Jesus-Christ à laquelle on ne peut penser sans horreur; cependant c'est mourir que de renoncer à soy-même, à tout ce que l'on est, à tout ce que l'on a, à tout ce que l'on possede, & de faire une sacrifice si entier de toutes ses volontés, que l'on n'en conserve plus aucune : en sorte que l'on n'agisse plus que par des mouvemens superieurs qui sont produits par l'esprit de Jesus-Christ, auquel vous vous êtes abandonné sans ménagement & sans reserve. La nature étoit le principe de toutes vos actions, elle a cessé de l'être comme si elle étoit détruite. C'est desormais Jesus-Christ qui vous inspire qui vous conduit, qui vous dirige, & qui opere en vous tout ce qui s'y forme de sentimens, d'actions, de desirs comme en étant le veritable principe. Enfin, vous n'êtes plus ce que vous avez été.

Je vous ai dit, mes Freres, que pour vous donner comme le dernier coup de la mort, & vous priver d'une vie à laquelle vous deviés renoncer pour jamais, il falloit pardonner à vos ennemis comme Jesus-Christ avoit pardonné aux siens ; je vous en ay dit les raisons, je vous ay montré qu'il falloit que ces deux dispositions fussent précedées par un abaissement de vous-même, profond & volontaire, en un mot par une soumission & une obeissance qui n'eût point de limites : Ce sont là les préparations qui vous attireront la grace que vous desirez avec tant d'ardeur qui feront en vous ce changement si miraculeux, & qui vous rendront si differens de vous-mêmes, disons si contraires à ce que vous étiez, qu'il se peut que la lumiere n'est pas plus éloignée des tenebres, le vice de la vertu, la verité du mensonge, & l'innocence du crime. Ce sont des avantages & des benedictions infinies que Dieu prendra plaisir de répandre dans vos cœurs pour recompenser les dernieres marques que vous lui aurés données de vôtre amour en mourant pour lui comme il est mort pour vous. C'est à ceux-là qu'il adresse sa parole, quand il dit :

Luc. 9. 23. *Si quis vult post me venire abneget semetipsum, & tollat crucem suam quotidie & sequatur me.* Ceux qui m'aiment & qui quittent toutes choses pour me suivre, qui se haïssent eux-mêmes, qui s'abandonnent, qui s'oublient, qui se renoncent, & qui portent tous les jours leur Croix pour m'imiter & pour me suivre, me donneront par là des marques de leur amour : mon Pere les aimera, nous viendrons en eux, & nous y ferons nôtre demeure : *Pater meus diliget eum, & ad eum veniemus & mansionem apud eum faciemus.* Joan. 14. 23.

Il ne faut pas s'imaginer que ces veritez ne regardent que ceux qui se sont séparez du monde, qui vivent dans la retraite, & qui ne sont plus dans le commerce des hommes. Elles sont pour tous ceux qui veulent être à Jesus-Christ, qui font gloire de porter son nom, & d'être du nombre de ses serviteurs, c'est à dire, pour tous les Chrétiens qu'il a honorez de la qualité de ses enfans. Il n'y en a pas un qui ne soit obligé d'entrer dans toutes ces dispositions ; il faut détruire sa volonté pour obéir à celle de Jesus-Christ, faire profession d'une humilité sincere, donner des marques de sa charité à ceux qui en donnent de leur haine ; Enfin mourir à soy-même, comme il est mort à cette vie mortelle qu'il a menée sur la terre, sans cela on ne peut avoir part à cette gloire, à ce bonheur qu'il ne s'est acquis que par ses souffrances & par sa mort : *Sic oportebat Christum pati & resurgere à mortuis.*

Cette erreur, quelque grande qu'elle soit, est devenuë si commune qu'on l'apperçoit de quelque côté qu'on tourne les yeux, & on ne voit rien davantage dans tous les états & les conditions differentes, que des gens qui marchent par des voies toutes contraires à celles que Jesus-Christ leur a marquées, & qui donnent sujet de croire qu'ils ont perdu toute memoire des obligations qui devroient incessamment les occuper, c'est à dire, qui à la vûë des hommes & des Anges bannissent de leur cœur l'amour de l'éternité, pour y mettre celui du monde. Il faut les plaindre, mes Freres, profiter de leur malheur, & demander à Dieu dans toutes vos actions & dans toutes vos prieres, qu'il vous conserve dans les sentimens qu'il vous a donnez, en sorte que vous en fassiez un saint usage, & qu'employant tous les momens de cette vie selon la destination qu'il en a faite, il vous regarde comme ces serviteurs fidéles qui n'ont point d'autre application que de faire profiter le talent qu'il leur a confié, & que vous vous rendiez dignes d'entendre un jour ces paroles d'une consolation infinie : *Euge serve bone & fidelis, quia super pauca fuisti fidelis, supra multa te constituam, intra in gaudium Domini tui.* Math. 25. 22. Venez serviteur bon & fidele, parce que vous m'avés donné des marques de vôtre fidelité dans les choses les plus petites, je vous établirai sur de plus grandes, entrés en la joüissance de la gloire de vôtre Seigneur.

CONFERENCE FAITE
LE I. DIMANCHE
D'APRE'S PASQUES
A LA
PROFESSION D'UN NOVICE.

Ubi abundavit delictum, super abundavit gratia. *Rom.* 5. 20.

Où il y a eu une abondance de peché, Dieu y a répandu une surabondance de grace.

SI saint Paul de la bouche duquel cette expression est sortie avoit à vous parler, mon Frere, dans la conjoncture presente, je ne vois pas qu'il pût vous rien dire de plus juste, que ces paroles qu'il écrit aux Romains. Elles expriment parfaitement ce que vous avez été, & ce que vous êtes. Et nous pouvons vous les appliquer mieux qu'à personne dans ce jour de benediction, où vous devés dire un éternel adieu à tout ce qui avoit concouru à vôtre malheur & à vôtre perte ; je veux dire au monde, à ses ténébres, à ses erreurs, & à ses mensonges.

Je ne m'arrêterai pas, mon Frere, à vous faire icy le détail des routes differentes, que la providence vous a fait tenir, pour vous conduire dans cette solitude ; cette entreprise nous meneroit trop loin, mais il est constant, & je ne puis m'empécher de vous le faire remarquer, que jamais personne n'y est arrivé par des voies plus extraordinaires & plus écartées. La bonté de JESUS-CHRIST qui est infinie ne vous a pas preservé de tomber dans le plus profond de tous les abîmes, je veux dire l'heresie ; car vous y êtes né ; mais elle a fait davantage, elle vous en a tiré, & elle vous a comme deterré de cet amas d'iniquitez, dont le poids & la pesanteur vous accabloit, & dans un tems où vôtre aveuglement, & vôtre fureur étoit telle, que vous faisiez gloire de vôtre propre honte, & vôtre joie de vôtre malheur.

Vous étiez donc venu au monde, mon Frere, dans une Religion contraire à la foy Catholique, vous en aviés succé avec le laict, les maximes empoisonnées; un coup imprevû vous en fit sortir pour la premiere fois, dans un âge, où quoique jeune, vous pouviez faire le discernement du bien & du mal. Cependant comme cette tige malheureuse, qui avoit jetté dans vôtre cœur des racines profondes, n'étoit pas tout-à-fait arrachée, elle repoussa bientôt de nouveaux rejettons, & vous vous plongeâtes tout de nouveau dans ce gouffre, d'où la main toute-puissante de Dieu vous avoit retiré, sans que ces avantages infinis, que vous trouviés dans la nouvelle profession de foy que vous aviez faite, sans que la connoissance que vous deviez à Dieu, qui vous y avoit appellé, fût capable de vous retenir & vous empêcher de faire une demarche & une chûte si scandaleuse.

Que faites-vous, mon Frere, que devenez-vous ? où est-ce que vous portez vôtre ingratitude ? Vous allez dans un pays où l'abomination que vous veniez de reprendre regnoit d'une maniere absoluë, dans le milieu d'une Nation perverse, qui fait une profession publique de la défendre & de la soûtenir dans toute son étenduë, & dans toute sa malignité. Là par une perfidie consommée, foulant aux pieds, pour me servir des termes de l'Ecriture, le sang adorable de Jesus-Christ: *Filium Dei conculcans, & sanguinem testamenti pollutum ducens in quo sanctificatus es,* vous rembrassez avec plus d'opiniâtreté que jamais, la secte desolée de vos peres ; vous entrez dans leurs emportemens ; vous vous mettez, pour ainsi dire, à la tête de toutes leurs passions, de leurs violences, de cette haine implacable, qu'ils portent à tous ceux qui sont marquez au nom & au caractere de la veritable Eglise, & vous ne formez plus que des desseins & des resolutions sanglantes, contre cette mere si charitable, qui vous avoit ouvert son sein, & qui vous avoit reçû au nombre de ses enfans.

Hebr. 10. 29.

Vous n'en demeurez pas là, mon Frere, car comme l'impieté des ennemis de Dieu est dans un continuel mouvement, & ne fait que s'augmenter & s'accroître selon les paroles du

Ps. 73. 23.

Prophete: *Superbia eorum, qui te oderunt ascendit semper*, vous quittez ce même pays, que vous aviez choisi comme le lieu de vôtre retraitte, pour venir en France sous un prétexte apparent (ainsi que vous le témoignâtes à quelques personnes) de sortir de l'erreur où vous étiez engagé ; mais dans un dessein formé d'arracher à l'Eglise sainte, une ame choisie, qui comme une colombe, qui s'étant échappée des filets du démon, s'étoit jettée entre ses bras. Il n'y a point d'artifice dont vous ne vous soyez servi pour la seduire, point de tromperies, d'infidelitez, de mensonges, de dissimulations, de déguisemens, que vous n'ayez mis en usage, pour faire reüssir une entreprise si detestable. C'est dequoi vous avez fait vous-même une declaration publique, & dont vous voudriez que toute la terre fût informée ; vous vous jouâtes de Dieu & des hommes, & vous contâtes pour rien de violer tout ensemble les loix divines & humaines les plus sacrées. Mais cette ame innocente qui avoit déja goûté le bonheur qu'il y a d'appartenir à Jesus-Christ, demeura ferme dans les promesses, qu'elle luy avoit faites, & rien ne fut capable d'ébranler sa constance & sa fidelité. Voila jusqu'où a été le dereglement de vôtre cœur; voila ce qui y a causé le débordement du peché. Il seroit difficile d'imaginer une corruption plus entiere, & plus profonde : *Ubi abundavit delictum, superabundavit gratia.*

Que peut-on esperer, mon Frere, d'un état si déplorable ? Que peut-on attendre d'une situation si funeste, ou plûtôt que ne doit-on pas craindre d'une temerité si outrée, & d'une audace qui ne connoît ni mesures, ni bornes ? Cependant quoique rien ne fût plus capable d'attirer sur vôtre tête la malediction de Dieu, & l'obliger de vous considerer desormais comme ces terres ingrates, sur lesquelles il ne fait plus tomber ses pluyes & ses rosées; quoique vôtre iniquité fût montée à son comble, & que vous ne meritassiez que le triste sort de ceux qu'il a rejettés pour jamais de sa presence; Dieu dont les conseils sont impénétrables, qui seul peut tirer des plus grands maux, des biens infinis & des utilités immenses;

lui qui conduit tout avec une sagesse incomprehensible, qui se sert de nos iniquitez, & de nos revoltes, pour nous rendre plus soumis à ses ordres & plus dépendans de ses volontez, luy, dis-je, qui ne vous perdoit point de vûë, & qui vous suivoit pas à pas dans vos plus grands égaremens, voulut enfin finir vos emportemens, arrêter le cours d'une rebellion si scandaleuse, & faire paroître en vôtre personne, l'accomplissement de ces paroles de l'Apôtre : *Ubi abundavit delictum, superabundabit gratia.*

Ce fut dans ce dessein que J. C. inspira à cette personne (à la Religion, & à la foy de laquelle vous aviez tendu tant de pieges, avec l'application non pas d'un homme, mais d'un démon) la resolution sainte de renoncer au monde, & de s'engager par des vœux à son service. Ce fut pour cela que dans le même tems, il vous frappa d'une maladie dangereuse, & qu'aussitôt aprés vôtre guérison, il vous fit faire des reflexions, & vous donna des pensées, qui commencerent à vous disposer à un changement, qu'il avoit resolu de toute éternité d'operer dans vôtre cœur pour vôtre sanctification, comme pour sa propre gloire.

Le Livre des devoirs & de la sainteté de la vie Monastique, que vous aviez lû, il y avoit quelques années, vous revint dans l'esprit; les veritez que vous y aviez trouvées, selon l'aveu que vous m'en avez fait, se representerent à vous, & firent des impressions sur vôtre cœur. Dieu enfin le rendit susceptible de sa grace, il luy parla, il le toucha, il le pénétra, il usa du pouvoir qu'il avoit sur luy & s'en rendit le maître; & ce même homme par une revolution subite, & qui ne se peut comprendre, se trouve tout d'un coup dans la resolution de donner sa vie, & de répandre jusqu'à la derniere goutte de son sang, pour défendre la foy, la creance & la Religion, dont il avoit été jusqu'alors un ennemi declaré & un cruel persecuteur.

Le Ciel n'est pas plus éloigné de la terre, que la situation dans laquelle vous vous trouvâtes, l'étoit des dispositions qui l'avoient précedées; vous volez pour ainsi dire des ténébres à la lumiere, de la mort à la vie; vous passez en un moment de cette independance, de cette dissolution si essentielle à la Religion que vous aviés professée, dans le plus grand des assujetissemens. Vous passez d'un état sensuel, & ennemi de toutes pénitences, dans la pratique d'une austerité exacte, & d'une mortification rigoureuse; d'une secte toute fondée sur l'orgüeil, dans une profession d'un abbaissement, & d'une humilité profonde. Enfin, vous vous determinez d'embrasser celle de toutes les conditions, pour laquelle vous aviés eu toute vôtre vie plus de mépris, & plus d'horreur; j'entens la vie Monastique. Vous prenez la resolution de vous offrir à JESUS-CHRIST, comme une victime, pour l'expiation de tant d'injures, que vous luy aviés faites; & vous choisissés cette solitude pour le lieu, où vous vouliés consommer vôtre sacrifice. Peut-on imaginer, mon Frere, une application plus juste, plus litterale & plus complette de ces paroles : *Ubi abundavit delictum, superabundavit gratia.*

Quoique l'accomplissement en soit jusqu'icy tout clair & tout évident, c'est particulierement dans la suite que l'on en a remarqué la consommation

mation. C'est la où la protection de Dieu se fait paroître dans toute sa plenitude. Vous vous ouvrés de vôtre dessein, mon Frere, & ceux à qui vous le déclarés le trouvent si extra-ordinaire, qu'ils ne peuvent l'approuver; c'est une extrémité qui les étonne. On vous propose des partis differens & plus moderés, qui selon les apparences vous convenoient davantage; on ne sçauroit se persuader que vous soyez capable d'une entreprise, qui demande des dispositions, que l'on se figure que vous n'avés pas. Cependant la voix de Dieu l'emporte pardessus celle des hommes ; comme c'étoit luy qui vous avoit inspiré ce sentiment, il se fortifie contre toutes les raisons contraires. Enfin, vous venés à la Trappe, vous frappés à la porte, vous pressés, vous demandés l'habit de la pénitence; on vous l'accorde & dés ce moment (ce que l'on aura peine à croire, & que vous ne sçauriés assés reconnoître) Dieu vous favorise d'une grace si particuliere, qu'il ne se presente pas en vôtre chemin une difficulté & une tentation qui vous arrête ; jeûner, travailler, veiller, garder le silence, obéir, vous soumettre, renoncer à vôtre propre esprit, à vôtre raison, vous laisser conduire par celle d'un autre, vous défier de vous-même, vous humilier ; tout cela n'a rien pour vous que de doux & d'aimable ; quoique ces dispositions soient decriées & proscrittes dans la Religion où vous avés été nourri, & qu'elles y soient regardées comme des productions de l'enfer ? Quel changement ! quelle revolution ! N'est-ce pas avec beaucoup de fondement que l'on peut s'écrier : *Ubi abundavit delictum, superabundavit gratia* ! Car enfin Dieu triomphe du démon en vôtre personne, il renverse ses desseins, il confond sa fausse sagesse, & il se sert de ces circuits, de ces detours, de ces voyes differentes, de ces routes embarrassées, par lesquelles il vous conduisoit, pour vous engager dans une perte certaine, comme des moyens par lesquels il vouloit operer vôtre salut. Ainsi on peut dire, selon cette expression de l'Ecriture, que les démons se sont pris dans les pieges qu'ils

Pl. 9. 16. vous avoient tendus : *In laqueo isto quem absconderunt comprehensus est pes eorum*, puisque tous leurs efforts, leurs ruses, leurs artifices & leurs finesses, n'ont tourné qu'à leur honte & à leur confusion.

On s'étonne, mon Frere, de ce qu'entre six cens mille hommes que Dieu délivra de la captivité de l'Egypte, sous la conduite de Moyse, deux seulement entrerent dans la terre promise que Dieu prefera à ce grand nombre de personnes, ausquels il en donna l'exclusion : cependant ces deux hommes dans tous les temps lui avoient gardé une fidelité constante. Ce qui se passe en vous est beaucoup plus extraordinaire, & la grace que vous recevez de la misericorde de Dieu, est incomparablement plus grande & plus signalée, puis qu'il vous distingue & vous separe d'une multitude presque infinie de gens de tout âge, de tout sexe & de toutes conditions, non pas pour vous donner la possession d'une terre découlante de lait & de miel, & qui ne renferme que des biens perissables, & des utilitez passageres ; Mais pour vous établir dans la terre des vivans, submergée & engraissée, pour ainsi dire, par le sang adorable du Sauveur du monde : Vous, dis-je, qui vous en étiez rendu si indigne par toutes les circonstances, & tous les endroits de vôtre conduite.

Je vois que vous me demandez ce que vous devez faire pour n'être pas ingrat, aprés avoir reçû tant de bienfaits, & pour répondre à des graces si signalées. Je vous dirai, mon Frere, qu'il vous suffit pour cela de connoître la volonté de Dieu, & de la suivre; que c'est en quoy consiste toute la pieté ; & que de faire ce qu'il veut qu'on fasse, & d'être ce qu'il veut qu'on soit, c'est l'unique moyen que nous ayons de luy plaire. C'est une regle constante parmy nous, que vous ne devez pas ignorer ; il faut reparer ses égaremens passez par des voyes toutes contraires, il faut revenir à Dieu par des chemins opposez à ceux par lesquels on a eû le malheur de le perdre. Un avare doit satisfaire à sa justice en vuidant ses coffres, & remplissant les mains des pauvres par ses charitez & par ses largesses ; un intemperant par les jeûnes, un homme d'une vie molle & voluptueuse, par une penitence sévére ; un ambitieux, par la pratique d'une humilité sincere : Et pour vous qui ne vous étes revolté contre Dieu que parce que vous vous étes crû vous-même, que vous avez suivy la fausse lumiere de vôtre esprit, au préjudice de la soumission que vous deviez avoir pour ses veritez saintes, que vous vous étes attaché à vôtre propre sens, sans vouloir prêter l'oreille de vôtre cœur pour écouter sa parole; pour vous, dis-je, qui avez fait trophée de vôtre rebellion, & qui vous étes éloigné de Dieu par vôtre desobéissance, il faut que vôtre obéissance vous remettre dans sa main : *Ut ad illum per laborem obedientiæ redeas, à quo per inobedientiæ desidiam, recesseras:* il faut que vôtre docilité vous ouvre les portes de sa misericorde que vous vous étes tant de fois refermées ; qu'elle détruise ce mur d'airain que vous avez élevé entre luy & vous, qu'elle amollisse vôtre dureté, & qu'elle vous rende susceptible des impressions de sa grace ; Et enfin, qu'elle vous unisse à luy d'une maniere si étoite & si intime, que rien ne soit plus capable de vous en separer; & que vous puissiez dire avec le Saint Apôtre : Ni la

Prolog. seg.

mort, ni la vie, ni les Anges, ni les Principautez, ni les Puissances, ni les choses presentes, ni les futures, ni la violence, ni tout ce qu'il y a de plus haut, ou de plus profond, ni toute autre creature, ne pourra jamais nous separer de l'amour de Dieu en JESUS-CHRIST Nôtre Seigneur : *Neque mors, neque vita, neque Angeli, &c.*

Rom. 8, 38.

Cette obéïssance dont je vous parle, mon Frere, a trois objets principaux. Vôtre Superieur est le premier, le second vos Freres, le troisiéme vôtre Regle. L'obéïssance que vous devez rendre à vôtre Superieur, doit être prompte, entiere & cordiale ; il faut que vous executiés l'ordre qui partira de sa bouche, comme s'il sortoit de celle de Dieu, *Ac si divinitus imperetur* ; cette promptitude est necessaire, parce que c'est Dieu qui s'exprime par son ministere : Celui qui vous écoute, dit JESUS-CHRIST, m'écoute, *qui vos audit, me audit* ; & vous ne pouvez differer de lui obéïr, que vous ne preferiez ce qui cause ce retardement à la volonté de Dieu qui vous détermine à l'action, à l'œuvre qui vous est commandée.

Reg. c. 5.

Luc. 10. 16.

Il faut qu'elle soit entiere, parce que Dieu ne souffre point qu'on ait de reserve à son égard, il veut qu'on s'abandonne à lui sans restriction. Comme tout est à lui, on ne peut ne lui pas accorder quelque chose, qu'on ne lui refuse ce qui lui appartient, & que l'on ne lui fasse injustice.

Il faut qu'elle soit cordiale, parce que c'est par le sentiment du cœur qu'on lui plaît, qu'on l'aime, qu'on l'adore; tout ce qui ne part pas de ce principe, n'a ni valeur, ni merite à ses yeux, & ne lui sçauroit plaire. Dieu cherche, comme JESUS-CHRIST nous l'a appris, des gens qui l'adorent en esprit & en verité; & les actions exterieures quelles qu'elles soient, à moins qu'on n'y joigne l'esprit, & qu'elles ne soient animées, ne sçauroient nous produire aucun fruit, ni aucun avantage. Ainsi l'obéissance qui ne seroit pas du cœur, ne seroit rien qu'une soumission judaïque: Celui qui obéiroit de la sorte, donneroit des marques d'une disposition qu'il n'auroit pas, & feroit montre d'une docilité & d'une vertu dont il seroit destitué, & s'acquerrant par une obéissance;

qui ne seroit pas sincere, un honneur dont il ne seroit pas digne, Dieu ne manqueroit pas de punir sa dissimulation d'un châtiment & d'une peine rigoureuse.

Vous me demanderez sans doute, mon Frere, si cette obéïssance n'a point de limites. A cela je vous répondrai, que quand un Superieur n'ordonne rien qui ne soit selon la lettre, ou selon l'esprit de la Regle, il doit trouver dans les inferieurs une obéïssance entiere, comme nous venons de vous le montrer: & que le cas seul auquel on doit lui refuser l'obéïssance, c'est lors que l'on ne peut lui obéïr sans desobéïr à Dieu; lorsque ses ordres sont contraires à la loy de Dieu, & que la volonté du Createur & de la creature se trouvent en opposition & en concurrence: Car Dieu qui vous a soumis à vos Superieurs, ne l'a pû faire au préjudice de la soûmission qui lui est dûë; au contraire il ne leur a donné de l'autorité sur vous, qu'afin qu'ils s'appliquassent incessamment à conserver la sienne à vôtre égard; & dés le moment qu'ils vous en tirent, l'intention de Dieu n'est plus que vous les
écoutiez

écoutiez, ni que vous aiez aucune déference pour ce qui viendra de leur part : *Obedire oportet Deo magis* Act. 5. 29 *quam hominibus.*

Comme vous êtes obligé de regarder la Regle que vous allez embrasser de même que la loy de Dieu, & que vous devez croire qu'elle n'a été preſcrite que par ſon ordre, & qu'elle ne vous exprime que ſes volontez, s'il arrivoit que vos Supérieurs vouluſſent vous porter à la détruire, & qu'ils exigeaſſent de vous une obéiſſance que vous ne puſſiez pas leur rendre ſans la violer, vous devez vous ſouvenir de l'obligation que vous avés contractée de l'obſerver inviolablement: *In omnibus omnes magiſtram ſe-* Reg. c. 3. *quantur Regulam*; ce ſont les paroles de S. Benoiſt, & demeurer ferme dans vôtre engagement. Que ſi on vous preſſoit de rendre une ſoumiſſion que vous ne devés point, perſiſtés dans vôtre ſentiment; refuſez de le faire, deffendez-vous des ménaces, comme des flatteries, & n'écoutez rien de ce qui peut donner atteinte à vôtre fidelité & à vôtre Religion. Souvenez-vous de l'exemple de ces fameux Reckabites, qui ſans ceder ni à l'autorité ni aux instances du Prophéte, demeurerent constans dans l'obéïssance qu'ils devoient à leur pere : Souvenez-vous, dis-je, de ces genereux Machabées, qui sans être ébranlez par la fureur des tirans, aimerent mieux repandre leur sang & souffrir une mort cruelle, que de violer un seul point de la loy. En un mot vôtre devoir vous est marqué dans une telle circonstance par ces paroles que le Saint Esprit a dit par la bouche du premier de ses Apôtres, qu'il faut obéir à Dieu plûtôt qu'aux hommes : Cependant faites en sorte qu'en témoignant par vôtre fermeté que vous gardez à vôtre Regle, ou plûtôt à Dieu, la fidelité que vous lui avez promise, il paroisse en même-temps par l'honnêteté, la douceur & la charité qui accompagnera vôtre resistance, que vous avez pour la puissance qui est de Dieu, tous les égards & toute la consideration qu'elle merite.

S'il vous venoit dans la pensée, mon Frere, d'inferer de ce que je viens de vous dire, qu'il est donc permis d'examiner les ordres des Superieurs, de les rejetter ou de les suivre selon les idées que l'on s'en forme ; je vous réponds que la consequence que vous en tireriez, ne seroit pas juste, & qu'elle iroit trop loin ; que le cas auquel on ne leur doit pas obéir, est précisément lorsque la loi de Dieu est claire, que l'infraction est évidente, lorsque le précepte est manifeste, & que l'on ne peut se soumettre au commandement de l'homme, sans violer ouvertement celuy de Dieu : hors de là, l'obéissance doit être aveugle, sans discussion, & sans raisonnement.

Je ne doute point qu'il ne se presente une autre difficulté, & que vous ne me disiez : Mais si le Superieur témoigne par sa conduite, qu'il n'a ni affection, ni attachement pour son état ; s'il vit dans le déréglement, si on ne voit rien dans ses actions qui édifie ; faudra-t-il me soumettre, comme s'il s'attiroit le respect & l'obéissance par la regularité de sa vie. A cela je vous dirai deux choses : L'une que son déreglement ne vous doit point empécher d'executer ses ordres, lors qu'ils n'auront rien de contraires à vos devoirs, selon le commandement que vous en a fait le

Fils de Dieu, lors qu'en parlant des Scribes & des Pharisiens, dont toute la conduite étoit si digne de reproche, il ordonna qu'on fît, non pas ce qu'ils faisoient, mais ce qu'ils disoient, parce qu'ils étoient assis sur la Chaire de Moyse, & qu'ils avoient son autorité. *Omnia quæcumque dixerint vobis servate & facite, secundum opera vero eorum nolite facere.* La seconde, qu'il faut dans une telle rencontre user de precaution, voir de ses propres yeux, & ne pas donner sa confiance toute entiere à cet homme qui se rend suspect par le desordre, & par l'irregularité dans laquelle on le voit vivre. C'est pour lors qu'il est permis d'examiner, de mettre ce que l'on commande auprés des Regles & des veritables principes, afin de ne se pas mécompter en quittant la verité pour suivre l'erreur & le mensonge.

Matt. 23. 3.

Vous avez encore plus d'interêt que les autres, mon Frere, à vous soûtenir contre les affoiblissemens qu'on pourroit vous proposer. Vous devez être convaincu que vous avez besoin d'une austerité rigoureuse, pour l'expiation de tous vos égaremens passez, & d'amasser pour ainsi dire, des œuvres de mortification & des actions de penitence, afin de balancer auprés de la justice de Dieu, ce nombre infiny d'offenses que vous avez commises, & d'injures que vous lui avez faites.

Le second objet de vôtre obéissance, sont vos Freres. Saint Benoît veut & ordonne qu'il n'y en ait pas un seul auquel vous ne vous soumettiez, & que vous ne regardiez comme vôtre Superieur. Cette disposition doit être universelle. Tous ont un caractere de benediction que vous devez considerer ; ce n'est ni la bonté de l'esprit, ni la naissance, ni l'agréement de la personne, ni la capacité, ni aucune autre qualité naturelle, que vous devez avoir en vûë ; mais les liens d'une même profession, qui vous unissent, ou plûtôt d'une même foi, d'une même Religion. Il vous suffit que vôtre Frere appartienne à Jesus-Christ, qu'il soit un membre & une partie de ce corps, dont il est la tête & le chef, pour s'attirer de vôtre part du respect & de l'amour. Ce n'est donc point parce qu'il est à vôtre goût, parce qu'il a des airs qui vous reviennent, parce qu'il a des dispositions qui le rendent aimable, que vous lui rendez des marques de vôtre soumission & de vôtre déference ; mais parce qu'il est à Jesus-Christ, que Jesus-Christ l'avoüe pour être à lui, & qu'il l'a aimé jusqu'à répandre son Sang & à donner sa vie pour son salut ; & sur tout qu'aucune action que vous remarquerez dans vôtre Frere ne vous donne lieu de vous exempter de lui rendre ce que vous lui devez, en qualité de Chrêtien & de Religieux : car ce n'est point à vous de juger, & il se peut faire que sous cette conduite qui vous paroît defectueuse & reprehensible, il cache une vertu éminente.

Ce Frere, par exemple, est maladroit à toutes les choses ausquelles on l'applique, il faut que la charité vous persuade, qu'il peut couvrir sous l'apparence d'une action grossiere une addresse & une dexterité qu'il ne veut pas qui soit connüe. Un autre vous paroît trop vif & trop animé en ce qu'il fait, vous devez croire qu'il agit par le mouvement d'une ardeur toute sainte ; un autre fera voir de l'empressement

& de l'avidité lors qu'il sera à table dans le refectoire ; c'est une action qui paroît blâmable, cependant si vous étes à son égard ce que Dieu veut que vous soyez, vous penserez qu'il peut agir de la sorte pour se rendre méprisable, & cacher un veritable esprit de mortification sous les apparences d'une intemperance qui n'est qu'affectée : Enfin la charité qui est ingenieuse, ne manque point d'imaginer cent raisons differentes, pour justifier ceux qu'il ne vous est pas permis de juger, de condamner, ni de reprendre.

Pour la maniere dont on doit obéir à ses Freres, elle doit être toute du cœur ; il faut qu'elle soit accompagnée d'une ardeur sainte, qu'ils s'acquittent entr'eux de cette obligation avec joie & avec plaisir. En un mot, il faut selon le precepte de la Regle, qu'ils s'obéïssent les uns aux autres avec sollicitude, & avec empressement. *Obedientiam sibi certatim impendant.* Reg. c. 72.

Pour ce qui est de la Regle qui est le troisiéme objet de vôtre obéïssance, vous comprenez assez, mon Frere, par ce que nous vous avons déja dit de quelle maniere vous devez vous conduire. Saint Benoît ordonne qu'elle soit exactement observée de tous ses Disciples : *In omnibus omnes magistram sequantur Regulam, neque ab eâ temere devietur à quoquam.* Elle est pour les Superieurs, comme pour les inferieurs, & ils n'ont de puissance & d'autorité que pour empêcher qu'on ne s'en separe ; C'est sur cette Regle que JESUS-CHRIST fondera ses jugemens, & selon la maniere qu'elle aura été considerée, il ordonnera des châtimens ou des recompenses ; & si quelque chose doit remplir de crainte & de vigilance tout ensemble, ceux qui l'auront embrassée, c'est de sçavoir, ou plûtôt de rappeller souvent dans leur memoire, que saint Benoît a declaré que celui qui aprés en avoir fait profession, ne demeureroit pas dans les termes de son engagement, & vivroit d'une maniere contraire à ses promesses, seroit condamné de Dieu, comme ayant eu l'insolence & la témerité de s'en moquer : *Ut si aliquando aliter fecerit, ab eo se damnundum sciat quem irridet.*

{.sidenote}Reg.c.3.

{.sidenote}Reg.c.58.

Cependant cette Regle qui doit

être gardée avec tant de Religion, ne laisse pas de recevoir des dispenses; & les Superieurs peuvent exempter des jeûnes, des veilles, des couches dures, des travaux corporels, même de l'abstinence, lors qu'ils ont pour cela des raisons justes & legitimes; & il ne faut point douter qu'on ne doive leur obéir, quand ils jugent qu'il y a necessité d'en user de la sorte. Mais il faut qu'ils se conduisent en ces occasions avec tant de retenuë, de dicernement & de fidelité qu'ils puissent esperer, que les exemptions qu'ils auront accordées sur la terre, seront ratifiées dans le Ciel.

J'ai reduit, mon Frere, toutes les obligations que vous allez contracter à la seule obéissance, parce qu'il n'y en a pas une seule qu'elle ne renferme, & qu'un parfait disciple de saint Benoît, n'est rien qu'un parfait obéissant. En un mot, toute la Religion ne consiste qu'à obéir : Tant que les Solitaires & les Moines ont été persuadés de cette verité, les solitudes ont été florissantes; JESUS-CHRIST y a triomphé, son saint Nom y a été sanctifié, on y a mis toute sa joye & toute sa gloire à se soumettre à ses ordonnances ; mais depuis qu'on s'eſt tiré de cette heureuſe captivité ; ces demeures ſi ſaintes ſe ſont trouvées dans la confuſion, & dans la decadence ; on y a perdu la ſainteté des mœurs, on y a abandonné la pureté de la foy, & l'erreur qui n'eſt rien que l'effet & la production de la volonté propre, l'a emporté au deſſus de la verité. C'eſt de quoy vous n'avez vû que trop de marques & de monumens dans le pays d'où vous venez, dans la vie qu'y mene cette multitude d'hommes, qui s'étant laſſez de porter le joug de Jesus-Christ, tout aimable qu'il eſt, ont rejetté cet aſſujettiſſement de benediction, comme une ſervitude honteuſe ; & qui s'attachant à leurs imaginations, ont malheureuſement renoncé à la Foy catholique, & ſe ſont laiſſez emporter à toutes ſortes d'impietez & d'extravagances. C'eſt ce qu'ont fait vos peres & vos freres, c'eſt ce qui les a jettés dans cette deſolation où ils ſe recontrent aujourd'huy. Vous êtes ſorty du milieu d'eux en renonçant à cette fauſſe liberté que vous aviez reçûë avec la naiſſance, & que vous avez confirmée par de longues habitudes. C'est une misericorde que Dieu vous a faite, & que vous ne pouvez mieux reconnoître, qu'en lui consacrant le reste de vos jours dans les exercices d'une obéissance toute chrétienne & toute sainte.

Je ne vous proposerai donc point, mon Frere, des penitences excessives, des disciplines sanglantes, des jeûnes impratiquables, des macerations extraordinaires; je ne vous demande que de la soumission, & je puis vous assûrer que pourvû que vous la rendiez dans les termes, & selon les regles que je vous ay exposées, vous persevererez saintement dans l'état que vous embrassez, & Dieu qui prend plaisir à se reposer dans les ames humbles & dociles, comme il nous l'apprend par son Prophete, ne manquera pas de se reposer dans la vôtre, & de vous combler de graces, & de benedictions. Soyez persuadé que comme dans le sentiment des Saints, il n'y a qu'une voye par où un Solitaire se puisse égarer, qui est de suivre sa volonté propre; il n'y en a qu'une aussi par où il puisse terminer heureusement sa course, qui est de la combattre & de la vaincre.

Sur tout, mon Frere, oubliez tout ce que vous avez quitté en entrant dans le Desert, & effacez-le pour jamais de vôtre memoire, *Obliviscere populum tuum, & domum patris tui.* Laissez là ceux à qui vous ne pouvez être utile, & qui ne sçauroient vous être d'aucun secours. Ne vous occupez jamais ni de leurs affaires, ni de leurs interêts, ni de leurs desseins, ni de leurs fortunes ; souvenez-vous seulement d'eux pour les plaindre, pour parler à Dieu de leur malheur, pour le prier qu'il finisse leur infortune, pour lui demander qu'il éclaire leurs tenebres, qu'il tire de dessus leurs yeux le voile qui les couvre, qu'il ôte de dessus leurs cœurs cette pierre d'endurcissement qui les accable ; & qu'enfin il les rende susceptibles de ces veritez saintes, qu'ils ne veulent ni goûter, ni souffrir, ni comprendre.

Le dernier avis que j'ai à vous donner, mon Frere, est que si vous voulez vous rendre inaccessible, ou plûtôt insurmontable aux tentations qui vous pourroient être suscitées dans la sui-

Ps. 44. 11

te, par l'envie, & par la malignité des démons, vous vous rendiez exact dans l'obligation de toutes les pratiques de vôtre Regle interieures & exterieures ; qu'il n'y en ait pas une seule, que vous ne regardiez comme un rampart, comme une défense : Estimés-les toutes ; voiés-les dans leur principe & dans leur fin; faites cas des biens & des avantages qu'elle renferme. Elles rempliront vos journées, elles empêcheront qu'il ne s'y trouve ni vuides, ni inutilités ; elles fortifieront vôtre foy, elles augmenteront vôtre Religion, elles vous tiendront dans une dépendance sainte ; elles feront qu'il n'y aura pas une seule de vos actions, qui n'ait devant Dieu l'odeur, l'agréement & le merite d'un veritable sacrifice. Enfin, mon Frere, si vous ne vous lassés point de donner à Dieu des marques de vôtre fidelité, & de vôtre soumission, il ne se lassera pas de vous en donner de sa bonté & de sa misericorde.

Je ne vous tiendrai pas davantage en suspens, mon Frere, & ne differerai pas plus long-tems le moment de vôtre bonheur ; la connoissance que j'ay de l'état où il a plu à Dieu de vous mettre, & des graces qu'il vous a faites pendant le cours de vos épreuves, me perſuade que c'eſt lui qui vous inſpire, & que c'eſt ſuivre ſa volonté que de vous accorder ce que vous demandés, & que vous attendés avec tant d'impatience ; Et j'eſpere que comme il nous unit preſentement par l'engagement d'une même foy & d'une même profeſſion, il nous unira un jour par la joüiſſance d'un même bonheur & d'une même gloire.

CONFERENCE FAITE LE II. DIMANCHE D'APRES PASQUES.

Ego sum Pastor bonus, & cognosco meas, cognoscunt me meæ. Joan. c. 10. 14.

Je suis le bon Pasteur, je connois les brebis qui m'appartiennent, & elles me connoissent.

JE n'ai pû m'empécher de regarder ces paroles comme si elles nous étoient particulierement adressées ; Car qui est-ce qu'elles regardent plus que nous, mes Freres ; nous dis-je, que JESUS-CHRIST par une bonté ineffable, a r'assemblés des quatre coins de la terre, *à quatuor ventis*, Math. 24 qu'il a cachés dans cette sainte solitude, dans ce sacré bercail, comme des brebis qu'il aime, & qu'il cherit, pour nous mettre à couvert de mille & mille dangers, dont nous ferions environnez, s'il nous avoit laissez dans la dissipation & dans le tumulte du monde.

C'est avec beaucoup de raisons, mes Freres, que nous pouvons nous appliquer ces paroles du Prophete : *Populus sanctus redempti à Domino, quæsita civitas, & non derelicta,* Peuple saint racheté par le Seigneur, societé qu'il a recherchée, & sur qui il a toûjours jetté les regards de sa misericorde; Les loix & les regles sous lesquelles nous vivons sont saintes, c'est son esprit qui nous les a dictées, quoy qu'elles nous soient venuës par l'entremise des hommes. Qui est-ce qui a eu plus de part que nous au sang qu'il a versé pour le rachat du monde? Ne voyons-nous pas de quelle sorte il nous a tirés du milieu de ceux qui ne pensent point à lui, par un choix, & par une préference toute particuliere? *Quæsita civitas, & non derelicta,* afin de former, pour ainsi dire, une societé sainte, qui n'eût icy-bas aucune occupation que celle de le servir.

Je sçai, comme il l'a dit luy-même,

Isai. 61. 12.

Ibid.

me, qu'il a d'autres brebis qui ne sont point de ce troupeau: *Alias oves ha-beo, quæ non sunt ex hoc ovili.* Mais il est vrai aussi que ces brebis sont exposées à des perils, qui nous sont inconnus dans l'état où nous sommes; qu'elles sont incessamment menacées d'infortunes, & d'avantures, dont nous sommes à couvert; car quoique JESUS-CHRIST, ce Pasteur charitable, parle à tous les hommes; qu'il fasse retentir sa voix de tous côtez, il n'en est point écouté, peu de personnes se mettent en peine de le suivre, & sa parole toute sainte & toute puissante qu'elle est, au lieu d'être le salut de tant de personnes, dont elle frappe les oreilles, elle en sera la perte, & la condamnation. On me dira qu'il y a des ames dans le monde qui l'entendent & qui la suivent; j'en conviens, mais il faut regarder le monde, & en juger, non point sur un petit nombre de personnes, qui s'y trouvent, mais sur cette foule, & sur cette multitude innombrable de gens qui le forment, & qui le composent.

Il m'est venu, mes Freres, deux pensées sur cet endroit de l'Evangile

Joan. 10. 15.

qui peuvent sans doute ne nous être pas inutiles : L'une est de vous faire voir que Jesus-Christ n'est point le Pasteur du monde; qu'il n'y a presque point de brebis qui soient à luy, & qui luy appartiennent : l'autre que c'est dans les Monasteres, & dans les Cloîtres, lors que l'on y vit dans la verité de l'institut, qu'il est reconnu pour le veritable Pasteur, & que c'est là qu'il a des brebis obeïssantes, & fideles. Il me suffit pour vous montrer qu'il n'y a rien que de vrai dans la premiere de ces pensées, de vous prouver que la voix de Jesus-Christ n'est n'y écoutée n'y suivie dans le monde; qu'il n'y a presque point de personnes qui y fassent ce qu'il commande, & ce qu'il enseigne; car comme le caractere des brebis est d'entendre & d'obeir à la parole, ou au cry du Pasteur, dés la que le monde ne l'entend point, il est évident que le monde n'est point de ses oüailles, & de ses brebis; il n'en est pas non plus le Pasteur, puisque le Pasteur les doit connoistre. *Cognosco oves meas*, & qu'il ne les connoît point, car selon saint Gregoire, Dieu est dit & est estimé ne point connoître ceux

Joan. 10. 14.

qu'il ne conduit point, qui ne lui obeissent pas, & qui méprisent ses volontez, au lieu de les suivre.

Il n'est point necessaire de vous rapporter icy toutes les instructions differentes qui sont sorties de la bouche sacrée de ce divin Pasteur, pour lesquelles le monde n'a ny soumission, ny deference, il me suffira de vous en exposer quelques-unes des principales, de celles qui sont les plus decisives. Je veux dire, qui, selon qu'elles sont observées, ou qu'elles ne le sont pas, nous ouvrent, ou nous ferment pour jamais les portes de son Royaume.

Les premieres qui se presentent, sont celles qu'il prêcha au peuple sur la Montagne, aprés sa retraite dans le desert, & que nous lisons au Chapitre cinquiéme de Saint Mathieu. *Beati pauperes spiritu quoniam ipso-* *Matth. 5.* *rum est regnum cœlorum.* Il apprend aux hommes qu'il faut qu'ils soient pauvres d'esprit, s'ils veulent entrer dans le Royaume des Cieux. Je vous demande, mes Freres, qui sont ceux dans le monde qui obeissent à ce précepte, & qui vivent comme s'ils étoient persuadez, que c'est une necessité de mépriser les biens de la terre pour joüir de ceux du Ciel. On ignore cette obligation, & on la veut ignorer, tout le monde amasse des richesses, autant qu'il le peut, sans bornes & sans mesures; les uns pour satisfaire à leur luxe, à leur magnificence, à leur sumptuosité; les autres pour contenter leurs déreglemens, & leurs débauches : les autres pour établir leur famille, & enrichir leurs enfans; les autres pour le plaisir qu'ils ont de remplir leurs coffres, & quelque cause & quelque motif que cette passion puisse avoir, elle est insatiable, & jamais elle n'est contente, & il se peut dire qu'il n'y a que la mort toute seule, qui soit capable d'appaiser où éteindre la soif d'un avare : *Avaritia*, dit saint Augustin, *modum non habet, capiendo non expletur, sed irritatur*; Ceux qui sont dans cette disposition écoutent-ils la voix du Pasteur?

Jesus-Christ dit, qu'il faut être doux pour posseder le Ciel : *Beati mites, quoniam ipsi possidebunt terram*; Où voit-on des gens dans le monde, qui fassent le moindre cas de ce commandement tout important qu'il est,

Matth. 5. 4.

& qui au contraire ne considerent pas cette innocence, cette humilité, cette simplicité qu'il renferme comme des qualités honteuses à ce qu'on appelle un honnête homme? Chacun prend toute la fierté qu'il peut avoir : chacun s'attire autant qu'il peut de la crainte, & la consideration, & croit qu'il y va de son interêt, & de son honneur d'en user de la sorte. Y avés-vous vû beaucoup de gens, mes Freres, qui endurassent les injures, & les injustices avec patience, & qui voulussent bien qu'on crût qu'on peut les offenser impunément ; bien loin de cela, on ne manque jamais d'opposer la force, à la force, la violence, à la violence ; les enfans s'élevent contre les peres, les femmes contre les maris, les freres se divisent par des haines irreconciliables ; les amis en font tout autant pour les moindres interêts ; & ces excés sont devenus si communs, qu'on n'a ny scrupule, ny honte de les commettre. Est-ce là écouter la voix du Pasteur?

JESUS-CHRIST dit, que ceux qui pleurent sont heureux, parce qu'ils seront consolez: *Beati qui lugent quoniam ipsi consolabuntur.* JESUS- *Matth. 5. 5.*

Christ veut que l'on vive dans la tristesse, & les hommes sans s'arrêter à ce qu'il ordonne veulent vivre dans la joie. Il n'y a rien qu'ils ne fassent pour se procurer des rejouïssances, & des satisfactions humaines: Les uns mettent leur plaisir dans les débauches scandaleuses; les autres dans des commerces, & des conversations agreables, & plaisantes: les autres dans les danses, dans les spectacles, dans les festins, dans la bonne chere; Enfin, chacun s'étudie à se mettre dans une situation douce, tranquile, & commode, & ne se refuse rien de ce qui peut le contenter & lui plaire: *In* Job. c.11. *bonis ducunt dies suos,* & cette tristesse si prescrite, si utile ou plûtôt si necessaire, on ne la considere qu'avec horreur. Ceux qui en usent ainsi écoutent-ils la voix du Pasteur?

Jesus-Christ dit, que ceux qui ont faim & soif de la justice seront rassasiez: *Beati qui esuriunt, & sitiunt ju-* Matth 5. *stitiam, quoniam ipsi saturabuntur.* Dieu est le premier objet de cette justice, le prochain l'est ensuite, nous le sommes nous-mêmes. Qui est-ce qui s'avise de ces devoirs, & qui s'applique à s'en acquitter? Au lieu de rendre à Dieu ce qu'on luy doit, on foule tous les jours aux pieds ſes Loix les plus ſaintes ; on profane ſes veritès, on les affoiblit ; quand les regles de la pieté ſont incommodes, & ſerrantes, on les relâche, & on ſe donne une latitude que l'Evangile de Jesus-Christ ne connoît point. Les uns font conſiſter leur Religion dans quelques marques; dans quelques actions purement exterieures, & n'ont rien moins que le fond qu'ils devroient avoir ; les autres font une profeſſion publique de libertinage, & d'incredulité. Et c'eſt ainſi que la pluſpart des hommes honnorent la majeſté de Dieu, & écoutent la voix du Paſteur.

Pour ce qui eſt du prochain, on eſt alteré de ſon ſang, je veux dire, de ſon bien, de ſa fortune, & de ſon établiſſement, & de tous les avantages qu'il peut avoir dans le monde. On le regarde comme l'objet de ſon envie, & on eſt toûjours prêt de bâtir ſa propre fortune, ſur les ruines de la ſienne. Jugez parmy tout cela quelle juſtice on ſe rend à ſoy-même, lorſque par toutes ces conduites d'iniquité, on engage ſa conſcience ; qu'en donnant à sa passion tout ce qu'elle demande, & en flattant en toutes choses ses cupiditez & ses convoitises, on tombe dans ce cas ou dans ce malheur qui nous est marqué par ces paroles de l'Ecriture : *Qui amat animam suam perdet eam.* Celuy qui aime sa vie, la perdra. On exerce sur soy-même une veritable haine, sous les apparences d'une justice, ou d'une charité fausse, & trompeuse : *Qui faciunt peccatum & iniquitatem hostes sunt animæ suæ.* Ceux qui commettent le peché & l'iniquité, sont les ennemis de leurs ames.

<small>Ioan. 12. 15.</small>

<small>Tob. c.12. 10.</small>

JESUS-CHRIST dit, que ceux qui sont compatissans & charitables seront traittez avec compassion & misericode : *Beati misericordes quoniam ipsi misericordiam consequentur*, Mais voit-on personne qui se mette en peine de se concilier la compassion de Dieu, par celle qu'il exerce à l'égard de son prochain? Qui est-ce qui s'afflige avec ceux qui sont dans la douleur ? qui est-ce qui console le malheureux ? qui s'abbaise avec les foibles ? qui conseille ceux qui ont besoin d'être soûtenus par des avis charitables ? Disons au contraire, qui est-ce

<small>Matthi 5. 7.</small>

est-ce qui ne pese point sur le malheur de ceux qui sont dans la disgrace? qui est-ce qui n'insulte point aux miserables, si ce n'est par le mal qu'on leur fait, au moins par l'indifference avec laquelle on les traitte? Un ami devient froid à l'égard de son ami, lors qu'il devient pauvre: l'empressement qu'il avoit pour lui cesse; & au lieu de le secourir, & de soulager sa misere, comme sa necessité parle d'elle-même, qu'elle s'explique, qu'elle presse, qu'elle sollicite, l'ami ne se montre point, qu'il ne l'importune. *Etjam proximo suo pauper odiosus erit*, Prov. 14. on le fuit, & si quelquefois on le voit, 20. c'est malgré soy, & parce qu'on ne la pû éviter. Est-ce là écouter la voix du Pasteur? Je vous dis le cours du monde, & s'il y a en cela quelques exceptions particulieres, elles sont si rares qu'elles ne donnent nulle atteinte à nôtre sentiment.

Jesus-Christ dit, que ceux qui auront le cœur pur seront heureux, parce qu'ils verront Dieu. *Beati mun-* Matth. 5. *do corde quoniam ipsi Deum videbunt.* 8. Qui est-ce qui fait son profit d'une declaration si importante? Les gens du monde bien loin de la mettre en pratique, souillent impunément la pureté de leurs ames, par tous les endroits par où elle peut être corrompuë : par les sens, par l'imagination, par la memoire, par la raison, par le cœur, par la parole, par la pensée ; & ceux qui s'abstiennent des déreglemens grossiers & scandaleux, s'imaginent qu'ils en font assez, & n'ont point de scrupule de s'abandonner à tous les vices, & à tous les desordres dont l'esprit est capable. L'orgueïl, la vanité, l'ambition, l'envie, la haine, le mépris du prochain, l'application que l'on a à le supplanter, & à le surprendre, ne passent point auprés d'eux pour de veritables maux, pour des dispositions deffenduës ; & la detraction est devenuë tellement en usage, que les conversations n'ont ni goût ni agréement, si elles n'en sont remplies : elles en font le sel, & ceux qui s'en servent avec le plus de finesse & de malignité, sont les plus honnêtes gens, & les plus à la mode. Les abeilles recueillent sur les fleurs ce qu'elles ont de meilleur, elles en tirent la bonté, la douceur, le suc & l'odeur, & en forment une liqueur delicieuse ; &

les hommes, semblables aux crapaux & aux arraignées, se remplissent dans tous les lieux où ils se rencontrent, de tout ce qui peut y avoir d'impureté, de venin & de corruption; & selon la parole de l'Ecriture, comme ils n'ont semé que dans la chair, ce qui leur en revient n'est qu'iniquité & pourriture : *Qui seminat in carne suâ, de carne & metet corruptionem.* En voila trop, mes Freres, pour vous faire toucher au doigt que Jesus-Christ n'est point le Pasteur du monde ; que ses brebis n'entrent point dans une societé si infidelle & si corrompuë, puisque sa voix n'y est ni écoutée ni suivie. C'est dans les Cloîtres où il exerce ses fonctions de Pasteur d'une maniere réelle, & absoluë ; c'est-là que sa parole est respectée, c'est là qu'on luy rend toute la soumission qui luy est dûë ; j'entends comme je l'ai déja dit, lors qu'on y vit selon les Regles, que l'Institut y est dans sa vigueur, & qu'il conserve son exactitude originaire.

Ad Galat. 6. 8.

En effet, mes Freres, n'est-ce pas dans les Monasteres, dans ces saintes solitudes, où l'on accomplit à la lettre ce commandement du souverain Pasteur : *Beati pauperes spiritu*, On y abandonne tout ce qu'on pouvoit avoir de biens dans le monde, on y renonce à toutes ses fortunes, à tous ses honneurs, à tous ses plaisirs, à toutes ses affaires, à toutes ses pretentions ; enfin à toutes ses esperances, & on porte ce denüement si loin, qu'après s'être separé des choses exterieures, on se separe de soy-même, en se dépoüillant du droit & de l'autorité qu'on y avoit, & en se mettant pour le corps comme pour la volonté entre les mains d'un Superieur, qui en regle toutes les inclinations, les actions & les mouvemens. C'est-là, mes Freres, suivre la voix du Pasteur, & se conduire comme des brebis obéïssantes ; *Oves meæ vocem meam audiunt.*

JESUS-CHRIST ordonne à tous les hommes d'être doux, & qui est-ce qui luy rend en cela une soumission plus entiere, & plus étenduë que ceux qui demeurent dans les Monasteres, où l'on peut dire que la source de la colere, de l'aigreur & de l'amertume est comme entierement tarie ? On s'échauffe, on se passionne, on s'emporte contre son prochain, on dispute, on querelle parce que nous ne pouvons rien souffrir de ce qui nous contrarie, & qui nous combat : Tout ce qui s'oppose à nos sentimens, à nos interêts, à nos volontez nous importune, nous deplaît, nous irrite, & la cause de ces agitations si irregulieres, c'est nôtre orgueil. Or comme l'humilité est la baze, & le fondement de la vie que l'on mene dans les Cloîtres quand ils sont disciplinez, l'orgueil n'y a point de part, tout y est dans une paix & dans une tranquillité profonde, chacun s'estime inferieur à son Frere, il n'y a personne qui ne se regarde comme un vers de terre, qui n'endure non seulement sans murmure & sans contradiction, mais avec consolation & avec joye ce qui luy peut arriver de plus fâcheux & de plus dur, & qui ne croye qu'il n'y a point de mépris, point d'injures, point de mauvais traitement dont il ne soit digne. Et comme ils observent avec une Religion inviolable, cet endroit de la Regle qui leur commande de se rendre à l'envi les uns aux autres, une obéissance cordiale :

Reg. c. 71. *Obedientiam sibi certatim impendant* ; Ils conservent entr'eux une concorde, & une intelligence parfaite, & cette douceur qui leur est si expressément commandée, ne reçoit jamais ni d'alteration ni d'atteinte; c'est ainsi qu'on écoute la voix du Pasteur, & qu'on la suit.

JESUS-CHRIST dit que ceux qui pleurent sont bien-heureux, *Beati qui lugent.* C'est précisément dans l'état où nous sommes, mes Freres, que ce commandement s'exécute. Les Monasteres sont des lieux destinez pour les gemissemens, & l'une des principales obligations de ceux qui s'y renferment, est de pleurer leurs pechez, & les pechez de ceux qui ne pensent pas à pleurer : C'est ce que toute l'antiquité nous apprend, & ce que saint Bernard nous a particulierement enseigné, quand il a dit à tous les Moines, que s'ils sçavoient quels sont leurs devoirs, ils ne mangeroient pas un morceau de pain, qu'ils ne le trempassent dans l'eau de leurs larmes ; & qu'ils ne se sont cachez dans le fond des solitudes, que pour pleurer l'iniquité des peuples, comme leurs propres offen-

Matth 5. 5.

Bern. Ep. fust.

ses : *Religiosa tristitia aut proprium* Bern. *peccatum aut alienum.* Et puis le moyen de ne point executer ce précepte, si nous sommes autant exacts que nous devons l'être, à accomplir nôtre Regle dans tous ses points, puis qu'elle nous commande d'avoir incessamment devant les yeux, les peines dont le Seigneur punira ceux qui l'offensent, & le bonheur dont il recompensera ceux qui le servent. La vûë des supplices éternels dont nous sommes menacez est capable de nous faire verser des larmes ; la vûë des couronnes doit faire un effet tout semblable, puis qu'on les obtient par la remission des pechez, & que c'est par les larmes de la penitence qu'on les efface. Il faut donc pleurer pour éviter les châtimens, & pour acquerir les recompenses. Ceux qui se conduisent de la sorte sont de veritables brebis, qui écoutent & qui suivent la voix de leur Pasteur.

Jesus-Christ dit, que ceux qui sont affamez & alterez de la justice sont heureux : *Beati qui esuriunt, & sitiunt justitiam.* En quel lieu est-ce, mes Freres, que ce commandement est executé, si ce n'est dans les maisons Religieuses ? Je suppose toûjours que les Regles y soient observées. N'est ce pas rendre à Dieu une justice exacte, autant qu'on le peut sur la terre, quand on rend à toutes ses volontez une obéïssance entiere ? & n'est-ce pas ce que vous faites, quand vous ne negligez rien de ce que vôtre Regle vous prescrit ; quand vous la gardez dans tous ses points, & que vous considerez tous les devoirs differents dont elle vous charge, comme des dispositions expresses de sa divine Providence ? quand vous mortifiez pour l'amour de luy vôtre esprit & vos sens, & que vous luy faites un sacrifice de vôtre homme tout entier ? N'est-ce pas être affamez, & alterez de la justice à l'égard des hommes, quand vous étes à l'égard de vôtre Superieur tel que vôtre Regle vous l'ordonne, par ces paroles : *Abbatem suum sincerâ & humili charitate diligant* ? Quand vous considerez JESUS-CHRIST invisible, dans la personne visible de celuy qui vous conduit en son nom & de sa part, quand vous donnez à vos Freres des

Regul. S. Bened. c. 72.

marques de vôtre charité avec toute l'ardeur qui vous est possible, selon ces termes de vôtre Regle: *Hunc* *Ibid.* *ergo zelum ferventissimo amore exerceant Monachi*, & qu'ils trouvent en vous toutes les marques qu'ils peuvent souhaiter d'une déference, & d'une charité cordiale & sincere, n'est-ce pas avoir cette justice à l'égard de vous-même, lorsque par toutes ces pratiques, ces actions, & ces exercices de pieté vous vous ouvrez la voye, & vous vous faites le chemin par lequel vous devez vous rendre éternellement heureux: *scientes se per hanc obedientiæ viam* *Regul.71* *ituros ad Deum*. C'est encore se conduire comme des brebis qui sont attachées, comme elles le doivent, à la voix de leur Pasteur.

JESUS-CHRIST dit que ceux qui ont le cœur pur sont heureux, parce qu'ils verront Dieu: *Beati mundo cor-* *Matth.5.* *de, quoniam ipsi Deum videbunt.* 8. N'est-il pas visible, mes Freres, qu'il n'y a point d'état où l'on travaille davantage à acquerir cette pureté que dans les Cloîtres, tous les Moines, comme vous le sçavez, & les Solitaires sont obligez de travailler à la perfection sous peine d'une damnation éternelle. Il faut pour cela qu'ils évitent avec soin tout ce qui peut sallir le moins du monde la pureté de leurs ames, qu'ils en bannissent ce qui n'a point de rapport à celuy, au service duquel ils se sont consacrez, qu'ils soient pour cela dans une vigilance continuelle, & qu'ils s'observent de si prés, selon le precepte de nôtre sainte Regle, qu'à toute heure ils pensent à se garentir de tous deffauts, & de tous pechez, soit de la pensée, soit de la parole, soit des yeux ou des pieds, ou des mains ou de la volonté propre, & qu'ils employent tous leurs efforts pour retrancher tout ce qui peut leur être inspiré par la chair & par le sang: *Custodiens se omni horâ à peccatis & vitiis, id est cogitationum, lingua, oculorum, manuum, pedum, vel voluntatis propriæ, sed & d'sideria carnis amputare festinet.* Peut-on rendre à ce precepte une obéissance plus litteralle, & n'est-ce pas-là suivre la voix de son Pasteur?

Jesus-Christ dit, bienheureux sont les misericordieux, *beati misericordes*. C'est dans les Cloîtres plus qu'en aucun lieu du monde que cette misericorde s'exerce. Tous les Freres y sont tellement unis par les liens d'une charité toute divine, qu'ils n'ont qu'un cœur, qu'un esprit; & tout y est dans un concert si parfait, & si admirable, qu'il semble qu'il n'y ait en eux qu'une seule ame qui les anime, qui les conduise, & qui les dirige, comme n'étant que les membres & les parties d'un même corps. Chacun prend sur luy les biens & les maux qui arrivent à son Frere, il s'afflige des uns & se réjoüit des autres. Chacun veut son bon-heur, comme le sien propre; chacun préte la main à celuy qui a besoin de son assistance; & la promptitude avec laquelle on se rend les offices, & les secours dont on peut avoir besoin, marque évidemment le fond de tendresse & de compassion que l'on a les uns pour les autres. Chacun souffre avec une patience extrême les infirmitez de son Frere, soit qu'elles soient dans le corps, soit qu'elles soient dans l'esprit: *Infirmitates suas, sive corporum sive morum patientissime tolerent.* Reg. 72.

JESUS-CHRIST dit que les pacifiques sont heureux, *Beati paci-* Matth. 5. 9.

fici : C'est dans les Cloîtres qu'on les trouve, c'est-là qu'il les faut chercher ; le bon ordre qui y est étably fait que la paix n'y est jamais troublée. Les Freres qui y sont separez par un silence exact, n'ont jamais entr'eux aucune matiere de contestation, & la charité qui y regne, comme nous venons de le dire, va au devant de toutes les difficultez qui y pourroient naître. On n'y a qu'une seule affaire, qui est de servir Dieu : On n'y a qu'un but & qu'une fin, qui est de le posleder dans le temps & dans l'éternité ; & chacun peut acquerir ce bonheur sans nuire, ni sans faire aucun préjudice à la pretension de son Frere, parce que Dieu n'admet point en luy de division ni de partage. Il est un, & se donne tout entier à tous, & ceux qui le desirent ne se trouvent point dans des concurrences qui les offensent, ni qui leur fassent ni tort ni dommage, ce qui arrive toûjours quand il est question de joüir des biens & des richesses de la terre, qui s'épuissent quelques grandes qu'elles puissent être, parce qu'elles ont des mesures, des bornes & des limites.

En voila assez, mes Freres, le temps me presse, & je m'assûre que vous voyez dans la derniere évidence, que c'est comme je vous l'ay dit dans les solitudes qui sont reglées, & dans les Monasteres où la pieté, & la discipline est en vigueur, que JESUS-CHRIST exerce l'autorité de Pasteur, sans trouver ni opposition ni resistance. Tous y entendent sa voix, & la suivent avec plaisir, & il n'y a là que des brebis obéissantes. C'est un avantage que vous ne sçauriez assez estimer, & je crains que vous n'en fassiez pas tout le cas que vous devez. Mais si quelque chose est capable en cela d'animer vôtre sentiment & d'exciter vôtre reconnoissance, c'est de considerer qu'il n'y a que deux maîtres, l'un est JESUS-CHRIST, & l'autre le Demon, selon la parole de l'Ecriture ; il n'y a que deux Peres, l'un est Dieu, & l'autre est le Demon : *Ex patre diabolo estis.* Dieu nous a donné la qualité de ses enfans, & a bien voulu prendre à nôtre égard celle de Pere, comme il paroît en tant d'endroits des divines Ecritures. Il n'y a aussi que deux Pasteurs, l'un est JESUS-

Joan. 8. 43.

Christ, comme il le dit luy-même : *Ego sum Pastor bonus.* Je suis le bon Pasteur ; l'autre est le démon, le Prophete nous l'apprend lorsqu'en parlant des méchans, il dit : *Sicut oves in inferno positi sunt, mors depascet eos.* On les a menés en enfer comme des brebis, & la mort sera le Pasteur qui les conduira ; car par tout où il y a des oüailles, il y a un Pasteur, & il n'y a que le démon qui le puisse être dans cette region de mort, & de ténèbres.

Ps. 48. 15.

Pensés ensuite, mes Freres, que si vous étiés demeurés dans le commerce du monde, & que Jesus-Christ n'eût pas pris soin de vous en séparer, vous y eussiez suivi la multitude ; & le torrent qui n'épargne personne, vous auroit emporté comme les autres, & comme vous n'eussiés eu à l'égard de Dieu ny l'obeissance d'un serviteur, ny la tendresse d'un enfant, ny la docilité d'une brebis, Dieu n'auroit été ny vôtre maître, ny vôtre Pere, ny vôtre Pasteur, & par conséquent le démon auroit exercé sur vous cette triple puissance ; & vous auriés malheureusement passé vos jours dans le mépris, & dans le violemment de toutes les volontés de Dieu, dans l'horreur des ténébres, & dans l'assujetissement de la mort. Jugés, mes Freres, avec quel attachement vous devés vous servir des moyens que Dieu vous a donnés pour observer sa Loy, qui est si generalement méprisée, & ménager tant de graces, tant de dons, & tant d'avantages; & comme ces moyens sont renfermés dans l'état auquel sa misericorde vous a engagés, & que la Regle sous laquelle vous vivés les contient, vous ne devés point douter, que vôtre pieté ne dépende de la fidelité, & de l'exactitude que vous aurés à garder cette Regle dans tous ses points, & dans toutes ses circonstances, & à ne rien negliger des choses, qui y sont établies, de crainte que pour peu qu'il vous arrivât de vous en écarter, vous ne tombassiés dans le malheur duquel la main toute puissante de JESUS-CHRIST vous a tirés.

Enfin, écoutés la voix de ce divin Pasteur, suivés-la avec tant de sentiment, & de Religion que rien ne soit capable de vous empêcher de marcher par le chemin, dans lequel il vous appelle; quittés tout, & sans reserve au moment que sa parole se fera entendre, suivés, dis-je, ce divin Pasteur dans le tems, afin que vous le suiviés dans l'éternité, puisque c'est luy seul qui doit vous conduire dans ces paturages dont parle le Prophéte, d'une bonté, d'une excellence, d'une abondance, & d'une richesse infinie, & que c'est lui qui doit vous mener aux fontaines de ces eaux vives, de ces eaux immortelles qui rafraichissent, qui desalterent, & qui ne rassasient jamais : *Miserator eorum reget eos, & ad fontes aquarum potabit eos.* C'est la le sort, c'est la le partage de ces brebis innocentes, qui auront pour JESUS-CHRIST, le seul & veritable Pasteur, toute l'obeissance, la fidélité, & la confiance qui luy est dûe : *Ego sum Pastor bonus, & cognosco oves meas & cognoscunt me mea.*

Isai. 49. 10.

Ioan. 10. 11. & 14.

CONFERENCE FAITE
LE III. DIMANCHE D'APR'ES PASQUES.

Vos estis sal terræ, Matth. 5. 13.
Vous êtes le sel de la terre.

LE Fils de Dieu, mes Freres, nous dit dans l'Evangile de ce jour, quelques paroles qui seront la honte & la condamnation d'une infinité de personnes, comme elles seront le bonheur & la gloire de beaucoup d'autres. S'adressant donc à ses disciples, c'est à dire, à tous ceux qui veulent être de ce nombre, il leur déclare qu'il les destine pour être le sel de la terre : *Vos estis sal terra*, tellement que ceux qui ont dessein de le suivre, & de s'engager à son service, & qui sont designés par le nom de ses disciples, doivent sçavoir qu'ils ont une obliga-

Matth. 5. 13.

tion principale, d'être comme le sel de la terre ; ce qui nous fait voir, à proprement parler, qu'ils sont choisis & destinés de Dieu, pour être la conservation, l'exemple & l'edification du monde.

C'est à quoi tous les Chrétiens se trouvent engagés, & ce que demande d'eux l'avantage qu'ils ont d'appartenir à Jesus-Christ. Neanmoins comme il n'y a rien de plus rare dans nos jours, que de trouver des Chrétiens, qui vivent avec tant de regle, & de fidelité, qu'ils puissent servir d'exemple, de modéle, & d'instruction, par l'exactitude de leurs vies, & par la pureté de leurs mœurs, on ne se trompera point quand on dira que l'accomplissement de cette declaration : *Vos estis sal terræ*, prise dans le sens que je viens de dire, cette obligation commune & generale dans son origine, a comme été restrainte & reduite en particulier aux Solitaires, & qu'elle est devenuë leur partage, aussi bien que leur gloire & leur bonheur.

Et n'est-il pas vrai, mes Freres, que s'ils observent leur Regle avec l'exactitude qui leur est prescrite, s'ils s'acquittent de leurs devoirs, & s'ils font dans leur profession ce qu'ils doivent y être, il n'y a rien qu'on puisse leur appliquer avec plus de raison, ni qui leur convienne davantage, que ces paroles: *Vos estis sal terræ*; Car ils font effectivement par la sainteté de leur vie, à l'égard des hommes, ce que le sel fait par sa vertu, & par ses qualités, à l'égard des creatures.

On remarque dans le sel trois proprietés principales: L'une de resister à la pourriture & de l'empêcher; l'autre d'exciter & de vivifier; la troisiéme d'échauffer & de produire de la chaleur; ce sont des experiences que l'on fait tous les jours. On sale les viandes que l'on veut conserver; on se sert de sel dans les corps que l'on embaume; on prend du sel pour exciter l'appetit, quand on l'a perdu, & pour donner du goût aux viandes insipides. Pour la chaleur, on sçait que l'on en ressent toutes les fois qu'on a mangé des choses trop salées. Je ne sçai pas si vous serés de mon avis, mais il me semble que l'application en est juste, & que vous trouverez dans ces trois qualités differentes, ce qu'est un

Solitaire à l'égard du monde, lorsqu'il s'acquitte avec exactitude des devoirs de sa profession, c'est à dire, comme quoi les instructions que Jesus-Christ donne à ses disciples par ces paroles ? *Vos estis sal terræ*, luy sont propres, & luy conviennent.

Il est certain que le peché est la corruption des ames, c'est luy qui les infecte, & qui leur donne la mort. Or il n'est pas moins certain que quand la conversation des personnes consacrées à Jesus-Christ, par les vœux est accompagnée de la sainteté qu'elle doit avoir ; quand leur conduite a toute la fidelité qui luy est propre, qu'on y voit par tout une conformité parfaite aux loix saintes, que Jesus-Christ nous a données : qu'on y remarque les verités Evangeliques, & qu'on y voit les expressions sinceres de ces vertus toutes divines, dont Jesus-Christ nous a donné l'exemple, il n'y a rien qui soit plus capable d'inspirer aux gens du monde le desir de vivre selon les regles de la pieté, d'observer les préceptes, de s'élever à la pratique des conseils, autant que chacun le peut, en son état, & que sa condition l'exige de luy, & leur donner tout ensemble de l'éloignement & de l'horreur de ce qui peut les faire sortir des voies de la justice, pour les attirer dans celle de l'iniquité, qui est comme nous avons dit, la mort, la corruption, la pourriture des ames: *Corrupti sunt & abominabiles facti sunt in studiis suis.* Ps. 13.2. C'est ainsi que le Prophete parle des pecheurs.

Cet homme par exemple, mes Freres, est tenté de remplir ses coffres & d'amasser des richesses ; peut-il voir le renoncement parfait dont les Solitaires font une profession si publique, sans en être touché, & peut-il faire le moindre cas de ce qu'ils traittent avec tant de mépris, & qu'ils foulent aux pieds comme de la boüe ? Peut-il se laisser aller à des actions impudiques, quand il pense à cette chasteté Angelique, dans laquelle ils passent leurs jours ? Peut-il succomber au plaisir de la bonne chere, & s'abandonner à une cupidité si brutale & si grossiere, pendant qu'ils observent une abstinence si rigoureuse, qu'ils se refusent même les choses necessaires à la vie ? Peut-il entrer dans ces commerces de médifances & de détraction, pendant qu'ils gardent un silence si exact, qu'ils ne s'abstiennent pas moins d'une parole inutile que d'un blasphéme, ou d'un mensonge ? Peut-il s'imaginer qu'il soit permis de vivre dans la molesse & dans l'impenitence, contre l'obligation que Jesus-Christ a imposée à tous les Chrétiens, pendant que les Solitaires s'affligent par des austerités continuelles, par des privations, & par toutes sortes de mortifications interieures & exterieures ? Peut-il exercer des haines & des inimitiés, & se souvenir des injures, pendant qu'ils imitent la patience de Jesus-Christ, & qu'à son exemple ils conservent une paix profonde, quelque injustice, & quelque outrage qu'il leur vienne de la part des hommes ? Enfin, qui a-t-il de plus capable d'empêcher de commettre l'iniquité, qui est la maladie contagieuse des ames & de tomber dans la corruption, que la conduite de ceux dont la vie est toute simple, toute innocente & toute pure.

La seconde proprieté du sel qui est d'exciter & de vivifier, n'est pas moins remarquable dans la personne des

Solitaires que la premiere; Car s'ils preservent les ames de la corruption des pechés, comme nous venons de le faire voir, en les soutenans par leurs exemples dans l'amour, & dans la pratique de la vertu, ils n'ont pas moins les dispositions necessaires pour les exciter, pour les animer, au cas qu'elles s'affoiblissent dans la carriere sainte, dans laquelle tout homme qui a le bonheur d'être Chrêtien est engagé.

S'il arrive, mes Freres, que quelqu'un trouve le joug de Jesus-Christ trop dur & trop pesant; si la voie dans laquelle il faut qu'il marche, luy semble trop rude & trop épineuse, si les contradictions qu'il y rencontre l'arrêtent, si l'assujettissement dans lequel il doit vivre, luy est devenu une servitude desagreable, & une captivité fâcheuse, s'il succombe, où s'il est prêt de succomber au dégoût & à la langueur. Qu'est-ce qui peut davantage luy conserver la vie, qu'il est sur le point de perdre, que la seule pensée de cette ardeur, qui anime les Solitaires, cette ferveur qui se fait voir dans tous les exercices de leur pieté, dans le service qu'ils rendent à Dieu, dans le feu qui les consume comme des victimes qui se sont immolées elles-mêmes, & qui s'offrent incessamment en sacrifice ? Quelle paresse, quelle negligence peut être assés grande pour resister à une telle vûë, & à une telle consideration ? Et qui est celuy qui ne rougiroit pas de honte & de confusion de suivre ce que sa lâcheté luy inspire, quand il voit ces serviteurs de Dieu, ces Athletes de JESUS-CHRIST, engagés dans une guerre continuelle, les armes à la main, combattre avec tant de courage, & tant de succés, les ennemis de sa gloire & de leur propre salut, je veux dire l'enfer & leurs propres passions.

C'est à la vie des Solitaires que saint Jean Chrysostome renvoye les Chrêtiens de son temps, quand il veut redresser leurs voies, les tirer de cette oisiveté funeste qui est si ordinaire aux personnes qui vivent dans les commerces du monde, & les rendre plus ardens à s'aquitter de leurs devoirs. Allez, leur dit-il, aux deserts des Solitaires, voiez leurs cabanes, reconnoissés combien il est aisé de se passer de ce que vous croiez qui vous
est

est si necessaire. Jettons les yeux sur la vie de ces saints hommes, qui s'étant rendus égaux aux Anges, vivent sur la terre comme des étrangers. Qui nous empêche, dit-il, dans un autre lieu, de sortir de nôtre bassesse, pour aller voir ces ames si heureuses & si élevées ? N'irons-nous jamais voir ces Anges revêtus d'une figure humaine ? Et veritablement se pourroit-il faire que des Chrêtiens nés pour la gloire, destinés pour le Roïaume de Jesus-Christ, pussent vivre dans l'assoupissement, & demeurer dans un sommeil de mort, tandis que d'autres Chrêtiens, qui n'ont que les mêmes prétentions & les mêmes esperances, emploient tout ce qu'ils ont de force, de vigueur & de puissance, pour se rendre dignes des couronnes, qui devroient être communes aux uns & aux autres.

Pour la troisiéme proprieté qui est celle d'échauffer, je pense, mes Freres, qu'elle ne vous sera pas moins sensible, & que vous n'aurés pas plus de peine à l'appercevoir que les deux autres. Car il n'est pas possible que l'amour que les Solitaires portent à Dieu, dont leur cœur est tout embrazé, & qui leur fait entreprendre des choses si grandes, pour sa gloire, n'inspire pas de pareilles dispositions à ceux qui sçavent qu'ils ont tout abandonné pour suivre Jesus-Christ; & qu'aprés avoir renoncé à toutes les choses perissables, ils se sont encore separés d'eux-mêmes, pour luy donner des marques de cette passion sainte, dont ils étoient transportés. Il n'est pas possible, dis-je, qu'ils sçachent quelle est la charité qui regne dans ces demeures sacrées, (j'entends les Monasteres) cette concorde, cette intelligence, cette union si parfaite, qui fait que tant d'hommes, si differens d'âge, d'humeurs de pays, d'esprit, d'inclinations vivent ensemble, comme s'ils n'avoient qu'une même ame, un même cœur, une même volonté, expriment à la lettre ce souhait du Prophete ? *Quam bonum & quam jucundum habitare fratres in unum*: que c'est une chose excellente & agreable, que des Freres qui vivent ensemble dans l'union ; & qu'ils ne soient pas échauffés d'un feu tout semblable, qu'ils ne reçoivent aucune impression d'une vie si touchante, & qu'ils soient sans envie d'imiter ce qui est si digne de l'être ? Il faudroit qu'une glace fût bien dure, si une ardeur si vive ne pouvoit ni la pénétrer ni la fondre.

Voilà, mes Freres, en peu de paroles, ce que les Solitaires doivent faire dans le monde, & ce qu'ils y feront sans doute, s'ils sont fidéles à former leur vie, selon les pratiques interieures & exterieures des Regles, que les Saints leur ont données, & comme ils y répandront toutes ces benedictions, si on remarque dans leur vie la sainteté que l'on en doit attendre; Aussi feront-ils des effets tout contraires, si leur conduite ne répond à la verité de leur profession. Ce sont des obligations qui nous regardent; vous en êtes chargés & vous n'êtes pas moins tenus d'édifier les autres, que de vous sanctifier vous-mêmes, puis qu'il est certain que les mêmes actions, qui feront vôtre sanctification, feront l'édification du monde.

Vous me demanderés peut-être, où je prens que ces paroles: *Vos estis sal terra*, vous regardent plus que les autres, & ont été dites pour les personnes de vôtre état. Je le prens dans vôtre état même, puisque vous êtes destinés à la perfection de l'Evangile,

& que vous ne pouvés en cela suivre les desseins de Dieu, & vous acquitter des devoirs qui se trouvent renfermez dans vôtre profession, que vous ne fassiez dans le monde tous les biens differents que nous vous avons marquez. Vôtre vie par des consequences necessaires, aura tous ces effets & toutes ces suites : Vous inspirerez la pieté, l'amour du bien, la haine du mal, la fuite du peché qui est la corruption des ames, comme nous vous l'avons dit ; vous les releverez quand elles seront abattuës & languissantes ; vous exciterez en elles & la charité de Dieu & celle du prochain, si vous leur paroissez dans cette exactitude, cette fidelité & cette Religion que vous devez avoir. Ne vous imaginez pas, mes Freres, qu'il vous soit libre de rendre cette assistance à l'Eglise, ou de ne luy pas rendre; puis qu'aprés celle de la priere, c'est la seule que vous puissiez luy donner. Vous n'étes point dans les exercices de charité ausquels les Chrêtiens qui vivent dans le monde s'appliquent ; vous n'étes point dans les fonctions Ecclesiastiques, dans l'instruction des peuples, dans la direction des consciences : En un mot, l'édification vous est tellement propre que sans elle vous étes inutiles, & vous n'avez aucune action dans le Corps de l'Eglise dont vous étes les membres.

Pensez sur cela, mes Freres, tout ce qu'il vous plaira, vous ne pouvés opposer que de mauvaises raisons à un sentiment si juste. Vous étes solitaires, vous passez les jours & les nuits dans la retraite, vous n'avez rien de commun avec le monde par la voye des commerces & des communications. En quoy donc servirés-vous le monde, si ce n'est par la sainteté de vôtre vie ? Vous me direz par vos prieres. Mais meritent-elles d'être écoutées, si vôtre vie n'est sainte? Et si elle est sainte vous étes le sel de la terre. Prenez garde de ne vous pas cacher un devoir si pressant, de crainte que ne vous croyant pas aussi redevables que vous l'étes, & negligeant d'être ce qu'il faut que vous soyez, vous ne deveniez au jugement de Dieu ce sel affadi, qui n'est plus d'aucune utilité ni d'aucun usage, & qui n'est plus bon à rien qu'à être jetté, repandu sur la terre & foulé aux pieds : *Ad nihilum valet ultra, nisi ut mittatur foras & conculcetur ab hominibus.*

Il y en peut avoir quelqu'un entre vous, mes Freres, qui pense que je vous remets souvent ces mêmes veritez devant les yeux. Mais de quoy voudriez-vous que je vous parlasse, puis qu'il n'y en a point dont la connoissance & le sentiment vous soit plus necessaire, & qu'à moins que je n'aye soin de vous empêcher de les oublier, elles s'effaceront de vos cœurs comme de vôtre memoire ; & comme vous ne vous souviendrez plus de ce que vous devez à Dieu, Dieu ne se souviendroit plus des promesses qu'il vous a faites ; Et puis je ne crains point de vous dire, que quelque application que je puisse avoir à vous representer vos devoirs, il y aura toûjours des distances extrêmes entre ce que vous ferez & ce que vous devez faire ; & j'espere que quelque jour vous me sçaurez gré, & que vous reconnoîtrez encore plus que vous n'avez fait jusqu'à present, de quel avantage il vous aura été, que je n'aye rien negligé de ce qui pouvoit vous rendre fidelles dans

FAITE LE III. DIM. D'APRE'S PASQ. 415
l'accomplissement des desseins de Dieu sur vous, & des engagemens que vous avez contractez à son service, quand vous verrez une infinité de personnes, distinées comme vous pouvez être, pour le Royaume, à qui les portes en seront fermées pour jamais: *Filii regni ejicien-* Math.8. *tur in tenebras exteriores, ibi erit fle-* 11. *tus & stridor dentium.*

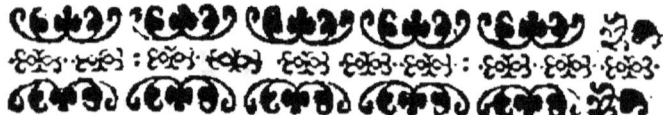

CONFERENCE
FAITE
LE IV. DIMANCHE
D'APRE'S PASQUES.

Non ab eo persona in Monasterio discernatur. *Regul. cap. 2.*

L'Abbé ne preferera personne dans le Monastere.

NOus voyons, mes Freres, par l'endroit que l'on vient de nous lire de nôtre sainte Regle, que saint Benoît nous apprend, que l'Abbé tient la place de JESUS-CHRIST dans le Monastere ; *Christus enim vices agere in Monasterio creditur,* veut qu'il la soutienne par toute sa conduite en imitant JESUS-CHRIST, & se comportant avec ses Freres comme s'il étoit luy-même parmy eux, & en les considerant uniquement par

Regul. S. Bened. c. 2.

les dispositions & les qualitez, qui seules sont capables de luy plaire : *Non ab eo persona in Monasterio dis-* *cernatur, non unus plus ametur quam* *alius, nisi quem in bonis actibus aut* *obedientia, invenerit meliorem.* Reg. c. 2.

Or comme ce n'est ni par les avantages de la noblesse, ni par la beauté de l'esprit, ni par l'agréement de l'humeur, ni par les autres qualitez naturelles qui concilient l'estime & l'amitié des hommes, que JESUS-CHRIST considere ceux qui font profession d'être à luy ; mais par la vertu toute seule qui est le vray caractere qui distingue ses serviteurs, de ceux qui ne le sont pas. Aussi S. Benoît qui veut que l'Abbé ou le Superieur, se conforme en tout à l'exemple de ce souverain maître, declare qu'il doit avoir une charité commune, & égale pour tous ses Freres, & que s'il se sent porté à témoigner plus d'affection & plus d'estime pour les uns que pour les autres ; il y consent pourvû qu'à l'imitation du Fils de Dieu, leur pieté toute seule en soit le motif & le principe, & qu'effectivement il n'aime celuy-cy plus que celuy-là, que parce qu'il est plus obéissant, plus exact & plus fidelle à s'acquitter de ses devoirs : *Quem in bonis actibus aut obedientia invenerit meliorem* ; & hors de là, il n'y a, & il n'y peut avoir aucune raison de distinguer ses Freres, ni de les considerer les uns plus que les autres. Un homme d'une noblesse illustre, ne doit point être préferé à un autre qui sera de la lie du peuple, ils se sont soumis au même joug, ils se sont engagez dans une carriere qui les rend égaux, & il n'y a plus entr'eux de difference que celle de leur Religion & de leur vertu: *Non præponatur ingenuus ex servitio convertenti.*

Regul. S. Bened. cap. 2.

Ibid.

Voila, mes Freres, une importante instruction pour les Superieurs, & qui les oblige à garder un grand degagement & une grande pureté dans leur conduite ; mais elle n'est pas moins necessaire ni moins utile aux inferieurs : Elle vous apprend quel doit être vôtre soin & vôtre application pour acquerir ces qualitez saintes, par lesquelles vous pouvez meriter l'estime & l'amitié de ceux qui vous conduisent, puis qu'il se peut dire que c'est plaire à

Dieu que de leur plaire ; que c'est contenter Dieu que de les contenter, à cause qu'ils tiennent la place de Jesus-Christ, qu'ils vous conduisent en son nom, qu'ils agissent de sa part ; qu'ainsi il prend sur lui tout ce que vous faites à leur égard, & qu'il autorise & confirme tous les jugemens qu'ils rendent sur vos actions & sur vos personnes. Ce qui s'entend d'un Superieur qui est selon le cœur de Dieu, qui se conduit par son esprit & par ses lumieres.

On se donne de la peine, on se tourmente, on se tuë si vous voulez, pour acquerir de la science & de la capacité ; on feüillete les Livres, on travaille les jours & les nuits à devenir doctes ; mais si toutes ces lumieres & ces connoissances ne rendent plus vertueux & plus saints, le temps que l'on donne à ces occupations n'est d'aucune utilité ni d'aucun avantage : *Frustra in nobis divinæ cognitionis abundantia crescit nisi in nobis divinæ dilectionis flamma crescat.* C'est sans aucun fruit, que nous avançons dans la connoissance même des choses divines, si nous n'en devenons pas meilleurs, quoy que nous puiſſions par là nous acquerir de la reputation parmy les hommes ; car cela même n'eſt qu'une vapeur qui ſe diſſipe en un moment, parce qu'elle n'a ni ſolidité ni conſiſtance. Vous plaiſez veritablement, mais c'eſt à ceux à qui vous ne devez point plaire ; vous avez renoncé à ce diſcernement qui vous flatte, & vous ne pouvez vous y arrêter, que vous ne vous tiriez de l'engagement que vous avez pris, de rejetter tout ce qui vous vient de la part du monde. Vôtre Superieur ou vôtre Abbé qui eſt le juſte eſtimateur de vôtre valeur & de vôtre merite, ne vous conſiderera point par ces endroits ; toutes ces peines que vous vous donnez qui ne vous ſervent point à vous concilier ſa charité & ſon eſtime, vous ſont inutiles : Comme par-là vous ne gagnez rien auprés de luy, vous ne gagnez rien auprés de Jesus-Christ, qui juge ordinairement de vous, comme il en juge. Donnez-vous donc, mes Freres, des occupations qui vous ſoient avantageuſes : Ne ſemez point une ſemence bâtarde dans un champ deſtiné pour une recolte abondante & legitime :

Operamini non cibum qui perit, sed qui Ioan. 6.
permanet in vitam æternam: Faites 27.
des actions par lesquelles vous puissiez & nourrir & engraisser vos ames. Remplissez-vous des richesses qui ne vous puissent être ravies : amassez de veritables trésors, qui vous servent pour acquerir des biens & des possessions éternelles : Attachez-vous à toutes ces pratiques de pieté qui sont essentielles à vôtre état, qui en font tout ensemble le bonheur & la gloire : Exercez-vous dans l'obéissance qui a fait descendre Jesus-Christ du Ciel en terre, & qui l'a ensuite élevé sur le trône de son Pere. Exercez-vous dans cette patience & cette douceur à laquelle Jesus-Christ à promis son Royaume. Exercez-vous dans la souffrance des humiliations, de laquelle Jesus-Christ nous a donné un exemple si sanctifiant & si rare dans sa personne. Exercez-vous dans cette innocence & dans cette pureté de cœur qui vous rendra dignes de contempler la majesté de Dieu, & de joüir pour jamais de sa presence. Exercez-vous dans la charité à l'égard de vos Freres,

afin que Dieu vous fasse le principal objet de la sienne. Etudiez-vous à leur rendre tous les secours & les services qui peuvent dépendre de vôtre application & de vos soins, afin que Jesus-Christ les recompense, comme s'il les avoit reçûs luy-même en sa propre personne ; acquitez-vous enfin de tous ces devoirs avec tant de Religion, de zele & de fidelité, que vous en contractiez des habitudes profondes, qui ne s'effacent jamais.

C'est ce que l'on apprend, mes Freres, dans l'école de Jesus-Christ, où vous étes engagez. C'est l'unique étude que vous y devez faire ; c'est la science dans laquelle vous devez vous rendre habiles. Science qui n'est point sujette à la dissipation, à l'élevement ni à la vanité, laquelle est un poison qui donne la mort aux ames les plus saintes, & qui ne fait pas moins de desordres dans les lieux retirés, que dans le commerce du monde.

Il y en a peut-être quelqu'un parmi vous, qui pense, s'il n'ose me le dire, que Dieu a créé les sciences pour nôtre utilité particuliere ; que l'Apôtre nous dit, que Dieu nous a donné les divines Ecritures, afin qu'en ayant l'intelligence, nous en devinssions plus capables & plus doctes : *Quæcumque scripta sunt ad nostram doctrinam scripta sunt.* Cela est vrai, & si l'Apôtre en étoit demeuré là, on pourroit inferer que les Ecritures ne nous auroient été données que pour éclairer l'esprit, & pour nous remplir de connoissances & de lumieres, & qu'ainsi ce seroit répondre aux desseins de Dieu, d'étudier, de s'appliquer, de lire beaucoup, pour en pénétrer le sens & en approfondir les mysteres. Mais afin de nous ôter ce pretexte, qui est tout propre pour favoriser ce desir, & cette curiosité insatiable, qu'ont la plusparc des hommes, d'apprendre & de sçavoir, il nous montre quel est l'usage que nous devons faire des divines Ecritures, & quelle est cette utilité que nous en devons tirer, lorsqu'il ajoûte : *Ut per patientiam & consolationem scripturarum spem habeamus,* en nous faisant voir, que c'est par cette sainte lecture que nous devons nous établir dans une patience ferme & constante, contre tant de tribulations & de tentations differentes, qui se rencontrent dans le chemin de ceux, qui font profession de servir JESUS-CHRIST, & d'être à luy ; nous consoler dans cette vallée de larmes, pendant la durée de nôtre pelerinage, & nous confirmer dans une esperance qui ne puisse jamais recevoir le moindre ébranlement, ni la moindre atteinte : *Ut per patientiam & consolationem scripturarum spem habeamus.*

Il est certain, mes Freres, que cette consolation qui se rencontre dans les divines Ecritures, ne nous vient pas de la seule lumiere & de la connoissance qu'on en peut acquerir ; mais que Dieu l'a attachée à la pratique des verités qu'elles renferment. Ce qui me console par exemple, n'est pas de sçavoir qu'il y a un Paradis, mais de trouver des moyens & de pratiquer des œuvres desquelles je sçay qu'il doit être la recompense. Ce qui me console n'est pas de sçavoir que Dieu fait misericorde, mais d'exercer cette vertu si necessaire, & qu'il a si fort recommandée. Ce qui me console n'est pas de sçavoir que Dieu donnera

nera le centuple, à ceux qui renonceront pour l'amour de luy aux biens, & aux fortunes de ce monde, mais d'entrer d'une maniere effective, dans ce dépoüillement & dans cette abnegation. Ce qui me console n'est pas de sçavoir l'unité de l'essence divine, dans la Trinité des personnes, ni l'abbaissement du Verbe Eternel par l'alliance qu'il a contractée avec la nature humaine, mais bien d'adorer ces grandes verités par des œuvres & par des actions qui soient dignes de la foy & de la creance qui m'en a été donnée. Ce qui me console n'est pas de sçavoir qu'il y a une grace qui sauve les hommes; mais d'y répondre, & d'en suivre les mouvemens & les impressions. Enfin, ce ne sont point les speculations, ni les connoissances steriles, qui ont fait les Saints, ce n'est point à elles que le Royaume des Cieux a été promis : *Violenti rapiunt illud.* Ce sont ceux Math.11. qui agissent, & qui agissent en se fai- 12. sant violence qui l'emportent. Ce n'est point à ces Docteurs, & à ces sçavans qui ont prophetisé ou enseigné au nom de Jesus Christ, que les portes en sont ouvertes, puis qu'il déclare, qu'elles leur seront éternellement fermées comme à des ouvriers d'iniquité: *Domine, Domine nonne in nomine tuo virtutes multas fecimus? Et tunc confitebor illis, quia nunquam novi vos discedite à me, qui operamini iniquitatem.* Il n'en est pas de même de ceux qui se rendent soigneux, & fidéles dans les exercices des bonnes œuvres, puisqu'il n'y en a aucune jusqu'à la plus petite, comme JESUS-CHRIST nous l'apprend luy-même, qui n'ait son merite, & qui ne reçoive de luy sa recompense. *Quicumque potum dederit uni ex minimis estis, Calicem aquæ frigidæ tantum, amen dico vobis non perdet mercedem suam.*

Math. 7. 22. 23.

Math. 10 42.

Vous voyez, mes Freres, comme toute la pieté consiste dans l'action; elle est toute vive, toute animée, toute agissante, elle est toute dans le mouvement, dans la pratique; & les méditations les plus sublimes, & les plus relevées, nuisent beaucoup & ne servent de rien, si elles ne s'expriment par les œuvres; je n'entens pas seulement les œuvres de la main, mais celles du cœur, c'est à dire, par des dispositions toutes d'amour, & de charité. C'est là le veritable fondement, sur lequel nous devons appuier toutes nos esperances : c'est la pierre sur laquelle nous devons construire l'édifice; en un mot c'est delà que dépend vôtre repos pour l'éternité comme pour le tems. Jugés donc quel doit être vôtre soin & vôtre application, pour pratiquer ce qui vous est si important & si necessaire : avec quelle ferveur & quel attachement vous devés vous conduire, & quelle crainte vous devés avoir, de ne pas répondre aux desseins de Dieu, & de ne luy pas rendre en ce point tout ce qu'il veut que vous luy donniés?

Vous devés sçavoir, mes Freres, que Dieu ne se conduit pas comme les hommes, sa conduite est reglée par sa sagesse infinie, & le hazard n'y a jamais aucune part. Il nous a destinés de toute éternité pour une fin certaine, il nous a marqué un certain degré de vertu, & de perfection auquel nous devons arriver & sans quoi nous ne pouvons répondre à ses desseins. A moins que d'entrer dans la voie qu'il nous a prescrite, & de nous conformer à ses volontés, nous avons beau faire, pour trouver des raisons qui nous favorisent ou qui justifient le peu de soin que nous avons d'étudier ses intentions & de les suivre, il sera dit de nous, ce que nous lisons de cet Evêque, dans l'Apocalipse : *Non invenio opera tua plena coram Deo*. Vos œuvres sont defectueuses, vôtre conduite n'est pas pleine, & quoiqu'il puisse y avoir quelque bien & quelque vertu, il y a des vuides qui n'y doivent pas être : vous êtes demeurés en arriere dans l'exercice de vos obligations, vous n'avés pas rempli la mesure de Dieu, vous avés fait quelque chose de ce que vous deviés faire, mais vous n'avés pas tout fait : *Hæc oportuit facere & illa non omittere*. Ce défaut rendra vos autres actions inutiles, il vous privera de la recompense qu'elles vous auroient meritées, si vôtre fidelité avoit été plus entiere ; & vôtre sort ne sera pas meilleur que celui de ces Vierges foles, qui pour n'avoir pas eu le soin de tenir leurs lampes allumées, furent chassées de la Chambre de l'époux, comme si elles eussent été des impudiques.

Si cela est ainsi, me dirés-vous, comme je ne sçais point quelle est la mesure de Dieu, ni jusqu'où je dois aller pour le satisfaire, je ne veux point mettre de limites à mes austerités, ni de moderation à ma pénitence: Je veux veiller, je veux jeûner, je veux travailler plus que les autres, pour ne me pas méconter dans une affaire de cette importance. Mais il est aisé de vous répondre, que Dieu a borné vos exercices & vos pénitences exterieures: il vous a donné en cela des barrieres, & vous les trouvés dans vos Regles, & dans les ordres de ceux qui vous conduisent. C'est à eux à moderer vôtre zele, à temperer vos ardeurs; & quand vous marcherez selon qu'ils vous tiendront où qu'ils vous donneront la main, vous ne sçauriez vous méprendre, & vous devez croire que Dieu vous dirige d'une maniere invisible, par leur application & par leurs soins.

Je ne vous dirai pas la même chose des dispositions interieures, c'est un point dans lequel on ne sçauroit exceder, & on ne leur peut donner une trop grande étenduë. On ne sçauroit trop vouloir, trop aimer, trop desirer, trop gémir, trop se soumettre, trop s'humilier, trop obéir; & parce que l'état auquel Dieu veut que vous arriviez, ne vous eſt point connu, comme vous le dites vous-même, le moyen de ne vous point méconter, c'eſt d'avancer dans ſes voyes par un progrez continuel ; & dés le moment que vous ſerez perſuadé, comme nous vous l'avons dit bien des fois, que vous vous êtes offerts à Dieu, comme des holocauſtes, quoique vous faſſiés, vous craindrez toûjours de n'en pas faire aſſez, pour vous acquiter de vos devoirs, ſçachant que Dieu ne ſouffre point de reſerve, & qu'à moins que vôtre cœur ne luy ſoit abandonné & immolé tout entier, c'eſt un ſacrifice imparfait qu'il rejette, c'eſt une victime defectueuſe, qui ne luy peut être agreable.

Voila la pieté à laquelle vous devez tendre. Voila la vertu qui vous convient, & que Dieu demande de vous. Comme c'eſt uniquement par elle qu'il faut que vôtre Superieur vous conſidere, c'eſt auſſi par elle que vous devez vous rendre dignes d'en être conſiderez.

Comptez pour rien tous les dons, tous les talens, toutes les graces de la nature, & tout ce que vous avez pû acquerir de qualitez differentes par vôtre étude & par vos soins ; & si vous êtes bien persuadés comme vous le devez être, que JESUS-CHRIST approuve ce que vôtre Superieur approuve, & qu'il rejette ce qu'il rejette, vous emploierez tous vos efforts pour vous distinguer dans son cœur, & dans sa charité par la rectitude de vos mœurs, par la pureté de vôtre vie & par la plenitude de vôtre obéissance : *Non unus plus ametur quam alius, nisi quem in bonis actibus aut obedientia invenerit meliorem.* Enfin, quoique cette Regle que je vous propose puisse avoir quelques exceptions, parce que dans le fond le Superieur n'a pas reçu de Dieu le don d'infaillibilité, neanmoins vous devez la suivre pour vôtre sureté & pour vôtre repos.

Reg. S. B. n. c. 2.

TABLE

TABLE
DES MATIERES
DU SECOND TOME.

A

Actions. Ce qu'il faut faire pour faire des actions de pieté, page 77
Ame. Ce qu'il faut faire pour sauver son ame, 9

B

S. Basile. Pensée de S. Basile sur ceux qui se renferment dans les Cloîtres, 72
S. Benoist. Sa Regle, 12

C

Charité. Tous les Religieux doivent être unis par les liens de la Charité, 395
Chrétien. Caractere d'un faux Chrétien, 60. 61
Ciel. Dieu nous exhorte en bien des manieres differentes à entrer dans le Ciel, 70. 71
Comparaison de ceux qui voyagent par des lieux rudes, avec les Religieux qui veulent faire leurs devoirs, 45

D

Division. L'effet de la Division, 270
Dons de Dieu. Il les faut ménager avec fidelité, 23

E

Ecriture Sainte. Il la faut pratiquer pour recevoir de la consolation, 424.

TABLE

Enfans. Ce que c'est que d'être comme de petits Enfans, selon S. Jean Climaque, 180

F

FOY. La Foy & la Religion doivent être preferée à la vie, 276

G

GRACES. Ce qui arrivera à ceux qui n'auront pas fait un bon usage des graces de Jesus-Christ, 118

H

HAINE. Comment on s'attire la haine de Dieu, 35
Homme. Chute du premier homme, 4

I

IMITATION *de Jesus-Christ.* On voit rarement des Chrétiens imiter Jesus-Christ, 250
Ingratitude des hommes envers Dieu, 6
Juger. Ce n'est point à nous à juger des autres, 366

L

LECTURE. La lecture des Livres saints est la nourriture de nos ames, 110
Lire. Quels Livres il faut lire, & de quelle maniere, 212. 213. 214. A quoy est semblable un homme qui lit avec curiosité, 235. Ce que S. Benoist ordonne au sujet de la lecture, 236
Livre. Ce que c'étoit que les Livres des anciens Moines, 239

M

MOLESSE des Religieux, 86. 87
Monde plein d'iniquité, 186. Attaches aux choses du Monde, 337. Peinture du Monde, 302.
Murmure. Ce que c'est, 169

O

OBEISSANCE. Ce qu'il faut faire pour la rendre parfaite, 128. Parfait obeïssant &

parfait Religieux n'est qu'une même chose, 140. Comparaison de la monnoye à l'obeïssance, 141. Quatre qualitez qui se doivent rencontrer dans l'obeïssance, 143. De quelle maniere on se doit conduire quand on commande des choses impossibles, 163

P

PARABOLE du Laboureur appliquée à un Superieur qui annonce la Parole de Dieu, 91

Parler. Comment Dieu parle au cœur des pecheurs, 112

PAROLE *de Dieu.* Comment seront traitez ceux qui l'auront profanée, 230. Comment, selon S. Gregoire, on manque d'écouter la Parole de Dieu, 300. A quoy se réduit la Parole de Dieu, 301

Passions causent la division entre les hommes, 265. 266

Pieté. En quoy les gens du monde font consister leur pieté, 53

Pureté. Quelle doit être celle des Solitaires, 26

R

REGLE de S. Benoist, 12

Religieux. A quoy sont comparez ceux qu vivent dans la molesse, 86. 87. Ce que Dieu fait pour conduire une Société religieuse, 114. Vertus essentielles à l'état d'un Religieux, 308

Renoncer. Il faut renoncer à soy-même, 339

Ressusciter. Les moyens de ressusciter avec Jesus-Christ, 324

Royaume de Dieu. Comparé à une maison, 261

S

SAINTS. Les Chrétiens doivent être Saints, 244. Raisons qui les y obligent, 245

Salut. Surquoy est fondée l'obligation de nôtre salut, 44. Comment un Chrétien doit se

TABLE DES MATIERES.

comporter en ce qui regarde son salut, 232

Sang de Jesus-Christ. De quelle valeur il est, 121

Science. Soif de la science, à quoy comparée, 221

Sel. Ses proprietés, 403

Solitude. Ce que doivent faire ceux qui s'y engagent, 255

Superieur. Comment il faut examiner les ordres des Superieurs pour les rejetter ou les suivre, 363

T

TENTATIONS. Pourquoy le demon attaque avec plus de violence ceux dont la vie est plus sainte, 193. De quelle maniere on doit se soûtenir contre les efforts de la tentation, 201

V

VENGEANCE. Le dernier sentiment qui reste dans l'homme en mourant est celuy de la vengeance, 333

Vertus principales & essentielles à un Religieux, 308

Vocation. Dieu appelle les pecheurs en des manieres bien differentes, 2. Voyes qu'il faut prendre pour suivre la vocation de Dieu, 14. 17 Quelles sont les actions par lesquelles nous pouvons assurer nôtre vocation, 79

Extrait du Privilege du Roy.

PAr Lettres patentes données à Paris le 23. Octobre 1697. Signées Boucher, scellées du grand sceau de cire jaune, & Registrées sur le Livre des Libraires & Impr. de Paris ledit jour ; Il est permis à *Pierre Delaulne & Denys Mariette* Libr. & Impr. de Paris d'imprimer, vendre & debiter par tout le Royaume *Les Conferences ou instructions Monastiques sur les Epitres & Evangiles des Dimanches & Fêtes de l'année par M. l'Ancien Abbé de la Trappe,* en un ou plusieurs Volumes &c. pendant le temps de seize années entieres: Avec défenses à tous autres d'imprimer, faire imprimer ou contrefaire ce Livre, à peine de six mille livres d'amende &c.

Achevé d'imprimer le 5. Avril 1698.